예수교 이해를 위한 알기 쉽게 풀어쓴 성서해설서!

창세기 기독교 역사이야기
성서 속에 흐르는 하나님의 섭리 2

남 홍 진

동양서적

머 리 말

▶ 구약성서 탄생의 배경

구약성서 39권(외경 포함 46권)은 셈족의 역사를 바탕으로 하나님과 인간의 관계를 기록한 이스라엘의 역사임과 동시에 기독교의 경전입니다. 돌이켜 보면, 구약성서는 이스라엘 민족 문학의 정수(精髓)임과 동시에 인류의 소중한 보물입니다. 그러므로 성서는 이스라엘 역사의 산물로 그들의 역사적 배경과 사회생활과 사유(思惟)의 표현 방식을 모르면 이해할 수 없습니다. 왜냐하면, 성서는 사건 연대와 기록 연대가 다를 뿐만 아니라 기록한 사람과 기록한 장소가 서로 다르기 때문입니다.

또한 신구약성서는 역사적 배경이 다를 뿐만 아니라 작품 자체가 통일성 있는 단일 작품이 아닙니다. 문학적으로 분류하기 어려울 만큼 갖가지 문학유형(文學類型)이 어우러진 경서(經書)입니다. 그래서 역사적 사실을 보도한 기사(記事)에 법규와 노래가 나란히 들어가 있는가 하면, 격언, 교훈까지도 함께 들어 있습니다. 그러므로 창세기에서 요한계시록까지, 성서 전체의 내용을 획일적으로 통일시켜 하나의 문학유형으로 간주하여 읽는다면 그것은 성서의 사실성을 무자비하게 부정하거나 혼동하는 오류를 범하게 됩니다.

▶ 총서

신구약성서 66권은 일단 사건이 일어난 다음 그 사건에 대한 내용이 먼 훗날 기록되었습니다. 신구약성서가 글로 기록되기 전까지 여러 세기에 걸쳐 입(口)에서 입으로 구두전승(口頭傳乘)되었습니다. 예를 들면 기원전 1850년부터 시작된 아브라함의 역사적 사실이 약 일천 년간 구두전승되어 오다가 통일왕국시대 즉,

솔로몬시대(기원전 950년)에 비로소 글로 옮겨지기 시작했습니다. 이스라엘 12지파의 백성들이 오랫동안 하던 유목생활에서 농경사회로 전환하면서, 특히 다윗왕과 솔로몬왕 시대에 이르러 자신들의 왕권을 공고히 다지기 위해 통일 이스라엘 왕조의 역사와 이스라엘 12지파의 역사를 자신들에게 유리하게 결부시키려는 의도로 그 동안 입으로만 전해 내려온 각 부족들의 전승들을 수집하여 글로 기록한 것이 성서입니다. 그래서 구약성서 39권은 각 권마다 기록 연대와 장소와 필자가 서로 다른 독립된 책들을 한 권의 책으로 편집한 일종의 총서(叢書)입니다.

▶ 시간과 공간을 초월해 성서를 읽어야 하는 이유

무엇보다도 성서를 태동시킨 사건의 주인공들의 믿음과 사건의 증인들과 사건을 기록한 필자와 오늘의 독자들 사이에는 시간적 공간적 문화적인 긴 공간이 가로 놓여 있습니다. 따라서 이렇게 깊고 넓은 사고(思考)의 공간을 이해하는 것은 어렵습니다. 우리가 성서를 읽으면 우선 사건으로서의 역사보다 기록으로서의 역사를 먼저 대하게 됩니다. 그렇다고 성서를 사건과 기록을 별개로 생각해서는 절대로 안 됩니다. 다만 성서의 배경에는 언제나 사건이 먼저 있었고, 그 다음에 그 사건에 대한 내용이 기록되었다는 사실을 전제로 읽어야 합니다. 물론 성서를 이해하는데 이스라엘의 역사를 앞세우면 마치 역사에 의해 성서가 이루어진 것처럼 생각하기 쉽고, 성서에 의해 이스라엘의 역사가 섭리된 하나님의 뜻을 저버릴 수 있습니다. 그러므로 성서학은 역사적 사실(史實)이 기록되기까지의 시간적 공간적으로 크게 벌어진 의식의 간격을 좁히려는 뜻에서 존재한다고 하겠습니다. 그런 의미에서 이 책도 성서가 탄생된 배경을 이해하는데 일조하려는 의욕에서 출간하게 되었습니다.

우리가 성서를 통해 이스라엘의 역사를 고찰하는 목적은 이스라엘의 역사와 더불어 성서가 우리에게 전달하는 하나님의 말씀을 깨닫고, 성서에 담긴 진리를 되살리는데 있습니다. 고대인들은 자신들의 역사를 기록한 목적이 사건의 진실을 후대에 전달하려는데 있었습니다. 따라서 역사는 '그들에게 어떤 사건이 있었는가?' 보다 '그 사건이 왜 일어났는가?' 를 더 중요하게 생각하였습니다. 또 '역사적 사건이 주는 교훈이 무엇이냐?' 에 더 많은 관심이 있었습니다. 고대인들에게 역사는 사건의 참뜻을 전달하는 유일한 수단이었기 때문에 그들은 사건의 진실을 의욕적으로 전하려고 하다가 때로는 사실을 부풀리거나 다소 수정하는 등 실수를 범하는 경우도 있었던 것이 사실입니다.

▶ 구약성서의 시대적 지리적 문화적 배경

일찍이 바벨론의 우르(Ur)지역에는 아브람의 아버지 테라가 하란으로 옮겨가기 훨씬 이전부터 여러 종족들이 모여 살았습니다. 특히 유프라테스와 티그리스 강 유역의 메소포타미아 평원과 이집트의 나일강 유역에 이르는 소위 초승달지역에는 기원전 수천 년 전부터 여러 부족들이 모여 살면서 인류의 문명을 발전시켰습니다. 특히 나일강 유역의 이집트인들은 기원전 3000년 전부터 그림 모양의 상형(象形)문자를 사용했습니다. 그러다가 기원전 2600년 경에는 웅장한 피라미드와 스핑크스와 같은 석조 문명의 꽃을 피웠습니다.

그리고 바벨론 지역에서는 기원전 3400년 경부터 수메르인들(Sumerians)이 설형문자(楔形文字)를 사용했습니다. 당시 바빌로니아의 함무라비(Hammurabi)왕조는 기원전 2123년 경에 이미 세계 최초의 법전을 사용할 만큼 문명을 발전시켰습니다. 그러다가 지금의 페니키아 지방에서는 기원전 1500년 경에 노아의 큰 아들 셈족에 의해 알파벳 문자를 개발했는데, 그 알파벳 문자로 기록한 대표적인 사례가 바로 구약성서입니다. 그 구약성서를 통해 팔레스타인에서 그리스를 거쳐 유럽 등에 널리 읽혀지기 시작한 문자가 바로 오늘의 알파벳입니다.

▶ 문자와 역사

　이처럼 서구 세상에 알파벳 문자가 등장하면서부터 비로소 인류의 발자취가 기록을 통해 후세에 전달되기 시작했습니다. 조상의 발자취를 기록으로 후세에 전달하면서부터 인류의 문명은 한층 더 빠른 속도로 발전했습니다. 따라서 구약성서는 아브람을 신앙의 조상으로 하는 셈족의 후손들이 유프라테스강과 티그리스강 사이의 메소포타미아에서 지금의 레바논과 팔레스타인과 이집트의 나일강 유역으로 이어진 중동의 비옥한 소위 '초승달' 지역을 중심으로 살아온 히브리인들의 종교사적 역사 이야기입니다.

▶ 성서는 하나님과 인간의 공동작품

　한 마디로 신구약성서는 히브리 민족이 살아온 역사의 자취임과 동시에 하나님이 주관하신 역사의 섭리를 드러낸 계시입니다. 그렇기 때문에 구약성서를 이해하기 위해서는 우선 이스라엘의 역사를 바탕으로 하나님의 뜻을 고찰해야 합니다. 흔히 성서를 가리켜 하나님의 뜻이 담긴 하나님의 책이라고 합니다. 그러나 이스라엘의 역사는 하나님이 주관하시고, 하나님은 인간을 통해 당신의 뜻을 인간의 언어와 글을 빌어 기록하셨습니다. 그런 점에서 하나님과 인간의 공저인 성서를 우리가 이해하기 위해서는 우선 역사를 통해 드러내신 하나님의 의지를 파악해야 합니다. 그런 점에서 읽기 쉽고 간단하게 성서 전체를 개관할 수 있는 책을 써 보고 싶다는 생각을 감히 하게 되었습니다. 그러나 구약성서를 정리하는 가운데 신약성서를 구약과 함께 정리해서는 안 된다는 생각이 들었습니다. 그래서 일단 구약성서에 국한기로 했습니다. 따라서 이 책은 이스라엘의 역사를 중심으로 구약성서를 이해하는데 역점을 두었습니다.

　끝으로 이 책을 쓰면서 우리 한국에서 간행된 모든 성서를 비롯하여 외경(7권)과 성서와 관련된 역사적 사실에 관한 기록들도 두루 참고했습니다. 특히 중간시대를 확인하기 위해 7권의 외경도 포함했습니다. 이 책을 펴내는데 물심양면으로 도움을 주신 분들에게 다시 한 번 감사드립니다.

2011년 5월
남 홍 진

목 차

머리말—3

제1부 영웅시대

제1장 여호수아의 가나안 정복에 얽힌 이야기—11
제2장 하나님을 저버린 사사시대의 이야기—37
제3장 전설적인 인물: 삼손과 신비스런 힘—63
제4장 사사시대의 도덕적 타락상—83
제5장 나오미와 효부 룻 이야기—91

제2부 왕국건설시대

제1장 신정체제에서 왕정체제로 전환한 이야기—106
제2장 사무엘이 이스라엘을 다스리다—120

제3부 이스라엘의 초대 왕국시대

제1장 이스라엘의 왕국건설 이야기—127
제2장 사울의 영웅적 승리와 실패—141
제3장 양치기 초립동 다윗의 이야기—156

제4부 다윗의 통일 왕국시대

제1장 다윗이 이스라엘 왕위에 오른 이야기--206
제2장 왕자의 반란과 다윗왕의 수난--234
제3장 다윗왕의 승리와 압살롬의 죽음--252
제4장 지혜와 영화, 사치와 방종의 솔로몬 이야기--280

제1부 영웅시대

제1장 여호수아의 가나안 정복에 얽힌 이야기

1. 하나님의 격려

모세가 소천하자 하나님께서 직접 여호수아에게 이르셨다.

"나의 종 모세는 죽었다. 이제 너는 이스라엘 백성을 이끌고 요단강을 건너 내가 약속한 땅으로 들어가거라. 그 땅을 모두 너희에게 주겠다. 그 땅의 경계는 남쪽 네겝 광야로부터 북쪽 레바논 산악지대에 이르고, 동쪽 유프라테스 강에서부터 헷족의 땅을 거쳐 서쪽 지중해 연안까지 이를 것이다. 여호수아 네가 살아 있는 한 아무도 너를 당해내지 못할 것이다. 내가 모세에게 하였던 것처럼 너와 항상 함께 할 것이다."

하나님은 여호수아에게 위대한 민족의 비전을 보여주시고 용기를 북돋아 주셨다.

"여호수아야! 너는 마음을 굳게 먹고 용기를 가져라! 너는 이스라엘 백성을 인도하라. 너는 내가 너의 조상들에게 주겠다고 약속한 땅을 차지할 것이다. 너는 모세가 너에게 물려준 율법을 하나도 소홀히 여기지 말고 정성껏 지켜라. 그래야 네가 잘되고 성공할 것이다. 너는 조금도 두려워하지 말라. 네가 어디로 가든지 너의 주 하나님께서 너와 함께할 것이다."

여호수아는 하나님의 각별한 보살핌으로 모세의 후계자가 되었다. 여호수아는 본래 힘이 센 장사로 이집트를 떠날 때부터 모세의 전속 무관이었다. 이집트에서부터 모세의 무관이었던 여호수아가 새 지도자가 되어 모세의 유지를 받들어 가나안에 들어갈 채비를 서둘렀다(수 6:1-11:23).

2. 여호수아의 결단

모압 땅에서 가나안에 들어가려면 요단강을 건너야 하는데, 그 길목에 자리 잡은 여리고 도성1)을 반드시 거쳐야만 했다. 여리고 도성은 이스라엘 백성이 가나안에 들어가는데 결정적인 걸림돌이었다. 여리고 도성에 사는 아모리 사람들은 아주 오래 전부터 높은 문화생활을 영위하고 있었다. 사실상 여리고 도성은 역사적으로 한 번도 패한 적이 없는 난공불락의 견고한 도성이었다. 거기다 도성 안에는 잘 훈련된 병사들이 굳게 지키고 있었기 때문에 여호수아에게는 큰 난제였다. 그러나 하나님의 권능을 의지한 여호수아는 지휘관들을 한자리에 모아 놓고 영단을 내렸다.

"앞으로 3일 뒤에 요단강을 건너 하나님께서 약속하신 가나안 땅에 들어 갈 것입니다. 식량과 간단한 소지품을 챙기도록 준비하십시오."

---

1) 지리적으로 여리고 성은 가나안에서 가장 낮은 위치에 자리 잡은 도시였다. 여호수아는 높은 고지대의 성은 정복하지 못했다. 여리고 도성은 본래 종려의 도시(La ville de palmievs)라고 부르는 가나안 족의 성곽도성이었다. 여호수아는 여리고 도성을 정복한 다음 그 지역을 베냐민 지파에게 할양했다. 훗날 이곳에 예언자 학교가 설립되었는데, 한때 유명한 엘리야 예언자도 다녔고, 그의 제자 엘리사도 다녔다. 엘리사가 쓴물을 단물로 만들었다는 '엘리사의 샘'은 오늘날 술탄의 샘(Ain es Sultan)이라고 불리운다. 훗날 이스라엘이 남북으로 분열된 후에는 한때 북부 이스라엘의 수중에 들어갔다. 그러다가 바벨론 포로생활에서 돌아온 후에는 345명이 이 도성에 거주하기 시작했는데 땅이 워낙 기름지고 경치가 좋고 고급향료가 산출되는 등 중요한 곳으로 알려 졌다. 훗날 로마제국의 안토니우스(Antonius)는 이곳 여리고 산 향료를 이집트의 클레오파트라 여왕에게 선물하였다. 유대의 헤롯왕은 여리고 남쪽에 새 여리고 도성을 건설하고 경마장, 원형극장, 대정원, 호화로운 궁궐을 짓고 살다가 마지막 그곳 여리고에서 눈을 감았다.

여호수아는 도강 준비의 일환으로 요단강 유역에 정착한 르우벤, 갓, 므낫세 지파에게 통고했다.

"주의 종 모세가 여러분을 요단강 동쪽의 땅을 정착지로 허락하실 때에 하신 말씀을 기억하십시오. 여러분의 처자와 가축을 그 곳에 그대로 두고 군인들은 완전무장하여 다른 지파의 선두에 서서 요단강을 건너는 작전에 임하시오. 여러분은 형제들을 도와야 합니다. 요단강 서쪽에 있는 땅을 완전히 정복 한 다음 다시 돌아와 정착하십시오."

여호수아의 긴급 통보를 받은 르우벤과 갓과 므낫세 지파가 흔쾌히 응답했다.

"우리는 당신의 명령을 충실히 실행하겠습니다. 그 동안 우리가 모세에게 순종했던 것처럼 당신에게도 순종하겠습니다. 하나님께서 모세와 함께 하셨던 것처럼 당신과 함께하시기를 기원합니다. 누구든지 당신의 명령에 순종하지 않는 자는 죽임을 당해 마땅합니다. 아무쪼록 당신은 마음을 굳게 먹고 용기를 가지십시오"(수 1:11-18).

3. 여호수아의 공격작전과 두 첩자

여호수아는 요단강을 건너 여리고 성을 공격하기 위해 새로운 작전에 임했다. 여호수아는 용의주도한 작전을 수행하기 위해 시딤(Shittim)에서 미리 적의 약점을 알아내기 위해 2명의 정탐자를 뽑아 여리고 도성에 은밀히 들여보내 적의 동태를 정탐해 오도록 지시했다.

여호수아의 지시를 받은 두 첩자는 여리고 도성에 은밀히 다가가서 회색 바위로 구축된 높은 성벽에 바짝 달라붙었다. 마침 태양이 서쪽으로 기울면서 길게 드리워진 저녁노을이 두 첩자의 몸을 감싸주었다. 여리고 성벽의 그늘에 몸을 숨긴 두 첩자는 성안으로 들어가기 위해 이중으로 구축된 도성의 출입문을 자세히 눈여겨보았다. 숨 막히는 긴장 속에 한 첩자가 조용히 말했다.

"여기서 성안으로 들어가야 합니다.

"물론이지요, 여호수아가 우리를 위해 기도하고 있습니다."

두 첩자는 큰 바위로 구축된 성벽에 찰싹 달라붙어 조심스럽게 성문까지 접근했다. 성문을 여는 빗장 소리가 들리더니 곧 전차 한 대가 미끄러지듯이 달려 나오면서 굳게 닫혔던 성문이 활짝 열렸다. 성문을 지키던 경비병이 성문 반대쪽으로 달려가는 전차의 뒤를 지켜보고 있었다.

그 외의 다른 경비병들은 성벽 꼭대기에서 성문을 향해 쏜살같이 다가오는 또 다른 전차를 주시하고 있었다. 바로 그 때 두 첩자가 번개같이 성안으로 들어갔다. 눈 깜짝할 사이에 성안으로 들어가 여리고 사람들 사이에 끼어들었다. 그러나 낯선 도성에 들어간 두 첩자는 몸 둘 곳이 없었다. 방향을 잃고 우왕좌왕 할 때 한 첩자가 꾀를 냈다.

"사람들이 많은 곳으로 숨어들어가서 여론을 엿들어 봅시다."

바로 그 때 사람이 모이는 곳에 이상한 차림의 한 여인이 눈에 들어왔다.

"저 집에 드나드는 사람들을 보시오"

이상한 차림새의 한 여인을 가리켰다.

"저 집에서 우리도 받아 줄 수 있는지 한번 사정해 봅시다."

첩자들이 접한 이상한 차림의 여인은 여리고 도성에서 몸을 파는 라합(Rahab)이란 창기(娼妓)였다. 라합은 두 첩자를 자기 집안으로 안내했다. 라합의 집은 두 겹으로 둘러싼 성벽 사이의 큰 나무 곁에 자리 잡고 있었는데, 마침 그 집의 창문 하나가 성벽의 바깥쪽으로 나 있었다(수 2:1-4).

4. 라합의 기지

라합의 집은 정보활동하기에 매우 편리한 곳이었다. 두 첩자는 라합의 집에 머물면서 수시로 드나드는 사람들의 입을 통해 풍문을 일일이 엿들었다. 그러나 시간이 지나면서 라합의 집에 낯선 이방인이 거처 한다는 소문이 꼬리를 물고 번졌다. 라합은 낯선 두 사람이 발각되지 않도록 낮에는 자기 집 옥상의 삼대 속에 숨겼다. 이윽고 수상한 사람이 성안에 들어왔다는 정보에 접한 여리고의 왕이 라합의 집에 잠입한 이상한 사람을 당장 체포하라고 명령했다. 라합의 집에 여리고의 병사들이 벌떼같이 달려들어 거칠게 다그쳤다.

"이 집에 머물고 있는 두 남자가 어디에 숨었느냐?"

당돌한 라합이 침착하게 대답하며 시치미를 뗐다.

"낯선 사람들이 분명히 저의 집에 있었습니다. 그러나 지금은 없습니다. 그 사람들이 누구인지, 어디서 와서 어디로 갔는지 나는 모릅니다. 이미 해가 저물었으니 어두워지기 전에 빨리 추적하십시오."

라합에게 속아 넘어간 여리고의 병사들이 떠나자 라합은 문을 닫으면서 벌벌 떨면서 조용히 지붕 위로 올라가 두 첩자에게 말했다.

"쉬! 듣기만 하세요, 나는 당신들이 누구인지 잘 압니다. 하나님께서 이 땅을 당신들에게 주셨다는 것을 잘 알고 있습니다. 제발 저를 해치지 마십시오. 지금 여리고 도성의 사람들은 모두 공포에 떨고 있습니다. 심지어 병사들까지도 이스라엘의 지도자 여호수아라면 두려워합니다. 이곳 사람들은 당신들이 이집트에서 나올 때 바로왕과 싸워 이긴 사실과 요르단 강가에 자리 잡은 모압 땅의 아모리인들의 도성을 모두 멸망시킨 사실도 잘 알고 있습니다. 당신들은 하나님과 함께 하기 때문에 감히 대적할 적이 없다고 합니다. 그뿐만 아니라 당신들이 홍해를 가른 사실도 잘 알고 있습니다. 이곳 사람들은 당신들의 신, 하나님께서는 하늘의 신이고 이스라엘의 하나님이라고 알고 있습니다. 그러나 저는 당신들을 도왔습니다. 전쟁이 터지더라도 제발 저와 저의 가족들만은 살려 주십시오."

라합의 이야기를 듣고 난 다음 한 첩자가 말했다.

"오히려 우리가 당신의 배려에 감사합니다. 오늘 당신의 도움이 없었다면 우리는 잡혔을 것입니다. 앞으로 침묵만 지켜 준다면 우리는 당신과의 약속을 반드시 지킬 것입니다. 만일 싸움이 시작되거든 즉시 집 창문에다 '라합의 집' 이라고 빨간 색 명주실로 꼰 밧줄을 기둥에 묶어 길게 늘어뜨려 놓고, 당신의 시부모와 형제 그리고 친정 집 식구들까지 모두 이 집에 모여 계십시오. 그러나 당신들이 집 밖에서 죽으면 그것은 우리 책임이 아닙니다. 당신이 우리와 함께 있었던 비밀만 지켜 준다면 누구도 당신을 해치지 않을 것입니다."

두 첩자는 라합에게 입 조심을 당부한 다음 칠흑같이 어두운 밤에 라합이 챙겨 준 밧줄을 타고 창문을 통해 성 밖으로 감쪽같이 빠져 나왔다(수 2:15-20).

5. 여호수아의 영단

라합의 집을 빠져 나온 두 첩자는 3일간 안전한 곳에 숨어 있다가 모압(Moab) 산 기슭에 진을 친 여호수아에게 돌아가 여리고 도성에서 수집한 정보를 보고했다.

"하나님께서 그 땅을 우리에게 주신 것이 확실합니다. 지레 겁먹은 여리고 도성의 사람들은 전전긍긍하고 있습니다. 그런데 여리고 사람들도 우리 측의 정보를 수집하고 있습니다."

두 첩자는 여리고 도성의 실태를 보고했다. 그러자 여리고 도성의 정세를 분석한 여호수아는 즉시 참모들을 소집했다. 이때 여호수아의 소집령을 받은 참모들은 이스라엘 백성들 중에 충직한 원로들이었다. 그들은 모세가 이끌 때부터 여호수아의 능력을 인정하는 사람들이었고, 여호수아를 이스라엘의 새 지도자로 선출한 대의원들이었다. 그러므로 참모들은 여호수아의 작전을 적극 지지했다. 여호수아는 자신의 계획을 참모들에게 자세히 설명한 다음 전투에 임하는 병사들에게 새로운 각오를 환기시켰다. 여호수아는 4만 명의 병사를 대비시킨 다음 전투를 수행하기 위해 참모들의 지모(智謀)를 수렴했다. 그러나 일단 참모들의 의견이 통일되면 그것은 하나님의 분부로 알고 어김없이 이행했다(수 2:21-24).

6. 여호수아의 도하(渡河)작전

여호수아가 영단을 내리자 하나님께서 다시 이르셨다.

"내가 오늘부터 너를 크게 높여 내가 모세와 함께한 것처럼 너와 함께하는 것을 모든 이스라엘 백성이 알도록 하겠다. 너는 법궤를 멘 제사장들이 요단강변에 도착하거든 물에 들어가 서있으라고 지시하라."

여호수아는 하나님의 지시를 실행에 옮겼다. 싯딤을 떠난 이스라엘 백성이 요단강변에 이르렀을 때 작전을 지시했다.

"제사장들은 하나님의 법궤를 메고 앞장서고, 그 뒤에 병사들이 따르십시오. 이제 여러분은 한 번도 가본 적이 없는 길을 걷게 될 것입니다. 병사들은 제사장들의 인도에 따라 하나님의 법궤의 뒤를 바짝 따르지 말고 약 1킬로미터 쯤 간격을 유지해야 합니다."

제사장들에게 앞장설 것을 지시한 다음 백성들에게도 명령했다.

"여러분은 몸을 정결하게 하십시오. 내일은 하나님께서 여러분을 통해 큰 기적을 드러내실 것입니다."

전격적으로 도강을 명령하자 백성들은 철연한 자세로 받아 들였다. 그러나 노련한 병사 한 명이 여호수아 작전에 이유를 들어 반대했다.

"요단강을 건너는 것은 불가능합니다. 지금은 봄이라 강물이 제방까지 범람하기 때문에 도강하다간 낭패 당할 염려가 있습니다. 짐을 물속에 빠트리는 것은 물론 잘못하면 사람도 물에 빠져 죽게 될 것입니다. 현재 높은 산의 얼음 녹은 물이 낮은 곳으로 흘러 샘마다 차고 넘치는 실정입니다. 요단강의 넘치는 물소리가 철석철석 들리는데 어떻게 건너간단 말입니까?"

경험이 많은 병사는 여호수아에게 위험한 모험이라고 했다. 그러나 하나님을 의지한 여호수아는 단호했다.

"우리는 하나님을 믿어야 합니다. 믿음으로 무장하여 강하고 용감해야 합니다. 하나님이 우리 편에 계시기 때문에 조금도 겁낼 것이 없습니다. 하나님을 의지하면 반드시 승리합니다. 하나님은 우리가 무엇을 하든 함께 하실 것입니다"(수 3:1-18).

7. 강물이 멎다

싯딤을 떠난 이스라엘 백성이 여호수아를 따라 요단강변으로 다가갔다. 작전대로 제사장들이 법궤를 메고 앞장섰다. 요단강은 평소에도 강물이 깊고 물살이 빠른 강이었다. 그런데 마침 일 년 중에 강물이 제일 많은 계절이라 도강이 어려웠다. 그런데 법궤를 멘 제사장들이 요단 강변에 이르렀을 때 약 6킬로미터 쯤 떨어진 위쪽의 사르단(Zarethan) 근처의 아담성 부근의 긴 강폭이 마치 제방으로 막은 것처럼 흘러내리던 강물이 갑자기 바짝 마르고 강바닥(河床)이 드러났다. 뜻밖에 기적을 맞이한 이스라엘 백성들이 하상(河床)을 밟고 무사히 도강을 마쳤다.

여호수아의 영단으로 요단강을 무사히 도강한 이스라엘 백성은 이집트를 떠난 후 비로소 가나안 땅을 밟았다. 여호수아는 백성들을 이끌고 여리고 도성 동쪽의 길르앗 산기슭에 짐을 풀었다.

마침 유월절 기간이라 가나안에서(1월 14일 저녁) 유월절의 축제를 베풀었다. 가나안 땅에 들어와 처음으로 가나안 땅의 농작물로 음식을 만들었는데, 이때 먹은 음식이 가나안에서 먹은 처음의 음식이었다. 이렇게 가나안의 곡식으로 만든 음식을 먹게 되면서 40년 동안 하늘에서 내린 만나는 일체 내리지 않았다. 가나안 땅에 들어간 후에는 두 번 다시 만나를 볼 수 없었다(수 3:7-18).

8. 도강을 기념하는 돌비석(石碑)

하나님은 요단강을 건넌 여호수아에게 이르셨다.

"너는 각 지파에서 한 사람씩 12명을 뽑아 오늘 밤에 요단강 한복판 제사장들이 서 있던 곳에 12개의 돌을 가져다 너희가 진을 칠 곳에 옮겨다 세워라."

여호수아는 즉시 12명을 뽑아 하나님의 뜻을 수행했다.

"여러분은 요단강 한 복판, 하나님의 법궤 앞으로 가서 이스라엘의 12지파의 수대로 각자 돌을 하나씩 메고 오십시오. 그 돌을 볼 때마다 백성들이 하나님께서 행하신 일을 기억하게 될 것입니다. 먼 훗날 여러분의 자손들이 '이 돌은 무엇을 뜻합니까?' 하고 묻거든 '주님의 법궤가 요단강을 건널 때 흐르던 강물이 갑자기 멈추었단다. 그래서 이 돌들이 이스라엘 백성에게 그 놀라운 기적을 영원히 상기시켜 주는 기념비이다.'라고 이야기할 것입니다."

여호수아는 하나님의 뜻을 받들어 요단강 한 복판에 돌비석을 세웠는데 그 비석의 의미가 후대에 전래되었다(수 4:1-7).

9. 길갈에서 할례를 받다

여호수아가 참모들의 뜻을 모아 여리고 도성의 공략을 준비할 때 하나님께서 이르셨다.

"돌칼을 만들어서 이스라엘 백성에게 할례를 베풀어라"

여호수아는 즉시 부싯돌로 돌칼을 만들어 할례 산이라고 불리는 곳에서 이스라엘 백성에게 할례를 베풀었다. 갑자기 할례를 베풀어야했던 이유는 이러했다. 이집트에서 나온 백성 가운데 군인 연령에 해당하는 남자는 이미 광야에서 40년 유랑하는 도중에 다 죽고 없었다. 이집트에서 떠난 백성은 다 할례를 받았지만 이집트를 떠난 후 광야에서 새로 태어난 장정들은 한 명도 할례를 받지 않았다. 광야에서 태어난 신세대는 하나님과 약속한 할례를 받지 않았음으로 하나님 말씀에 순종하지 않은 결과가 되었음으로 젖과 꿀이 흐르는 땅에 들어갈 수 없었다. 이스라엘 백성에게 하나님과의 약속은 신성했기 때문에 할례를 받아야만 했다. 여호수아가 할례를 실시 한 다음 천막에서 쉬며 상처가 아물기를 기다리고 있을 때 주님께서 이르셨다.

"내가 오늘 이집트에서 종살이 하던 너희들의 수모를 벗겨 주었다."

그리하여 그곳은 '길갈(Gilgal)'이라는 이름이 전해되었다(수 5:1-9).

10. 주님의 군대의 지원

여호수아에 대한 소문이 가나안 전 지역에 퍼지면서 여리고 도성의 병사들은 싸우기도 전에 기가 꺾였다. 여호수아의 공격을 두려워한 여리고의 지도자들은 도성의 문을 닫아걸고 출입을 통제하는 등 비상사태에 들어갔다. 그러나 여호수아는 함부로 공격하지 않고, 전쟁에 임하는 병사들의 의견을 하나로 통일시키는 등 병사들의 사기를 진작시켰다. 여호수아는 참모들과 작전을 숙고한 끝에 결정한 최종 작전은 '여리고 도성의 사람들 스스로 전의를 상실하도록' 심리전을 폈다.

한편 요단강 서쪽의 아모리 왕을 비롯한 지중해 연안의 모든 왕들이 여호수아를 상대로 한 덩어리로 뭉쳤다. 특히 여호수아가 하나님의 도우심으로 범람하는 요단강물을 가로막고 이스라엘 백성을 감쪽같이 도강시켰다는 소문을 전해들은 사람들은 모두 두려움에 사로잡혀 전전긍긍했다. 그러던 어느 날이었다. 여호수아가 작전을 수행하기 위해 여리고 도성 가까이 다가갔을 때 갑자기 한 사람이 칼을 빼들고 앞으로 다가오는 것이었다. 여호수아가 그를 향해 큰 소리로 물었다.

"너는 우군이냐 아니면 적군이냐?"

여호수아가 호령하자 그는 당당한 자세로 대답했다.

"나는 우군도 적군도 아니다. 나는 주님의 군대의 총사령관이다."

깜짝 놀란 여호수아가 그 앞에 무릎을 꿇고 읊조렸다.

"주의 종에게 무슨 말씀을 하시려고 합니까?"

여호수아가 겸손한 태도를 취하자 그가 말했다.

"너는 신을 벗어라. 네가 선 곳은 거룩한 땅이다."
여호수아가 신발을 벗고 주님의 군 사령관의 격려를 받는 순간 여리고 도성을 함락시킬 수 있는 작전임을 확신했다(수 5:13-15).

11. 여리고 도성을 함락시키다

여호수아가 병사들을 이끌고 여리고성 가까이 다가가자 도성의 주민들은 성문을 굳게 닫아걸고 출입을 통제하는 등 방어태세를 취했다. 여호수아는 참모들과 마지막 작전을 토의할 때 하나님의 음성이 들렸다.

"내가 여리고성과 그곳의 왕과 그 외의 군인들까지 모두 네 손에 넘겨줄 것이다. 너는 병사들을 이끌고 여리고성 주위를 6일 동안 매일 한 바퀴씩 돌아라. 그리고 제사장 7명이 저마다 수양 뿔 나팔을 들고 법궤 앞에 서 있다가 7일 째 되는 날 일제히 나팔을 불거든 너희들은 그 성을 일곱 바퀴 돌아라. 그러다가 제사장들이 나팔을 길게 불면 백성들은 일제히 큰 소리로 외쳐라. 그러면 여리고 성벽이 무너질 것이다. 바로 그 때 너희 이스라엘 군이 성안으로 쳐들어 가거라."

하나님 분부에 접한 여호수아가 제사장들을 불러놓고 출전을 명했다.

"여러분은 법궤를 메십시오. 그리고 7명은 수양 뿔 나팔을 들고 법궤 앞에 나서십시오."

여호수아는 하나님의 분부대로 지시하는 한편 "지금부터 여러분은 여리고 도성을 하루 한 바퀴씩 도십시오. 무장한 선두 부대가 주님의 법궤 앞에서야 한다."고 치밀한 작전을 직접 명령했다.

"여러분은 절대로 내 명령을 충실히 지켜야 합니다. 이제 곧 여리고 도성을 포위할 것입니다. 절대로 말소리를 내지 말고 조용히 임해야 합니다. 맨 앞에는 병사들이 서고 그 다음에는 나팔을 잡은 일곱 명의 제사장이 서십시오. 그리고 그 다음에는 법궤를 멘 제사장들이 서고 맨 끝에는 부인들이 뒤 따라갈 터인데, 두 번째 나팔을 가진 사람들은 나팔을 불고, 그 외에 다른 사람들은 아무 말도 하지 말고 침묵을 지켜야 합니다. 이렇게 하기를 하루에 한 번씩 엿새 동안 쉬지 않고 계속 성벽 주위를 한 바퀴씩 돌아야 합니다. 그러다가 7일째 되는 날은 계속해서 7번을 돈 다음 긴 나팔 소리가 들리거든 일제히 하늘을 향해 '주 하나님의 심판이다.' 하고 소리 질러야 합니다."

여호수아는 작전계획을 구체적으로 지시하는 한편 도성을 함락시킨 후 수습 방법까지 지시했다.

"여러분은 우리 주 하나님을 믿어야 합니다. 주님께서 여리고 도성을 여러분에게 주셨습니다. 여리고 도성을 점령하면 성안의 물건은 모두 주님께 제물로 바치십시오. 그리고 여리고 성안의 사람은 무조건 모조리 다 죽이십시오. 그러나 기생 라합과 그녀의 가족만은 살려야 합니다. 그녀는 우리 정탐 병을 숨겨주었습니다. 그리고 전리품은 절대로 가질 생각은 하지 마십시오."(수 6:1-18).

12. 허물어진 여리고 도성

이윽고 여호수아가 이끄는 병사들이 정적에 잠긴 여리고 도성 밑으로 다가갔다. 법궤를 멘 7명의 제사장이 앞장서고 그 뒤에는 나팔수가 뒤를 따랐다. 그리고 나팔수 뒤에는 병사들이 일정한 간격으로 선봉대를 따라 여리고 도성주변을 계속 맴돌았다. 엿새 동안 쉬지 않고 매일 똑같은 방법으로 도성을 맴돌자 도성 안의 여리고 병사들은 공포에 질려 우왕좌왕 갈피를 잡지 못했다. 일촉즉발의 긴장이 감도는 가운데 침묵시위를 계속하자 도성 안에는 공포 분위기가 확산되었다. 도성 안의 민심이 흉흉하게 번지면서 병사들의 사기가 위축되었다. 7일째 되는 날에도 여호수아의 병사들이 도성 외곽에 바짝 다가가 침묵시위를 계속했다. 병사들의 긴 행렬이 어지러울 정도로 도성 주위를 7번 돈 다음 7명의 제사장이 긴 나팔을 들어 하늘이 떠나도록 우렁찬 나팔 소리가 도성 안으로 울려 퍼질 때 여호수아가 방패를 높이 들고 외쳤다.

"하나님께서 여리고 도성을 우리에게 주셨다. 공격하라!"
여호수아의 포효하는 고함소리가 적막에 잠긴 밤하늘에 울려 퍼질 때 병사들이 덩달아 함성을 질렀다. 갑자기 밤하늘에 벼락 치는 함성이 울려 퍼지는 순간 튼튼하게 쌓아올린 여리고 성곽의 밑돌이 와르르 무너져 내렸다.
"하나님의 심판이다."
그 때 외곽에 대기하고 있던 여호수아의 병사들이 성안으로 물밀듯이 밀고 들어가 공포에 떠는 적군들을 무찔렀다. 도성 안에 사는 사람은 남녀노소 가리지 않고 닥치는 대로 모두 죽였다. 살아 숨 쉬는 생명체는 모두 죽였다. 역사상 한 번도 패한 적이 없는 여리고 도성은 한 판 싸움에서 섬멸되었다. 죽음의 도가니로 변한 도성의 모든 시설이 불에 타는 불꽃 연기가 하늘 높이 치솟을 뿐 사람의 숨결은 완전히 사라졌다. 다만 창기 라합의 가족만이 살아남아 있다가 이스라엘 백성과 합류했다.
승리를 거둔 여호수아가 포고령을 발표했다.
"이 여리고 성을 다시 일으켜 세우려는 자는 저주를 받을 것이다."
여호수아의 포고령은 주변의 여러 도성에도 널리 전달되었다(수 6:19-26).

13. 전리품에 대한 여호수아의 포고령

여호수아는 여리고 도성을 함락시킨 다음 병사들에게 "이 도성 안에 있는 금, 은, 또는 동이나 철로 만든 그릇은 모두 거두어다 주님께 바쳐야 한다."고 특명을 내렸다. 여호수아는 금, 은, 청동 등 철제로 만든 제품을 모두 거두어 창고에 보관했다. 그리고 애초에 여리고 도성을 정탐한 사람에게 말했다.
"그 창녀의 집에 가서 너희가 약속한대로 그 여인과 딸린 가족을 모두 데리고 오라."
정탐하러 갔던 두 젊은이가 라합과 그의 부모를 비롯한 전 가족을 도성에서 데리고 나와 이스라엘 사람과 합류시키는 등 전후 처리를 매듭지었다. 그리하여 역사상 난공불락의 요새로 알려진 여리고 도성을 함락시킨 여호수아의 명성이 가나안 방방곡곡에 널리 떨쳤다(수 6:20-23).

14. 몰렉을 섬기다 멸망한 여리고 도성

본래 여리고 도성이 자리 잡은 가나안에는 오래 전부터 아모리 사람들이 살고 있었는데 그들은 몰렉(Molech)우상을 섬겼다. 몰렉 신은 몸뚱이는 앉아 있는 사람 같고, 머리는 송아지 같은 청동제(青銅制)우상이었다. 아모리 사람들은 몰렉 우상을 장작불에 빨갛게 달군 다음, 그 우상 앞에 엎드려 절을 했다. 신앙심이 돈독한 사람은 그 불에 달군 몰렉의 팔에 자기의 어린아이를 안겨 태워 죽였다. 몰렉 우상에 현혹된 사람들은 자기의 아들을 신의 팔에서 태워 죽이는 것을 큰 영광으로 알았다. 어린이를 제물로 바칠 때 어린이가 불에 타면서 지르는 비명 소리가 들리지 않도록 더 큰소리를 내기 위해 광적으로 북을 치고 소리를 질렀다. 아모리 사람들의 이 잔인한 우상 숭배를 지켜보신 하나님께서 저들을 벌하기 위해 여호수아로 하여금 멸망시킨 것이다(수 6:15-27).

◆ 아모리 족의 요새

아모리 족은 가나안 원주민으로 이스라엘의 대적 가운데 하나였다. 기원전 2500년에서 2000년까지 수메르 및 기타드 비문들은 이들을 문명 생활, 곡식, 집, 성읍, 정부에 대해서는 잘 모르는 사막인으로 묘사하고 있다. 기원전 2000년 경에 이들은 바벨론에서 통치했는데 그들 중에 가장 강력했던 왕조는 하무라비였다. 다른 무리는 아르바드 남쪽의 수무르(현재 텔 가젤)를 수도로 레바논에 정착했다. 기원전 2100-1800년 경에 팔레스타인에 진입할 때 요단강 동쪽을 통치하고 있었던 아모리 족속의 이주와 밀접한 관련을 갖고 있다. 아브라함은 헤브론에서 아모리 족과 동맹을 맺은 적이 있다(창 14장).

이스라엘이 팔레스타인에 진입할 때 요단강 동쪽을 통치하고 있던 아모리왕들을 정복한 것은 이스라엘 역사상 획기적인 사건으로 여겨진다(암 2:9). 므낫세 지파의 절반, 갓 지파, 르우

> 벤 지파는 이들의 영토를 차지했으며, 여호수아는 팔레스타인 안에 있던 아모리족의 요새들을 정복했다(수 10:5 이하). 아모리 족은 훗날 이스라엘에게 정복당한 후 노예가 되어 점차 그들의 특성을 상실해 갔다.

15. 전리품에 대한 아간의 탐욕

여리고 도성을 함락시킨 이스라엘은 일단 평화를 원했다. 그러나 여리고 도성 동쪽의 벧엘 가까이 아이(Ai)라는 유서 깊은 작은 도성이 자리 잡고 있었다. 아이 도성과 싸움이 불가피하다고 판단한 여호수아는 일단 정탐 병들을 보내 그곳의 정세를 알아보았다. 그런데 정탐을 마치고 돌아온 병사들이 여호수아에게 이렇게 보고했다.

"아이성을 치기 위해 우리 군대가 전부 올라갈 필요는 없습니다. 2-3천 명 정도의 병력이면 충분히 칠 수 있는 작은 성입니다."

아이성의 전력을 대수롭지 않게 보고했다. 여호수아는 여리고 전투를 승리로 이끈 여세를 몰아 아이 성읍쯤이야 별 것 아니라고 생각하고 3천 명의 병사들을 출동시켰다. 그러나 싸움을 치른 결과 뜻밖에 참패했다. 무려 36명이 전사당하고 쫓겨 오는 수모를 당했다. 자신 만만하게 출정한 병사들이 맥없이 패하고 돌아오자 여호수아는 패전의 원인을 알기 위해 옷을 찢으며 법궤 옆에서 머리를 땅에 대고 해가 저물도록 주님께 부르짖었다. 장로들도 여호수아를 따라 머리에 먼지를 뒤집어쓰고 기도했다.

"주 하나님이시어! 정말 슬픈 일입니다. 어째서 이 백성을 인도하여 요단강을 건너게 하셨으면서 이제는 아모리 사람의 손에 넘겨 멸망시키려 하십니까? 차라리 우리가 요단강 건너편에 살았더라면 좋을 뻔했습니다. 주님이시어! 이스라엘 군이 적군에게 패하여 쫓겨 왔는데 내가 무슨 말을 더할 수 있겠습니까? 가나안 사람들과 그 주변의 부족들이 이 소식을 듣게 되면 당장 우리를 포위하여 전멸시킬 것입니다. 주님의 영광된 이름을 드러내기 위해 이일을 어떻게 하면 좋겠습니까?"

여호수아가 처절하게 부르짖자 주님께서 말씀하셨다.

"어서 일어나라! 어째서 이렇게 엎드려 있느냐? 이스라엘이 죄를 짓고 말았다! 그들이 내 명령에 불순종하여 만지지 말라고 지시한 물건을 훔쳐 자기 소유물인양 숨겨 두었다. 이것이 바로 이스라엘 군이 적군에게 패하여 등을 돌리고 달아나게 된 이유이다. 그 결과 너희들도 저주받은 물건과 같이 되었다. 너희가 가져서는 안 될 그 물건을 너희에게 제거하지 않는 한 내가 다시는 너희와 함께 하지 않을 것이다. 너는 어서 일어나 백성들을 성결하게 지도하고 내일을 위해 준비하라. 그리고 이스라엘의 하나님께서 이렇게 말한다고 전하라. '이스라엘 백성들 가운데 가져서는 안 될 물건을 도둑질한 사람이 있다. 너희가 그 물건을 너희에게서 제거하기 전에는 너희가 적군을 당해낼 수 없을 것이다."

패전의 원인을 확인한 여호수아는 그 원인을 유발시킨 사람을 찾아 나섰다. 그런데 이스라엘 병사들이 여리고 도성을 함락했을 때 유다 지파의 아간(Achan)이란 한 병사가 하나님의 뜻을 어기고 전리품 중에 귀금속을 훔쳐 자기 집에 숨긴 사실이 드러났다(수 7:1-14).

16. 군율을 확립한 여호수아

여호수아가 아간을 불러 놓고 다그쳤다.

"너는 하나님께 네 죄를 사실대로 고백하라. 그 동안 네가 한 일을 하나도 숨기지 말고 나에게 말하라." 하고 다그치자 아간이 진실을 털어놓았다.

"내가 이스라엘의 하나님께 범죄한 것이 사실입니다. 내가 바벨론 제품의 예쁜 외투 한 벌과 은(銀) 약 23킬로그램과 570그램짜리 금덩어리를 보는 순간 탐이 나서 집으로 가져왔습니다. 그 물건은 지금 내 천막 안에 묻어 놓았습니다."

아간이 사실을 고백하자 여호수아가 근위병을 현장에 보내 감춰 놓은 장물을 모두 찾아다 백성들 앞에 펼쳐 놓고 소리쳤다.

"너는 어째서 우리를 괴롭히느냐? 이제 네가 우리를 괴롭힌 것처럼 주님께서 너를 괴롭힐 것이다."

여호수아는 아간과 그의 가족을 계곡으로 몰아내 돌로 쳐 죽이고, 시신을 불에 태운 다음 그 자리에 돌무더기를 쌓고, "하나님을 속인 사람은 이런 벌을 받는다." 하고 경고문을 세웠다. 훗날 사람들은 아간이 죽은 골짜기를 '괴로움의 골짜기(Valley of achor)'라고 명명하여 본보기를 삼았다. 여호수아가 하나님의 뜻을 범한 아간을 죽인 다음, 3만 명의 병사들을 이끌고 다시 아이성으로 진격하여 승리했는데 이때가 기원전 1200년 경이었다(수 7:15-26).

◆ 헤렘(Herem)법

'헤렘'은 히브리어의 '헌신하다'라는 뜻으로 바쳐진 것을 가리키기도 한다. 예를 들면 전쟁에서 획득한 노획물을 번제나 희생 제물로 야훼 하나님께 바치는 것을 의미한다. 노획물을 야훼께 바치는 이유는 야훼께서 이스라엘 민족을 위해 성전(聖戰)을 주관하시고 실제로 싸우시는 분이기 때문이다. 따라서 노획물은 하나님께 바치는 것이다. 노획물 가운데 하나라도 취하면 야훼의 것을 사취한 범죄행위가 되는 것이었다.

이 헤렘법은 고대 이스라엘의 부족 연맹체제와 관련되어 이해해야 한다. 이 체제 안에서는 하나님의 부르심을 받은 카리스마적인 인물이 영도자가 되며, 이 인물 안에서 하나님은 전쟁을 수행하셨다. 헤렘법의 완전한 준수를 위해서는 호흡하는 모든 것은 다 죽여야하며, 가연성 물질은 태우고, 귀금속은 성소의 금고 속에 보관해야 한다. 그래서 전리품을 착복한 아간(수 7:11-15)과 아말렉 왕 아각을 살려준 사울왕(삼상 15장)은 하나님께 단죄 받았다. 또한 여호수아의 여리고 성의 함락 후 아이성의 패전에서도 헤렘법이 적용된 본보기이다(수 6장).

17. 여호수아가 제단을 쌓고 율법을 기조로 백성을 다스리다

가나안에 들어가 정착하는데 최대의 걸림돌인 여리고 도성을 초토화시킨 여호수아는 계속해서 승승장구하여 여리고 도성 부근에 자리 잡은 아이 도성을 점령한데 이어 가나안 전역에 자리 잡은 여러 부족들을 하나하나 평정해나가기 시작했다. 하나님의 보살핌을 받은 여호수아는 가나안을 점령하기 위해서는 무엇보다도 백성들이 하나님의 율법을 철저히 지켜야한다는 점을 알았다. 그래서 엘발(Ebal)산에다 철제(鐵製)연장으로 다듬지 않은 자연석을 모아 제단을 쌓고, 백성들을 이끌고 올라가 모세가 가르쳐준 양식에 따라 번제를 올렸다. 그리고 모세가 가르쳐준 율법을 돌에 새겨 길이 기념했다. 가나안을 점령한 이스라엘 백성은 물론 일단 가나안에 거주하는 외국인들도 모세의 율법을 지키도록 지시했다.

◈ **가나안의 지명과 원주민들**

여호수아가 점령한 후 이스라엘 민족이 정착한 가나안은 여러 가지 이름으로 불리어졌다. 첫째 아브라함 시대부터 그곳에 살던 부족의 이름을 따라 가나안이라고 불러왔다. 그러다가 나중에 그들을 대체해서 들어온 이스라엘 백성들의 이름을 따라 이스라엘 땅이라고 불리어졌다. 그런데 현대에 와서 일반적으로 팔레스타인(Palestine)이라고 부르는데 그것은 성서에 나오는 이름이 아니다. 팔레스타인은 '블레셋인의 나라' 라는 의미로 당시에는 서쪽의 지중해 연안 지방의 이름이었다.

가나안에는 여러 부족이 살고 있었다. 예를 들면 갇모니(Cadmonite)족, 케니(Qenites)족, 라파임(Raphaim)족, 에나킴(Enacim)족, 에밈(Emim)족, 좀좀님(Zomzomnime)족 등이다. 전설에 의하면 페르시아만 해변에 거처하던 가나안족이 기원전 3000년 경에 대이동을 시작해서 지중해 연안 페니키아에 와서 도시를 세운 것이 시돈이었다고 한다. 일반적으로 그 지역 일대를 가나안이라고 부르다가 훗날 팔레스타인이라 부르게 되었다.

한편 여호수아가 세력을 확장하자 요단강 서쪽 지역에 자리 잡은 왕들이 여호수아와 맞서기 위해 연합전선을 형성했다. 가나안의 산간 지역과 북쪽의 레바논에 이르기까지, 지중해 연안 일대에 흩어져 사는 헷족, 아모리족, 가나안족, 브리스족, 히위족, 여부스족의 왕들이 하나로 똘똘 뭉쳤다(수 8:1-36).

18. 주님의 이름으로 맺은 계약은 지켜야 한다

여호수아가 승승장구하자 겁먹은 히위(Hivites)족의 기브온(Gibeon)사람들이 살아남기 위해 미리 사신을 보내왔다. 기브온 사신은 마치 멀리 떨어진 지역에 사는 사람인양 여호수아를 속이기 위해 너덜너덜한 남루한 옷을 입고, 신발은 닳아 해진 신발을 신고, 마르고 곰팡이 냄새가 나는 빵과 여기 저기 기운 낡은 포도주 부대를 나귀에 싣고 길갈에 진을 친 여호수아를 찾아와 이렇게 말했다.

"우리는 당신들과 평화 조약을 맺고자 합니다."

기브아의 사신은 친선을 도모하자고 정중히 제의했다. 사신들을 눈여겨본 여호수아가 물었다.

"당신들은 우리 부근에 사는 사람들 같은데, 사실이라면 어떻게 당신들과 조약을 맺겠소?"

"우리가 당신의 종이 되겠습니다."

"도대체 당신들은 누구이며, 어디에서 왔소?"

"우리는 당신들의 하나님의 이름을 전해 듣고 아주 먼 지방에서 찾아 왔습니다. 우리는 귀하께서 이집트에서 바로왕을 상대로 싸워 승리하신 것과 요단강 동쪽 지방에 살던 아모리 사람들의 헤스본왕과 비산(Bashin)왕 옥(Og)을 상대로 승전하신 이야기를 잘 들었습니다. 그래서 우리 백성의 지도자들께서 저희들을 귀하에게 보내며 말씀하시길 '너희는 이스라엘 백성들에게 찾아가서 우리가 종이 되겠으니 평화조약을 맺도록 주선하라'고 말씀하셨습니다. 우리가 가진 이 빵을 보십시오. 우리가 집을 떠날 때 찜통 속에서 꺼집어냈을 때에는 물기가 있었는데 이렇게 바싹 마르고 곰팡이까지 났습니다. 포도주를 담은 가죽 자루도 집을 떠날 때는 새것이었으나 먼 길을 여행하느라고 이렇게 낡아 해어졌습니다. 그 뿐만 아니라 우리의 신발도 보십시오. 이렇게 닳아 해지지 않았습니까?"

사신들은 멀리서 왔음을 강조했다. 여호수아는 사신들의 말을 믿고 기브온 사람들과 평화조약을 맺고 그들을 이스라엘 백성들과 더불어 살 수 있도록 허락한 다음 이스라엘 백성들에게도 기브온 백성과 맺은 조약을 지킬 것을 맹세하도록 했다.

그러나 이스라엘 백성들이 조약을 맺은지 3일째 되는 날 기브온이 먼 곳에 떨어져 있는 것이 아니라 가까운 이웃에 살고 있음을 알게 되었다. 속임을 당한 이스라엘 백성들이 분한 나머지 저들이 사는 지역을 두루 정탐했으나 차마 공격하지 않았다. 여호수아는 저들의 행위가 가증스러웠지만 응징하지 않았다. 그 이유는 이스라엘의 지도자들이 하나님의 이름으로 체결한 조약을 지켜야 했다. 왜냐하면, 하나님의 이름으로 맹세했기 때문이었다(수 9:1-13).

19. 여호수아의 탕평책(蕩平策)

기브온에 대한 백성들의 원성이 높아가자 원로들이 무마에 나섰다.

"우리가 이스라엘의 하나님의 이름으로 그들에게 엄숙히 맹세하였음으로 이제 그들에게 손을 댈 수 없습니다. 만일 우리가 이 약속을 스스로 어기면 주님께서 우리를 벌하실 것입니다. 차라리 저들을 살려두고 우리 대신 나무를 패고 물을 긷는 종을 삼겠습니다."

원로들이 무마에 나서자 여호수아가 기브온의 대표를 불러놓고 따졌다.

"너희는 바로 이 부근에 살면서 어째서 멀리서 왔다고 우리를 속였느냐? 너희는 우리를 속인 죄로 저주를 받아 영영 우리의 종이 되어 우리 하나님의 성소를 위해 나무를 패고 물을 긷게 될 것이다."

이에 기브온의 대표가 대답했다.

"당신의 하나님께서 모세에게 이 땅을 모두 당신들에게 주었고, 또 이 곳 백성들을 다 죽이라고 명령하신 사실을 우리는 알게 되었습니다. 우리가 이렇게 한 것은 당신들이 두렵고 생명의 위협을 느꼈기 때문입니다. 이제 우리는 당신의 손안에 있습니다. 그러니 당신이 좋을 대로 우리를 처리하십시오."

기브온이 무조건 복종하겠다고 하자 여호수아는 기브온 사람들을 죽이지 않고, 그들을 이스라엘의 종으로 삼아 이스라엘 백성들의 예배를 위해 나무를 패고 물을 긷게 하였다(수 9:15-27).

20. 다섯 명의 왕들

기브온 사람들과 종속 관계의 협정을 맺은 여호수아는 가나안 곳곳에 자리 잡은 여러 족속들의 왕들을 차례로 정벌했다. 그런데 추격에 쫓기던 아모리 족의 다섯 명의 왕들이 마게다(Makkedah)산 속에 들어가 깊은 동굴에 숨었다. 마침 순찰에 나선 이스라엘 병사들이 그 사실을 여호수아에게 보고했다. 이에 여호수아가 명령했다.

"그 동굴 입구를 큰 돌을 굴려 틀어막고 경비병을 배치하여 그들을 주야로 감시하라. 그리고 다른 병력은 잔당들을 계속 추격하여 그들이 성안으로 다시 돌아가지 못하도록 차단하라. 하나님께서 그들을 이미 너희들 손에 넘겨주셨다."

사기충천한 이스라엘 병사들의 맹공 앞에 아모리 족은 완전히 패망했다. 어쩌다 살아남은 병사들만이 겨우 자신들의 성안 요새로 도피했다. 여호수아는 아모리 군사를 그 지역에서 완전히 몰아낸 다음 병사들로 하여금 아모리 왕들이 숨어 있는 동굴 입구를 틀어막은 돌을 다시 걷어내고 병사들을 굴 안으로 들여보내 왕들을 끄집어내라고 명령했다. 명령을 받은 병사들이 동굴 안에 들어가 예루살렘의 왕을 비롯해 헤브론왕(Hebron), 야르뭇왕(Jarmuth), 라기스왕(Lachish), 에글론왕 등 다섯 명을 모두 끌어내 여호수아 앞에 데려갔다. 여호수아는 이들 다섯 명의 왕을 백성들 앞에 끌어다 놓고 출전한 지휘관들로 하여금 목을 밟으라고 명령했다.

"두려워하거나 놀라지 마시오. 마음을 굳게 먹고 용기를 내시오. 주님께서 우리를 대적하는 모든 원수들에게 이렇게 하실 것이오." 하고 지휘관들의 담을 키우기 위해 목을 밟도록 명령했다. 여호수아는 다섯 명의 왕을 볼모로 지휘관들의 담(膽)을 살렸다. 다섯 명의 왕들을 하나하나 칼로 찔러 죽인 다음 그 시체를 다섯 개의 나무에 매달아 저녁때까지 전시한 다음 해가 저물자 다시 거두어 그들이 숨어 있던 동굴에 던지고 입구를 큰 돌로 막았다(수 10:16-27).

21. 팔레스타인(가나안)의 남쪽을 정벌하다

여호수아는 다섯 명의 아모리 왕들을 처단한 후 팔레스타인의 남쪽 마게다 성을 점령한 다음 그 곳의 백성들을 모조리 죽였다. 여호수아는 그 여세를 몰아 립라(Libnah)까지 단숨에 쳐들어갔다. 립나성에 쳐들어간 이스라엘 병사들은 여리고 도성을 함락했을 때처럼 성안에 사람들을 한 명도 남기지 않고 모조리 죽였다. 립라를 섬멸한 여호수아는 다시 라기스 도성으로 쳐들어가 단숨에 점령한 다음 도성 안의 사람들도 모조리 쳐 죽였다.

이렇게 가나안 곳곳에 산재하는 도성들이 차례로 함락 당하자 게살(Gezer)왕 호람(Horam)이 라기스를 도우려고 원정 나왔다가 이스라엘 병사들에게 전멸 당했다. 승리를 거듭한 여호수아의 병사들은 에글론(Eglon)을 거쳐, 헤브론과 드빌(Debir)을 점령하고, 남쪽의 네겝(Negev)을 정복한데 이어 고센(Gochen)의 전 지역을 포함하는 팔레스타인 남쪽의 모든 지역을 평정했다(수 10:28-43).

22. 팔레스타인 북쪽의 연합군을 정벌하다

여호수아가 이끄는 병사들의 비상한 능력에 겁먹은 하솔(Hazor)의 야빈(Jabin)왕이 다급한 나머지 각처의 왕들에게 전갈을 보내 연합 전선을 제의했다. 그는 이스라엘의 여호수아와 대처하기 위해 마돈(Madon) 요밥(Jobab), 시므론왕(Shimron), 악삽(Acshaph)과 동맹을 제의했다. 그리고 북쪽 지방의 산간지대와 서쪽 고원지대에 이르는 여러 왕들과 요단강 동쪽과 서쪽에 사는 가나안족, 아모리족, 헷족, 브리스족, 그리고 산간지역에 사는 여부스(Jebusites)족, 미스바 지역의 헤르몬산 기슭에 사는 히위족의 왕들에게도 도와 달라고 긴급 전갈을 보냈다.

그러자 전갈을 받은 왕들이 병력을 이끌고 달려 나왔다. 각처의 왕들이 거느리는 병사들이 연합전선을 형성했는데 그 수가 바닷가의 모래처럼 많았다. 말과 전차도 수없이 많았다. 이들 연합 병사들은 여호수아가 이끄는 이스라엘 군과 대결하기 위해 메롬(Merom)개천에 진을 쳤다. 뜻밖의 연합군을 맞이한 여호수아가 참모들과 작전을 협의했다. 그 때 주님께서 여호수아에게 말씀하셨다.

"저들을 두려워 말라. 내일 이 시간에 내가 이스라엘 군 앞에서 저들을 모조리 죽이겠다. 너는 다만 저들의 말 뒤꿈치의 힘줄(Hamstring)을 끊고 그들의 전차를 불태워라."

주님의 격려를 받은 여호수아가 병사들을 이끌고 메롬 개천으로 나가 연합군을 기습했다. 여호수아는 연합군보다 훨씬 작은 병사를 이끌고 연합군을 격파하고 계속 북쪽으로 진격했다. 여호수아는 쫓기는 연합군을 미스로봇-마임(Misrephoth-Maim)과 시돈(Sidon)까지 추격해서 모두 멸망시켰다. 여호수아는 주님의 분부대로 적군의 말 뒤꿈치의 힘줄을 끊어 힘을 못 쓰게 만들고, 전차는 모두 불태웠다. 여호수아는 마지막 남은 연합군까지 섬멸함으로써 가나안에 자리 잡은 31명의 왕들을 정벌하고 그들의 땅을 손아귀에 넣었다. 연합군 중에 제일 강한 하솔(Hazor)을 점령함으로써 가나안을 거의 평정했다. 여호수아가 가나안의 대부분을 차지함으로써 하나님께서 모세를 통해 분부하신 조상 대대의 숙원을 이루었다. 가나안을 정복한 여호수아는 하나님의 분부대로 그 땅을 이스라엘 각 지파에게 골고루 나누어 줌으로써 이집트를 탈출한 이래 계속된 전쟁이 멎고 마침내 평화를 이루었다(수 11:1-23).

> ◆ **이스라엘 백성이 가나안에 정착한 시대적 배경**
>
> 기원전 13-12세기에 접어들면서 고대 근동의 두 개의 큰 세력을 형성했던 이집트와 메소포타미아가 처한 상황을 살펴보면 이스라엘처럼 작은 소수 민족이 어떻게 이처럼 큰 전쟁의 승리를 거둘 수 있었는지, 쉽게 알 수 있다. 당시 메소포타미아의 패권을 잡고 있던 앗시리아의 세력이 매우 약해진 상태였다. 그리고 이집트 역시 기원전 1295년 카데쉬 전투에서 북쪽에서 밀고 내려온 헷족의 공격을 받아 곤경에 처한 상태에서 또 다시 크레다와 그리스와 소아시아의 서쪽(리디아) 해안에서 배를 타고 쳐들어온 해양 민족의 공격에 시달리고 있었다. 이런 힘의 공백기를 틈타 팔레스타인의 도시국가들이 자기네들끼리 세력 다툼을 벌였고, 또 다른 한편에서는 하비루인들이 일으키는 소요에 끊임없이 시달려야 했다. 이런 시기에 팔레스타인의 소왕국의 제후들이 이집트의 바로왕에게 써 보낸 "아마르나" 문서들이 이 같은 상황을 잘 설명하고 있다. 이스라엘은 국제적으로 무질서와 소요에 힘입어 가나안 정벌에 성공했다고 볼 수 있다.

23. 여호수아의 당부 (여호수아의 고별사)

여호수아는 젖과 꿀이 흐르는 가나안의 넓은 땅을 백성들에게 나누어주고 하나님을 섬기는 백성의 도리를 다함으로써 평화를 도모했다. 그러나 어느 덧 세월이 흘러 여호수아도 호호 백발 노인이 되었다. 자신의 운명을 예감한 여호수아는 어느 날 장로들과 재판관들과 사무원들을 포함한 이스라엘의 지도자들을 한 자리에 모아놓고 말했다.

"이제 나는 늙었습니다. 여러분은 하나님께서 여러 나라에서 행하신 일을 보아 알겠지만 여러분의 하나님께서 여러분을 위해 싸우셨습니다. 보십시오. 내가 동쪽의 요단강에서부터 서쪽의 지중해에 이르기까지 이미 정복한 땅은 물론, 아직 정복하지 않은 땅까지 모두 여러분에게 제비 뽑아 나누어주었습니다. 그러므로 여러분은 모세의 책에 기록된 모든 율법을 조금도 이탈하지 마십시오. 그리고 여러분은 아직 살아남은 이방 민족과 사귀지 말고 그들의 이름을 부르거나 그 이름으로 맹세하지 마십시오. 여러분이 그들의 신을 섬기거나 절해서는 안 됩니다. 지금까지 해온 것처럼 오로지 하나님만 섬겨야 합니다. 만일 여러분이 그렇게 하지 않고 남아 있는 이방 민족들과 혼인을 맺거나 그들과 교제하면 여러분의 하나님께서 이방 민족들을 쫓아내지 않으실 것입니다. 이방 민족이 여러분의 덫이나 함정 같은 위험스러운 존재가 되고, 또 옆구리의 채찍이나 눈의 가시와 같은 고통스러운 존재가 될 것입니다. 만일 그렇게 되면 여러분은 하나님께서 여러분에게 주신 이 땅에서 한 사람도 살아남지 못하고 완전히 멸망하게 될 것입니다"(수 23:3-13).

◈ 여호수아서에 대한 소고

　여호수아서는 모세의 임종으로부터 시작되어 여호수아가 세상을 떠날 때까지 의 역사를 기록한 것이며, 여호수아가 팔레스타인 정복과 각지파별로 성지를 분배하는 두 가지 큰 사명을 어떻게 수행하였는지를 내용으로 하고 있다. 1장에서 12장까지는 정복 이야기이고, 13장에서 22장까지는 토지분배에 대한 기록이고, 23장에서 24장까지는 여호수아의 유언과 그의 임종을 기록하고 있다.

　이 여호수아서는 모세5경의 뒤를 이은 책이지만 5경과 합하여 6경(Hexateucos)으로 편집되지 않았다. 그래서 모세 여호수아서를 합해 모세 5경이라고 주장하는 학자도 있지만 이 책은 완전히 따로 독립된 1경이다. 여호수아의 테마가 되는 팔레스타인 정복과 분배가 모세5경과 다를 뿐만 아니라 저자의 목적도 오경과 결코 동일하지 않다.

　하나님께서 이스라엘 백성에게 "주님께서 그들의 조상에게 주겠다고 맹세한 모든 땅을 주셨으므로 이스라엘 백성은 그 땅을 차지하고 정착하였다."(수 21:43)라는 구절에 그 목적이 명시되어 있다. 따라서 저자는 자기가 직접 목격하여 알고 있는 많은 사실 중에서 하나님께서 이스라엘에 대하여 취하신 섭리를 뚜렷하게 드러낼 만한 것만을 특기하고, 그 약속을 지킴에 따라 주님께서 얼마나 충실하신가를 증명하기에 주력하고 있다.

　문체(文體)역시 모세오경과 다르고, 말투도 같지 않다. 유대의 옛 경전록(經典錄)에는 여호수아서를 예언서에 포함시키고 모세 율법 중에 포함시키지 않고 있는 경우도 있다. 여호수아서

> 의 특징은 편집시기이다. 여호수아서에 등장하는 라합과 갈렙이 생존해 있다는 이야기(6:25),
> 14장 14절이 상세하게 인칭을 쓰고 있는 점과 5장 1-6절 등에서 이 책을 편집한 저자가 이
> 사건과 동시대의 인물로 여겨진다. 그리고 만년의 유언을 율법에서 기입한 점(24장 26절)은
> 팔레스타인의 지리를 확인시킨 것이 여호수아로 보인다(18:4-9). 다만 단 지파의 원정, 갈렙
> 의 헤브론 공략, 여호수아와 엘리에셀의 죽음 등은 후대의 누군가의 인물이 보충해 넣은 것이
> 분명하다.

24. 세상의 모든 사람들이 가는 길로

"이제 나는 온 세상 사람들이 가는 길로 떠날 때가 되었습니다. 여러분의 주 하나님께서 약속하신 선한 일이 다 이루어진 것을 잘 알고 있습니다. 그러나 주님께서는 약속하신 선한 일을 다 이루신 것처럼 자기가 말씀하신 재앙도 여러분에게 내리실 것입니다. 만일 여러분은 주님께서 지키라고 명령하신 계약을 어겨 다른 신을 섬기고 절하면 여러분을 벌하실 것입니다. 그렇게 되면 여러분은 주님께서 주신 좋은 땅에서 순식간에 망하고 말 것입니다."

여호수아는 이스라엘 백성의 대표들을 한자리에 모아 놓고, 하나님과 맺은 계약을 성실히 지킬 것을 다짐받았다. 여호수아는 모세가 못 다한 유업을 이룩한 후 110살 되던 해에 죽었다. 그의 시신은 그가 유산으로 물려받은 딤낫 세라(Timnath)에 장사 지냈다. 그리고 이집트에서 모셔온 요셉의 유해는 야곱이 550년 전 이집트로 이주하기 전에 마련해 놓은 세겜 땅에 안장했는데 이때가 기원전 1180년경이었다. 하나님의 능력에 힘입은 여호수아의 뛰어난 공적으로 이스라엘은 오랜만에 평화를 맞이했다(수 23: 14-16).

◈ 도피성

 도피성은 하나님께서 이스라엘 백성에게 베푼 은총의 제도이다. 모세에 의해 전수된 엄격한 율법의 근본정신을 존중함과 동시에 합법적으로 만들어낸 사랑의 실천기구였다. 하나님은 이스라엘 백성이 약속의 땅 가나안에 들어가 살면서 실수로 율법을 범했을 경우에는 예외로 선처를 베풀어 줌으로서 피해자 측의 복수를 방지하고, 죄를 범한 사람에게 변명의 기회를 줌과 동이에 재생의 길을 터준 것이 바로 도피성이다. 도피성의 동기는 가나안을 정복한 여호수아에게 주님께서 다음과 같이 말씀하신 대서 비롯되었다.

 '내가 모세를 시켜 말한 대로 도피성들을 지정하라. 자기도 모르는 사이에 실수로 살인한 사람이 피신할 성들을 지정하라. 그 성읍의 사람들은 살인자가 피살자의 앙갚음을 벗어나 피할 곳으로 삼아라. 그런 살인자는 그 성읍들 가운데 어디든지 피신할 수 있다. 그러나 우선 성문 앞에 멈추어 서서 성읍의 장로들에게 사실을 진술해야한다. 그러면 성읍에서는 그를 받아 들여 함께 살 곳을 주선해줄 것이다. 피살자의 앙갚음을 할 근친이 쫓아 왔을 경우에도 살인자를 그의 손에 내주어서는 안 된다. 그는 비록 동족을 죽였더라도 그를 미워한 일이 없이 실수로 살인을 저질렀기 때문이다. 살인자는 심판을 받으러 회중 앞에 출두하기까지 그 성읍에서 살아야 한다. 그런 후에야 그 살인자는 자기 성읍, 자기 집으로 돌아갈 수 있다. 도망오기 전에 살던 성읍으로 돌아갈 수 있다.' 이상과 같이 하나님의 뜻으로 6개의 도피성이 건축되었는데 그를 소개하면 다음과 같다.

 (1) 갈릴리와 납달리 고원지대에는 가데스를 지정했고, (2) 에브라임 고원지대에는 세겜을 지정했고, (3) 유다 고원지대에는 헤브론이라는 기럇아를 도피성으로 떼어냈다. 그리고 (4) 요단강 건너편 여리고 동쪽에는 르우벤 지파에서 고원 사막지대에 있는 베셀(Betser)로 정했다. (5) 그리고 갓 지파에서는 길르앗 라못(Laamoth)을 지정했고, (6) 므낫세지파는 바산에 있는 골란(Golan)을 지정했다. 이것이 온 이스라엘 백성과 그들 속에 들어 와 몸 붙여 사는 사람이면 누구든지 실수로 살인을 범했을 경우에는 피신하도록 지정된 성읍들이다. 그들은 회중 앞에 출두하기까지 피살자의 근친의 앙갚음으로 죽어서는 안 된다는 취지이다.

제2장 하나님을 저버린 사사시대의 이야기

1. 전쟁영웅 여호수아

모세는 이집트에서 바로왕의 노예살이 하던 백성을 시내 반도로 이끌어내 하나님 백성으로 탄생시킨 민족해방의 영도자였다. 그러나 모세는 히브리 민족을 이집트에서 이끌어내어 하나님의 선민의 길을 열어주는 데는 성공했지만, 일찍이 하나님께서 아브라함, 이삭, 야곱과 약속하신 축복의 땅, 가나안으로 백성을 이끌어 들이지는 못했다. 다만 후계자 여호수아가 모세가 이루지 못한 유업을 성취함으로써 하나님은 약속을 이루셨고, 여호수아는 민족의 영웅이 되었다. 여호수아는 이스라엘 백성을 가나안에 이끌고 들어가 그 곳에 사는 원주민(7부족)들을 무찌르고, 가나안 전 지역을 레위지파를 제외한 11지파에게 골고루 분배함과 동시에 모세의 유지를 받들어 40년간 이스라엘 백성을 율법으로 다스렸다. 그러나 여호수아가 죽은 후 이스라엘 12부족은 새로운 국면을 맞이했다.

2. 하나님을 저버린 이스라엘

여호수아의 지도로 가나안에 들어간 이스라엘 백성은 각 부족들 간에 평화를 유지했다. 그러나 여호수아가 죽은 후 세월이 흐르면서 광야에서 유랑하던 1세대는 거의 다 죽고 가나안에 정착한 후에 새로 태어난 세대들로 주류를 이루었다. 가나안에서 태어난 신세대는 자신들의 조상들이 광야에서 살아온 40년 세월의 체험을 저버렸다. 특히 전쟁이 멎고 정신적 긴장이 풀리고, 먹을거리가 넉넉한 백성들은 나태하고 부패하기 시작했다. 특히 전쟁이 멎고 유목생활에서 노예생활을 거쳐 일정한 곳에 정착하여 농경 생활로 접어들면서 안정된 이방문화에 빠져들었다. 그리하여 백성들 가운데 농경문화의 신(바알신)에 접하는 백성들이 불어나면서 각 지파마다 제사장의 지도를 마다하고, 이방문화생활에 빠져 이교도들과 혼인하는 등 율법을 어기는 경우가 잦았다.

3. 가나안의 원주민 문화에 사로잡힌 이스라엘

한편 여호수아가 가나안을 평정할 때 죽이지 않고 남겨둔 사람들, 이를테면 일부 가나안사람들, 헷사람들, 아모리사람들, 여부스사람들 등 그곳에서 오랫동안 살아온 원주민들과 엉켜 살았다. 그러다 보니 자연히 이스라엘 백성의 정체성은 희석되었고, 하나님과 계약한 율법을 어기고 우상을 가까이하는 등 가나안 이방 문화에 말려들었다. 여호수아가 죽은 지 40년이 지날 즈음에는 심지어 모세와 여호수아 등 이스라엘 역사상 위대한 신앙의 선조들에 대한 존경심마저 저버렸다. 형편없이 변질 된 이스라엘의 실상을 지켜보신 하나님께서 엄히 경고하셨다.

"나는 이집트에서 종살이하던 너희들을 인도해 내었고 또 이집트 사람과 너희를 괴롭히는 모든 원수들의 손에서 너희를 구출하였다. 너희 앞에서 그들을 쫓아내고, 그 땅을 너희들에게 주었다. 그리고 내가 너희에게 나는 너희 하나님이다. 그러니 너희가 살고 있는 땅에서 아모리 사람의 신들을 섬기지 말라' 고 신신 당부했지만 너희는 듣지 않았다."

마침내 하나님은 이스라엘과 체결한 계약을 파기하시겠다고 경고하셨다. 그러나 하나님의 거듭된 경고에도 이스라엘 백성은 돌이키지 않았다. 그리하여 이스라엘의 운명은 걷잡을 수 없는 나락으로 떨어졌다(삿 2:1-23).

4. 사사(師士)시대의 이스라엘

여호수아가 죽은 후 이스라엘의 12지파는 각처에 흩어져 각 지파는 저마다 공동체를 형성하였고, 그 공동체는 각 지파의 제사장 겸 사사들이 이끌었다. 그리하여 이스라엘 역사상 약 2백 년간(기원전 1200-1000년)은 여러 명의 사사들이 자기 지파를 다스렸다. 따라서 이 시대의 역사적 사실은 부분적으로만 알려졌을 뿐 약

2백 년간(사사시대)의 전체 역사는 확인되지 않았다.

흔히 사사시대를 통일 왕국 건설 이전의 혼란기라고 한다. 그것은 사사시대에는 각 지파를 대표하는 사사들이 모세의 가르침(율법)에 따라 정치, 경제, 군사, 종교, 문화 등 모든 분야를 장악했기 때문이다. 따라서 각 지파들 간에는 현실적인 이해관계로 갈등, 협력, 싸움이 끊이지 않았다. 각 지파의 지도하는 사사들은 백성들에게 율법을 가르치고, 죄를 뉘우치도록 권면하고, 적으로부터 백성을 보호하고, 죄를 범한 사람을 응징하는 등 절대 권력을 누렸다.

사사들의 권한은 그들의 활동 지역에만 국한하지 않고 특별한 경우에는 다른 지파로부터 군사적 도움을 주고받았다. 그러나 사사들의 정치력은 주로 자기 고장의 주변과 인접한 지역에 국한했다. 그리하여 각 지파의 사사들은 후대에 이름만 밝혀졌을 뿐 이스라엘의 정치적 활동영역은 제대로 확인되지 않았다. 사사들 중에는 독자적으로 영웅적 행적을 남긴 경우도 있었는데 성서는 당시 정의의 수호자들로서 정치적 군사적 지도자로 활약한 12명의 사사들을 다음과 같이 기록했다.

> ◆ **사사(士師)들의 역할**
>
> 40년간 광야에서 방랑생활을 하던 유대인들이 가나안에 들어와 태평스러운 농경생활을 하면서부터 지난날 광야에서 거칠고 고생스러운 시대의 생활을 잊어버리고, 그때 다져진 이스라엘 민족의 기백과 협동정신은 허물어졌다. 각 부족(지파)은 자기네 이익만 생각하고, 모든 지파를 하나로 연합시킬 만한 단일 영토권도 없었다. 12부족들은 다시 눈에 띄게 두 진영으로 갈라졌다.
>
> 이를테면 남쪽의 유다지파를 중심으로 하는 남부 그룹과 북쪽의 이스라엘 10지파를 중심으로 하는 북부 그룹으로 나뉘어졌다. 그들은 단지 중대한 비상사태가 벌어졌을 때만 많은 부족들을 대표하는 사사들이 연합하여 공동보조를 취했다. 그러나 위급한 사태가 사라지면 이들의 공동단결은 다시 무너지곤 했다.

5. 12명의 사사들

여호수아가 죽은 후 가나안에 정착한 이스라엘 백성을 다스린 사사(제사장)들은 옷니엘(Othniel 3:7-10), 에훗(Ehud 3:11-30), 삼갈(Shamgar 3:31), 드보라(Deborah), 기드온(Gideon 6:11-6:32), 돌라(Tolar 10:1), 야일(Jair 10:3-5), 입다(Jephthah 10:6-2:7, 입산(Ibzan 12:8-10), 엘론(Elon 12:11-12), 압돈(Abdon 12:13-15), 삼손(Samson 13:1-16:31)등 12명의 사사들이 나름대로 신정(神政)을 폈는데 그들 중에 드보라는 여성이었다. 그리고 이들 12명의 사사들 중에 가장 뛰어난 사사는 기드온과 삼손이었다. 각 지파를 대표하는 사사들은 각기 서로 다른 배경에서 배출되었다. 예를 들면 옷니엘은 추장 출신이었고, 에훗, 바락, 기드온은 비천한 가문의 출신이었다. 그리고 야일, 입산, 압돈은 재력이 많은 부호들이었고, 입다는 창기(娼妓)의 아들이었고 엘리는 제사장이었고 사무엘은 예언자였으며 삼손은 전설적인 역사(力士)이었다(삿 3; 4; 5; 6;).

◆ **사사들의 동맹**

성서는 가나안에 정착하면서 스켐을 중심으로 여러 지파들이 규합하여 '지파동맹 체제가 형성되었다(수 24장). 성서학자들은 당시 이들의 동맹 체제를 고대 그리스의 도시국가 협력체인 '암팍티오니(Amphictyony)'와 유사성을 연결시키고 있다. 암팍티오니란 그들 중에 하나의 '부족연맹체제'로서 만일 한 부족이 곤경에 처하면 다른 부족들이 힘을 합쳐 일종의 연합군을 형성하고 곤경에 처한 부족을 돕는 체제를 유지했다. 그러나 이러한 해석도 확실한 역사-고고학적 근거를 확실하게 확보하지 못하는 것이 사사기시대이다.

6. 열세에 몰려 짓밟힌 이스라엘 백성들

여호수아가 죽은 후 일차로 등장한 사사들 중에 옷니엘, 에훗, 삼갈, 드보라는 주변의 적을 물리치는 등 상당시 능력이 돋보이는 사사였다. 그러나 하나님이 보실 때 사사들은 대체로 이스라엘을 바람직하게 이끌지 못했다. 왜냐하면, 각 지파마다 단 한 분이신 하나님을 서로 다른 제단에서 서로 다른 방법으로 섬기면서 종교적으로 일체감을 이루지 못했기 때문이다.

  무엇보다도 사사들이 이스라엘을 하나의 공동체를 이루지 못하는 동안 백성들이 율법을 제대로 지키지 않고 이방 잡신을 끌어들이는 등 하나님을 멀리했다. 특히 하나님을 저버린 백성들은 하나님의 법질서를 지키지 않았기 때문에 자치능력이 없었다. 그렇게 되자 블레셋을 비롯한 아말렉과 미디안이 들고일어나 이스라엘 12지파를 정치적으로 문화적으로 마구 유린했다. 한 마디로 사사시대는 이스라엘 역사상 문화적, 군사적으로 가나안 원주민들에게 사로잡혀 존멸의 위기를 맞은 혼란기였다.

  그들 중에도 이스라엘을 사로잡은 미디안은 잔혹했다. 여호수아가 가나안을 정벌할 때 겨우 명맥을 유지한 미디안이 다시 결속하여 이스라엘에 복수의 칼을 휘둘렀다. 그들은 이스라엘 백성을 마구 잡아다 노예로 부려먹고, 땀 흘려 개척한 농경지는 미디안과 아말렉 사람들이 메뚜기 떼처럼 몰려와 마구 짓밟았다. 그러나 대항할 능력이 없는 이스라엘 백성은 목숨을 부지하기 위해 농경지를 버리고 높은 산악 지대로 쫓겨 갔다.

  여호수아가 죽은 후 이스라엘 12부족이 단 한 번도 민족의 결속을 다지지 못했을 뿐만 아니라 전쟁을 치른 경험이 없는 신세대는 가나안의 원주민들 앞에 꼼짝 못하고 당했다. 그리하여 바알-헤르몬(Baal- Hermon)에서부터 하맛(Hamath)입구까지, 레바논 산간 지대에 사는 히위 족들이 수시로 쳐 내려와 이스라엘 백성의 생존권을 유린했다. 그들은 이스라엘의 경작지는 보는 대로 파괴하고, 오랫동안 정성 들여 다듬은 농경지를 강제로 차지했다. 그 외에 가나안사람, 헷사람, 아모리사람, 브리스사람, 히위사람, 여부스사람들은 자기들과 더불어 사는 조건(결혼)으로 하나님을 버리고 자신들의 이방 신(바알)을 섬길 것을 강요했다. 그러나 사분오열된 이스라엘은 저들의 강요에 속수무책이었다(삿 6:1-10).

7. 시골뜨기 청년 기드온

이스라엘 12부족이 미디안을 비롯한 가나안 원주민들의 압제 하에 참혹한 고난을 당할 때 므낫세 지파에 기드온(Gideon)이란 청년이 있었다. 그는 순박한 시골뜨기 청년이었다. 어느 날 기드온이 한 밤중에 포도즙 짜는 틀에서 한줌의 밀을 타작하면서 굶주리는 백성의 장래를 곰곰이 생각했다. '과연 무엇을 어떻게 해야 굶주리는 백성들에게 도움이 될 수 있을까?' 참담한 상황을 마음속으로 되씹으면서 긴 한숨을 내쉬었다. 바로 그 때 갑자기 포도즙 짜는 기계 옆에서 음성이 들렸다.
"힘센 용사여, 하나님께서 너와 함께 하신다."
기드온은 자기를 가리켜 '용사'라고 부르는 소리에 깜짝 놀랐다. 전쟁을 한 번도 경험한 적이 없었기 때문에 크게 당황한 그는 혼잣말로 중얼거렸다.
"나는 본래 겁이 많고 외로운 사람일 뿐 결코 용사가 아닌데… 내 주여, 만일 주님께서 우리와 함께 하신다면 어째서 우리에게 이런 고통을 당하게 내버려 둘 수 있습니까? 주님께서 놀라운 기적으로 우리 조상들을 이집트에서 인도해 내셨는데, 그 기적의 능력이 지금은 어디 있습니까? 주님께서는 우리를 미디안 사람의 손에 맡기셨단 말입니까? 지금 저희들의 농토는 미디안 사람들이 모두 파괴했습니다. 우리와 함께 하신다는 하나님은 지금 어디서 무엇을 하고 계십니까?. 하나님께서 우리를 포기하시고, 그 대신 미디안에게 축복을 베푸는 것이 아닙니까?"
기드온이 읍소 하자 주님의 음성이 들렸다.
"기드온 아, 이스라엘 백성이 나를 저버렸기 때문에 나도 이스라엘을 버렸다. 그러나 이제 이스라엘을 다시 구하기 위해 특별히 너를 택했다. 이제 너는 전력을 다해 이스라엘을 구해야 한다. 조금도 두려워 말라, 너를 보낸 이는 바로 나 하나님이다."
기드온은 주님의 말씀을 들었지만 실감하지 못했다. 다만 주님께서 함께 하신다는 말씀에 감격했을 따름이었다. 이스라엘이 미디안에게 사로잡힌 후 처음 듣는 주님의 말씀이었다(삿 6:11-15).

8. 기드온과 함께 하신 하나님

기드온은 주님의 말씀을 선뜻 받아들이지 못했다. 감히 자기가 이스라엘을 구할 것이라고는 상상도 하지 못했기 때문이었다.

"주님, 제가 어떻게 이스라엘을 구할 수 있습니까? 아시는 것처럼 저는 능력이 없습니다. 저는 12지파 중에 가장 약한 므낫세 지파의 자손인데다 우리 가족 중에도 제일 못난이입니다."

기드온이 진솔하게 고백하자 하나님의 지엄한 음성이 들렸다.

"기드온아! 내가 너와 함께 할 것이다. 나는 너에게 미디안 군을 마치 한 사람을 쳐부수듯 쉽게 물리칠 수 있는 능력을 베풀 것이다. 너는 최선을 다해 이스라엘을 미디안의 손에서 구출하라! 내가 너를 보낸다."

주님의 격려를 받은 기드온은 그 날 밤 꿈에 미디안 병사들이 마치 추풍낙엽처럼 발아래 떨어지는 꿈을 꾸었다. 다음날 잠자리에서 일어난 기드온은 왜 그런 꿈을 꾸었는지 주님께 호소했다.

"주님, 제가 만일 주님께서 택하신 주님의 종이라면, 제 자신을 확인할 수 있는 증거를 보여 주십시오. 주님께 증거를 보여 주실 제물을 바치겠습니다."

기드온은 하나님의 뜻을 확인하기 위해 집에 돌아와 누룩을 넣지 않고 빵을 만들고, 고기를 바구니에 담고, 국물은 냄비에 담아 상수리나무 밑으로 갔다. 그 때 낯선 사람이 다가와 말했다.

"그 빵과 고기를 저 바위에 올려놓으시오."

기드온이 빵과 고기를 바위에 올려놓자 낯선 사람이 기드온에게 지팡이로 바위를 치라고 했다. 기드온이 지팡이로 바위를 툭 치는 순간 갑자기 불꽃이 피어올라 바위에 얹어 놓은 음식이 익을 때까지 계속 타올랐다. 기드온은 그제야 낯선 사람이 천사임을 알고 땅에 무릎을 꿇고 기도했다. 그러나 천사는 기드온이 기도하는 사이에 온데간데없이 사라지고 다시 주님의 음성이 들렸다.

"기드온아! 평화가 너와 함께 할 터이니 두려워 말라. 너는 결코 죽지 않는다."

믿음이 약한 기드온이 하나님의 격려를 받고나서 불꽃이 피어오른 자리에 제단을 쌓고 "주님-샬롬"(Lord is Peace)이라고 했는데 그 말이 후세에 길이 전해 내려왔다(삿 6:16-24).

9. 예루-바알이라 부르다

기드온은 므낫세 지파의 요아쉬(Joash)의 아들이었다. 요아쉬는 각처에 산재한 바알신 제단에 제물을 바치는 우상을 숭배하는 사람이었다. 그런데 주님께서 그의 아들 기드온에게 이르셨다.

"아버지의 소떼 중에 7년 된 제일 좋은 수소 한 마리를 끌어다 놓은 다음 네 아버지가 섬기는 바알의 제단을 헐고 그 곁에 서있는 아세라(Asherah)여신상을 찍어 버려라. 그리고 이 산꼭대기에 너의 주 하나님을 위해 단을 쌓고, 수소를 잡아 네가 잘라버린 아세라 여신상의 나무를 태워 번제를 드려라."

기드온이 주님의 분부대로 한밤중에 사람들의 눈을 피해 건장한 남자 10명을 데리고 바알신의 제단을 부수고, 그 옆에·나무로 만든 아세라 여신상을 잘라버렸다. 그리고 잘라낸 아세라 여신상을 끌어다 하나님께 번제를 드리는데 연료로 사용하고, 여신상을 베어낸 자리에 하나님의 제단을 쌓고 이름을 '주는 평화'라고 지었다.

그러나 기드온이 드린 제사는 이스라엘이 미디안의 압제 하에 들어간 후 하나님을 위해 처음 거행한 뜻 깊은 거사였다. 그러나 다음날 아침 바알신의 제단이 헐렸다는 소문이 알려지면서 성읍의 사람들이 요아쉬의 집으로 몰려와 아우성쳤다.

"이런 짓을 한 범인을 찾아내 단단히 죄를 물어야 한다."

격분한 성읍 사람들이 기드온의 아버지에게 증거를 제시하고 책임을 추궁했다.

"기드온을 끌어내시오. 그 놈이 우리의 바알 신상을 부쉈으니 그놈은 죽어 마땅합니다."

살기등등한 성읍의 주민들이 몰려와 당장 해치울 듯이 대들었다. 그러자 입장이 난처한 기드온의 아버지가 말했다.

"당신들이 바알신의 편을 든다고 바알신을 구할 수 있다고 생각하시오? 만일 누구든지 바알신의 편을 드는 사람이 있다면 그는 내일 아침에 죽음을 면치 못할 것이오. 두고 보시오. 만일 내 아들이 한 짓이 틀림없다면 내가 책임지겠소. 그러나 내 아들이 바알신을 화나게 했다면 그 바알신이 알아서 내 아들을 처리하도록 내버려두시오. 왜냐하면 바알이 진짜 신이라면 그 신이 직접 내 아들을 처벌하면 될 게 아니오?"

요아쉬가 그럴법하게 대답한 말은 종교적으로 명답 중에도 명답이었다. 그래서 이 말이 유대사회에 유명한 격언이 되면서 그 사건 후 사람들은 기드온을 가리켜 "바알이 알아서 처리하라"는 의미로 '예루-바알(Jerub-Baal)'이란 별명이 그에게 주어졌다(삿 6:25-32).

10. 기드온이 비로소 확신하다

한편 기드온이 '예루 바알'로 불려 지면서 그는 하루아침에 유명한 인물이 되었다. 기드온은 바알 신상의 목을 쳐도 아무렇지 않은 비범한 인물이라는 소문이 퍼지면서 각 지파에서 수만 명의 청년들이 기드온에게 모여들었다. 그러나 기드온은 그들을 거느리고 싸움에 임할 자신이 없었다. 기드온은 이스라엘을 위해 자기가 직접 싸워야 한다면 승리할 수 있는 능력을 보여 달라고 했다.

"만일 주님께서 저를 통해 이스라엘을 구원하시려고 한다면 그 사실을 증명해 주십시오. 내가 오늘 밤 타작마당에 양털 한 뭉치를 놓아두겠습니다. 내일 아침에 이슬이 양털에만 내리고, 그 밖의 땅은 말라 있으면 주께서 말씀하신 대로 나를 통해 이스라엘을 구원하시는 것으로 알겠습니다." 하고 양털 뭉치를 내다 놓았다. 그런데 다음날 아침 일찍 타작마당에 나가 보았을 때 양털이 이슬에 흠뻑 배어 있었다. 양털을 비틀어 짜니까 물이 한 그릇 가득 나왔다. 하나님께서 보살피시겠다는 증거를 확실히 보여 주셨다. 하지만 기드온은 여전히 자신이 없었다. 기드온은 한 번 더 증거를 보여 달라고 요구했다.

"주님, 노하지 마십시오. 양털로 한 번만 더 증거를 보여 주십시오. 이번에는 양털은 마르고, 그 밖의 땅에는 이슬을 내려주십시오."하고 전날과 같이 젖은 양가죽을 펼쳐 놓았다. 과연 하나님께서 자신의 요구를 들어 주실지, 아니면 화를 내실지 전전긍긍했다. 그러나 다음날 아침에 나가 보았을 때 역시 양털은 바짝 말라 있었는데 주변의 땅은 이슬에 흠뻑 젖어 있었다. 기드온은 그제야 하나님의 뜻을 확신했다(삿 6:33-40).

11. 선별된 정예로운 용사들

미디안과 싸울 결심을 한 기드온은 우선 므낫세, 스불론, 납달리, 아셀 지파에 협력을 구했다. 그러자 각 지파에서 기드온과 운명을 함께 하겠다는 젊은이들이 수만 명이 몰려왔다. 기드온은 그들을 중심으로 군대를 조직한 다음 하롯(Harod)이라는 샘물 곁에 진을 쳤다. 그러자 미디안 군은 북쪽의 모레(Moreh)산 곁에 있는 골짜기에 진을 치고 이스라엘 병사들과 대치했다. 그러나 하나님께서는 기드온과 더불어 목숨을 바쳐 싸우겠다고 몰려온 젊은이들을 별로 탐탁하게 여기지 않았다. 그 이유는 병사의 수효는 많았지만 그들은 겁이 많은데다 제대로 훈련을 받지 않은 오합지졸이었기 때문이었다.

특히 하나님의 능력을 인정하지 않는 병사들이 만일 승리할 경우에는 자신들의 능력을 과신하여 자만에 빠질 것이 분명했다. 그 동안 미디안의 압제 하에 고난을 당하면서도 하나님을 저버린 사람들인데 만일 그들이 싸움에 승리할 경우에는 한층 더 교만에 빠질 것이 너무나 뻔했다. 하나님은 기드온으로 하여금 싸움에 임할 각오가 확실하지 않은 사람들을 모두 집으로 돌려보내도록 했다.

기드온이 하나님의 분부대로 목숨을 바쳐 싸울 자신이 없는 사람은 집으로 돌아가도 좋다고 하자 3만2천 명 중에 2만2천 명의 젊은이들이 각자의 집으로 돌아가고, 약 1만 명이 남아있었다. 처음에 몰려온 청년들 중에 대다수가 집으로 돌아가고 1만 명이 남아 싸움에 임할 각오를 다졌다. 기드온은 1만 명으로는 미디안과 싸우는 것은 무모하다고 생각했다. 그러자 하나님은 1만 명이 작다고 생각하는 기드온에게 다시 말씀하셨다.

"아직도 너무 많다. 너는 병사들을 강가로 데리고 가거라. 내가 거기서 너와 함께 싸우러갈 사람과 가서는 안 될 사람을 구별해 주겠다."

기드온이 하나님의 분부대로 병사들을 이끌고 강가에 이르렀을 때 갈증을 느낀 병사들이 물가로 몰려가 강물을 마시기 시작했다. 바로 그때 하나님의 음성이 들렸다.

"기드온아! 병사들 중에 개(犬)처럼 혀로 물을 핥아먹는 사람과 무릎을 꿇고 물을 마시는 사람을 따로 세우라"고 이르셨다. 그래서 기드온이 물 마시는 병사들의 태도를 눈여겨보고 병사들 중에 물을 개처럼 핥아 마시는 병사들 3백 명을 골라 따로 세웠다(삿 7:1-6).

12. 개처럼 물을 핥아 마시는 병사들

싸움에 임하는 병사는 무기를 생명처럼 여겨야 한다. 그럼에도 무기를 아무렇게나 팽개친 채 머리를 강물에 처박고 정신없이 물을 마시는 병사들이 있었다. 그들은 사람이 곁에 다가가도 알지 못하고 물을 마셨다. 만일 그런 병사들이 적과 마주치면 저항 한 번 못하고 항복할 수밖에 없다. 그러나 개처럼 물을 핥아 마시는 약 3백 명은 그렇지 않다. 그들은 마치 개가 물을 먹는 것처럼 한 손으로 물을 떠서 핥아 마시고, 다른 한 손은 무기를 잡고 경계의 눈빛을 게을리 하지 않기 때문이다. 기드온이 개처럼 물을 마시는 병사들을 보고 있을 때 하나님의 음성이 들렸다.

"내가 물을 핥아먹는 3백 명으로 미디안을 너희들 손에 넘겨주겠다. 너는 그 외에 나머지 사람들을 모두 집으로 돌려보내라."

기드온은 그제야 하나님의 뜻을 깨닫고, 개처럼 물을 핥아 마시는 3백 명만을 선별하고, 그 외의 장정들은 전부 집으로 돌려보내고, 그들이 가지고 있던 식량과 나팔은 모두 인수하였다. 기드온은 최종 선별한 3백 명을 이끌고 새벽부터 해가 저물도록 진지를 구축한 다음 해가 저물어 잠이 들었다. 그런데 꿈에 하나님이 나타나 직접 작전을 지시하셨다.

"어서 일어나라. 지금 당장 미디안군의 진지를 공격하라. 내가 그들을 네 손에 넘겨주겠다. 만일 네가 공격하는 것이 두려우면 네 부하들 중에 부라(Purah)만을 데리고 미디안 진지로 몰래 들어가서 그들이 하는 말을 엿들어 보아라. 그러면 공격할 용기가 생길 것이다"(삿 7:7-12).

13. 환각에 빠진 미디안 군

기드온이 병사들 중에 부라 한 명만을 데리고 은밀히 적의 기지로 다가갔다. 조용히 진지에 다가갔을 때 미디안과 그들의 동맹군 아말렉 병사들이 좁은 계곡에서 마치 메뚜기 떼처럼 빽빽이 모여 잠을 자고 있었다. 기드온은 엄청나게 많은 적의 숫자를 보는 순간 깜짝 놀랐다. 3백 명의 병사로 어떻게 저 많은 군사를 상대로 싸워야 할지 암담했다. 그런데 기드온이 미디안 병사들 천막에 접근했을 때 마침 잠에서 깨어난 두 병사가 서로 꿈 이야기를 나누는 소리가 들렸다.

"여보게, 내가 꿈을 꾸었는데 거대한 보리 빵 덩어리가 우리 진지 중앙으로 굴러와 진지를 무너뜨리지 않겠나?"

"그것은 틀림없이 이스라엘사람 요아쉬의 아들 기드온의 칼에 관한 꿈이네. 하나님께서 미디안과 우리 모두를 기드온 손에 넘기신다는 뜻일세."

하고 부들부들 떠는 것이었다. 적의 동정을 살피고 진지로 돌아온 기드온은 즉시 병사들을 깨웠다.

"어서 일어나시오! 주님께서 미디안 군을 여러분에게 넘겨주셨습니다."

3백 명의 병사들을 세 파로 나눈 다음 병사 한 명에 나팔 한 개와 빈 항아리 한 개씩을 나누어 주었다. 그리고 항아리 안에 횃불을 켜되 불빛이 밖으로 새어나오지 않도록 철저히 위장하도록 지시했다.

"잘 들으시오. 지금은 한밤중이오. 미디안군과 그들의 동맹군이 잠에 곯아 떨어졌소. 여러분은 각각 세 갈래의 다른 방향에서 적의 진지로 접근하시오. 마치 우리가 저들을 완전히 포위한 것처럼 바짝 다가가 매복 장소에 잠복하시오. 절대로 항아리 안의 불빛이 밖으로 나오지 않도록 각별히 주의하시오. 그러다가 내가 결정적인 순간에 신호를 보낼테니 그 때 일제히 항아리를 부수고 횃불을 높이 치켜들고 일제히 나팔을 불고 큰 소리로, '하나님을 위하여, 기드온의 칼이다. 기드온 만세' 하고 외치시오."(삿 7:13-18).

14. 기드온의 일대 승리

기드온의 작전은 치밀했다. 명령이 떨어지자 3백 명의 병사들이 한 밤에 비호처럼 움직였다. 비록 수효는 작았지만 결의에 찬 병사들은 기백이 넘쳤다. 3백 명의 병사들이 기드온의 작전에 따라 미디안 군의 보초가 교대할 즈음에 지정된 장소에 속속 잠복한 다음, 숨을 죽이고 공격 태세로 대기하다가 얼마쯤 시간이 지났을 때 기드온이 작전 신호를 올렸다.

"쳐들어가라"

기드온이 신호를 올리는 순간 3백 명의 병사들이 일제히 왼손에 든 항아리를 깨고 3백 개의 횃불을 높이 추켜올림과 동시에 오른 손에 든 나팔을 일제히 불었다. 한 순간에 3백 개의 횃불이 밤하늘을 환히 밝히고 동시에 3백 개의 나팔 소리가 하늘을 향해 불을 뿜었다.

"하나님과 기드온을 위한 칼이다."

고함 소리가 밤하늘에 뇌성 치듯 울려 퍼졌다. 잠에 취해 곯아떨어져 있던 미디안 병사들이 깜짝 놀라 밖으로 나왔을 때 갑자기 눈앞에 다가온 불빛과 고막을 찢는 나팔 소리에 놀라 환각 상태로 함몰되었다. 완전히 포위당한 것으로 착각한 미디안 병사들은 고함소리와 나팔 소리에 정신을 잃었다. 미디안 병사들은 서로 먼저 도망치려고 뒤엉켜 일대 혼란에 빠졌다. 심지어 어떤 쪽이 적인지 조차 분간하지 못하고 닥치는 대로 마구 칼을 휘둘러 저희들끼리 서로 죽이고 죽었다. 살아남은 미디안 병사들이 도망치기 시작하자 기드온은 산간 지역에 흩어져 살던 이스라엘 각 지파에 사신을 보내 이렇게 전달했다.

"여러분은 속히 산에서 내려와 도망치는 미디안 군을 치시오. 도망자들을 앞질러 벧 바라(Beth-Barah)로 가서 요단강 나루터를 장악하고 있다가 미디안 병사 한 명도 건너가지 못하도록 하시오."

통보를 받은 각 지방의 이스라엘 병사들이 도망치는 미디안군의 퇴로를 차단하고 철저히 섬멸했다(삿 7:19-25).

15. 이스라엘의 국왕이 되시오

기드온은 이 한판의 싸움을 통해 미디안 군 120만 명의 병사들을 단 한 판의 싸움으로 섬멸했다. 그러나 기드온 병사는 한 명도 죽지 않았다. 기드온의 병사들은 이 싸움에서 미디안의 세바(Zebath)왕과 살문나(Zalmunna)를 생포하는 등 대 승리를 거두었다. 승리를 거두고 하루아침에 민족의 영웅이 된 기드온은 이때부터 미디안으로 하여금 이스라엘에 복종하도록 주종 관계를 만들었다. 미디안의 굴레를 벗은 이스라엘 백성들이 승리를 기념하기 위해 대 축제를 베풀고 기드온을 이스라엘의 새 지도자가 되어 달라고 요구했다.

"당신이 우리를 미디안의 손에서 구원해 내셨으니 당신과 당신의 자손이 우리의 통치자가 되십시오." 백성들이 이스라엘의 국왕이 되어 대를 이어 다스려 줄 것을 간청했다. 그러나 기드온은 단호하게 거절했다.

"나는 당신들의 통치자가 되지 않겠소. 물론 내 아들도 마찬가지오."

백성들의 요구를 일언지하에 거절한 기드온은 이스라엘은 본래 하나님을 섬기는 백성으로 제사장이 율법에 따라 다스렸기 때문에 앞으로도 사사들이 다스리는 것이 적합하다는 점을 들어 왕이 되는 것을 사양했다. 그러자 백성들도 기드온의 뜻에 따라 국왕 대신 이스라엘의 새로운 사사가 되어 줄 것을 요구했다. 기드온이 이를 허락하자 백성들은 기드온을 국왕 대신 사사로 추대했다. 무명의 시골청년 기드온이 이스라엘의 사사가 된 다음 자신의 입장을 밝히며 하나님께 영광을 돌렸다.

"여러분을 다스리는 사람은 내가 아니고 내 아들도 아닙니다. 오직 하나님만이 여러분의 지배자입니다."

기드온은 사사가 된 후에도 백성들을 잘 섬겼다. 그리하여 기드온이 죽을 때까지 40년 간 이스라엘 백성은 평화롭게 살았다(삿 8:1-28).

16. 기드온의 후예(後裔)들

기드온은 여러 명의 아내를 거느렸다. 자그마치 70명의 아들을 두었다. 그 중에 세겜(Shechem)에 있는 첩(妾)이 아들을 낳았는데, 그의 이름이 아비멜렉(Abimelech)이었다. 기드온이 나이가 들어 세상을 뜨자 시신을 아비에셀(Abiezrites)의 땅, 오므라(Ophrah)에 있는 그의 아버지 요아쉬의 묘지에 장사 지냈다. 그러나 기드온이 죽은 후 이스라엘은 다시 바알 신을 섬기고 하나님을 저버렸다. 특히 음란에 빠진 백성들이 바알브릿(Baal-of-the-Covenent)을 하나님으로 섬기는 등 극도로 타락했다.

자신들을 미디안의 압제에서 구해준 하나님을 저버리고 다시 미디안의 우상과 더불어 먹고 마시기를 즐기는 가운데 이스라엘은 다시 깊은 수렁에 빠져들었다(삿 8:29-35).

17. 기드온의 아들 아비멜렉의 발호(跋扈)

기드온이 70명의 아들을 두고 세상을 떴는데, 그 많은 자손들 중에 세겜에 있는 첩의 아들 아비멜렉이 기드온의 뜻을 어기고, 세겜 사람들을 앞세워 반란을 일으키고 세겜 사람들에게 외쳤다.

"기드온의 아들 70명이 다스리는 것과 한 사람이 다스리는 것 중 어느 편이 더 좋은지 백성들에게 물어 보십시오. 나도 70명의 형제들과 살과 피를 함께 나눈 여러분의 친척임을 잊지 말아 주십시오."

아비멜렉은 죽은 아버지의 장자권을 차지하려고 그의 외가의 친척들과 합세하여 세겜 사람들을 찾아가 자신의 뜻을 알리고, 모두 지지해 줄 것을 호소했다. 그러자 세겜 사람들의 마음이 아비멜렉에게 기울어졌다.

"그는 우리의 친척이다."

세겜 사람들의 지지를 받은 아비멜렉은 세겜 사람들을 다스릴 수 있는 명분을 찾았다.

세겜 사람들이 바알-브릿(Baal-Berith)신전에서 은화 70개를 인출해서 아비멜렉에게 바치고 그를 지지하겠다고 나섰다. 아비멜렉은 그 돈으로 건달패거리들을 끌어 모아 기드온의 본가가 있는 오브라(Ophrah)로 가서 그의 이복형제 70명 중에 69명의 이복형제들을 모두 끌어다 바위 위에 세워놓고 쳐 죽였다. 기드온의 자손들이 모두 아비멜렉의 손에 죽어 갈 때 막내아들 요담(Jotham)이 몸을 피해 간신히 살아남았다. 아비멜렉이 이복형제들을 모두 쳐죽이자 겁먹은 세겜 사람들과 벤-멜로(Beth-Millo)사람들이 상수리 나무아래 모여 아비멜렉을 왕으로 삼았다. 아비멜렉이 이스라엘의 왕으로 등장하자 기적적으로 살아남은 요담이 산꼭대기에 올라가 세겜 사람들에게 이렇게 외쳤다.

"세겜 사람들아, 내 말을 들어라. 이제 너희들은 아비멜렉을 너희들의 왕으로 삼았다니 이것이 과연 옳고 참된 일이며, 너희가 우리 아버지와 우리 가족에게 행한 일이 정당한 것인지 한 번 생각해 보아라. 우리 아버지가 죽음을 무릅쓰고 싸워 너희를 미디안 사람들의 손에서 구해 내었다. 그러나 너희는 내 형제 70명 중에서 나를 제외하고 우리 형제들을 모조리 죽였으며, 우리 아버지의 첩이 낳은 아비멜렉이 너희의 친척이라고 해서 너희가 그를 세겜의 왕으로 삼다니…, 너희가 우리 아버지와 우리 가족에게 행한 일이 옳고 참된 일이라면 너희와 아비멜렉이 다 같이 기쁨을 누릴 것이다. 만일 그렇지 않다면 아비멜렉에게서 불이 나와 세겜 사람과 벧-밀로 사람을 사르고 또 그들에게서도 불이 나와 아비멜렉을 사를 것이다."

요담이 세겜 사람들을 맹렬히 성토한 다음 브엘 지방으로 망명했다(삿 9:1-15).

18. 아비멜렉에 대한 반란

그때 처음부터 불의한 방법으로 세겜 사람들의 왕이 된 아비말렉에 대한 백성들의 신망은 오래가지 않았다. 아비멜렉이 세겜을 다스리기 시작한지 3년 만에 세겜사람들이 반기를 들었다. 그때 마침 세겜으로 이사온 사람들 중에 가알(Gaal)이란 사람이 있었는데, 그는 시간이 지나면서 세겜사람들의 신임을 받았다. 많은 사람들이 그를 믿고 따르자 반기를 든 가알이 말했다.

"도대체 아비멜렉이 누구이기에 우리가 그를 섬겨야 합니까? 그는 기드온의 아들이 아닙니까? 스불론의 심복입니다! 차라리 세겜의 아버지 하몰(Hamor)집안을 섬깁시다. 우리가 무엇 때문에 아비멜렉을 섬겨야 합니까? 내가 만일 이 백성의 지도자라면 아비멜렉을 향하여 '너의 모든 군대를 이끌어 오너라' 하고 그를 몰아내겠습니다." 하고 선동했다. 그러자 세겜성의 통치자 스불(Zbul)이 가알의 말을 듣고 화가 나서 비밀리에 아비멜렉을 찾아가 말했다.

"에벳(Ebed)의 아들 가알과 그의 형제들이 세겜으로 이사 와서 당신을 배반하고, 성안의 주민들을 선동하고 있습니다. 그러니 당신은 밤사이에 군대를 이끌고 와서 성문밖에 있는 밭에 매복해 있다가 아침 동녘이 틀 때에 일제히 기습하십시오. 가알과 그의 추종자들이 당신과 싸우려고 나올 때 기회를 봐서 좋으실 대로 처리하십시오."

세겜의 스불론이 아비멜렉에게 가알과 대결토록 유도했다. 긴밀한 정보를 입수한 아비멜렉이 군대를 3개의 부대로 편성한 다음 세겜 사람들이 성밖으로 나온다는 정보를 듣고 성밖에 매복시켰다. 다음날 아침 가알이 성문 입구에 나타나자 매복해 있던 아비멜렉 병사들이 자리를 박차고 나왔다. 한편 아비멜렉의 병사들이 다가오자 가알이 스불에게 큰 소리로 외쳤다.

"보시오. 산에서 사람들이 내려오고 있습니다."

스불이 대답했다.

"혹시 산의 그림자를 사람으로 잘못 본 것이 아니오?"

"틀림없습니다. 저들을 보십시오. 사람들이 산등성이에서 떼를 지어 내려오고 있습니다. 또 한 떼는 상수리나무 길로 내려오고 있습니다."

아비멜렉과 비밀리에 내통한 스불이 의기양양한 어조로 가알을 향해 외쳤다.

"큰 소리치던 네 입은 지금 어디 있느냐? 너는 아비멜렉을 섬길 필요가 없다고 말하지 않았더냐? 네가 경멸하던 사람들이 바로 저기 있다. 어서 나가 싸워라"(삿 9:16-29).

19. 아비멜렉의 말로

마침 그때 세겜 사람들이 성에서 나올 때 아비멜렉의 병사들이 불시에 공격을 가해 세겜 사람들을 모두 죽이고 그 성을 헐어버리고 그 위에 소금을 뿌렸다. 세겜 사람들이 아비멜렉의 손에 죽임을 당했다는 소식을 전해들은 세겜 주변에 살고 있는 사람들이 엘-브릿(El-Berith)이라는 신전 안으로 대피했다. 그러자 아비멜렉이 군사를 이끌고 살몬(Zalmon)산으로 올라갔다. 추격하던 아비멜렉의 병사들이 산으로 올라가 나무를 잘라 다발을 만든 다음 병사들마다 한 다발씩 어깨에 메고 엘-브릿 대피소로 가서 나무 다발을 성문에 쌓아놓고 신전에 불을 질렀다. 그리하여 신전에 숨어 있던 남녀노소 1천명이 타죽었다. 엘-브릿 신전의 사람들을 모두 죽인 아비멜렉은 그 길로 데베소(Thebez)로 가서 성을 전격적으로 점령했다. 그러나 데베소 성안에 튼튼한 요새가 하나 있었는데 사람들이 모두 그 요새로 대피한 다음 문을 닫아걸고 요새 꼭대기로 올라갔다.

아비멜렉이 데베소 성을 점령한 다음 요새의 문 앞에까지 다가가 불을 지르려고 할 때 성안에서 한 여자가 맷돌 위짝을 번쩍 들어 아비멜렉의 머리를 내리쳐 두 개골을 부숴 버렸다. 아비멜렉이 꺼져 들어가는 신음 소리로 젊은 무기 당번병을 급히 불러 명령했다.

"네 칼을 뽑아 나를 찔러라! 나는 여자의 손에 죽었다는 말을 듣고 싶지 않다."

아비멜렉이 맷돌 짝을 맞아 죽어가면서 명령하자 무기 당번병이 그의 몸을 찌르자 그는 곧 숨을 거두었다. 아비멜렉이 죽은 후 이스라엘은 다시 평온을 찾았고, 병사들은 모두 각자의 집으로 돌아갔다. 결국 하나님은 이복형제 69명을 죽이고 아버지의 이름을 더럽힌 아비멜렉에게 죄의 대가를 치르게 함으로써 기드온의 아들 요담의 저주가 사실로 이루어진 셈이다(삿 9:30-57).

20. 또 다른 사사들…돌라, 야일, 입다

아비멜렉이 죽은 후 잇사갈 지파의 돌라(Tola)가 사사로 등장해서 에브라임 산간지역에 숨어 살면서 일부 백성을 23년간 이끌었다. 그러다가 돌라가 죽은 후에는 길르앗의 사는 야일(Jair)이 사사가 되어 22년간 다스렸다. 그러나 이스라엘 백성 중에 일부가 자기 지파만을 이끌었을 뿐 이스라엘 12지파의 단합을 도모하지 못했다. 이스라엘은 뚜렷한 지도자가 부각되지 않는 상태에서 여러 명의 사사들이 백성들을 이끄는 가운데 율법을 제대로 지키지 못했다.

율법을 저버린 이스라엘은 마침내 구심점을 잃었다. 지파마다 다른 신을 섬기는 등 극도로 타락했다. 시리아, 시돈, 암몬, 모압, 블레셋의 잡신을 섬기면서 그들은 이방인들과 다름없이 되었다. 우상에 휘말린 백성들은 결국 블레셋과 암몬의 지배 하에 들어갔다. 요단강을 건너온 암몬 사람들이 유다와 베냐민과 에브라임 지파를 짓밟은 다음 길르앗에 사는 이스라엘 백성을 18년간 탄압했다. 극심한 고통을 견디다 못한 이스라엘 백성이 하나님께 부르짖었다.

"우리가 하나님을 저버리고 바알신을 섬기고 주님께 죄를 지었습니다."

이스라엘 백성이 뉘우치자 하나님께서 응답하셨다.

"이집트, 아모리, 암몬, 블레셋, 시돈, 아멜렉 사람들이 너희를 괴롭힐 때 내가 너희를 그들의 손에서 구해 주지 않았느냐? 그러나 너희는 또 나를 저버리고 다른 신을 섬겼다. 다시는 너희를 구해 주지 않을 것이다. 너희는 너희가 택한 신에게 찾아가 부르짖어 너희들의 고통을 당할 때 구해달라고 하라"

하나님은 배은망덕한 이스라엘 백성의 울부짖음을 외면하셨다. 과오를 깊이 뉘우친 백성들이 다시 하나님께 빌었다.

"우리가 범죄하였습니다. 그러나 이번만은 우리를 구해 주십시오."

백성들이 하나님께 호소하는 한편 이방 잡신을 없애고 하나님만을 섬기기 시작했다. 백성들의 회개가 행동으로 드러나는 것을 지켜보신 하나님께서 애초에 내린 당신의 결정을 철회하셨다. 그때 마침 암몬 사람들이 병력을 이끌고 길르앗에 몰려와 협박하기 시작했다. 그러자 길르앗에 사는 백성들이 모임을 갖고 이렇게 발표했다.

"누가 먼저 나가 저들과 싸울 것인가? 누구든지 먼저 나가 싸우는 자가 우리의 지도자가 될 것이다."하고 자신들을 이끌어 줄 지도자를 찾아 나섰다(삿 10; 11; 12;).

21. 입다의 등장

길르앗 사람들이 싸움에 임할 지도자를 찾고 있을 때 입다(Jephthah)라는 사람이 등장했다. 입다의 아버지는 길르앗 사람이었으나 그의 어머니는 창녀였다. 그러므로 입다를 자신들의 지도자로 삼는데 곡절이 많았다. 입다에게는 이복형제들이 많았다. 입다의 큰어머니(본체)는 길르앗 여인인데 그녀에게는 여러 명의 아들이 있었다. 어느 날 이복형제들이 합세하여 입다를 내쫓으며 말했다.

"너는 우리 어머니가 아닌 다른 여인의 아들이다. 그러니 너는 우리 아버지의 유산을 물려받을 수 없다." 하고 집안에서 내몰았다. 아버지의 집에서 쫓겨난 입다는 그 길로 형제들의 곁을 떠나 돕(Tob)으로 들어가 살았다. 그러나 이복형제들이 보낸 건달패거리들이 입다가 가는 곳마다 계속 쫓아다니면서 괴롭혔다. 그러다가 얼마 후에는 암몬 사람들이 쳐들어오자 길르앗의 지도자들이 대표를 뽑아 입다에게 보냈다. 그 대표가 입다를 찾아가 협력해 달라고 간청했다.

"우리가 암몬 사람들과 싸우려 하는데 당신이 우리의 사령관이 되어 주십시오."

입다가 기다렸다는 듯이 말했다.

"당신들은 나를 내 아버지의 집에서 쫓아내지 않았소? 그런데 이제 당신들이 어려움을 당하자 나를 찾아 왔소?"

그러자 장차 자신들의 통치자가 될 것을 전제로 간청했다.

"우리가 당신을 찾아오게 된 것은 당신이 꼭 필요하기 때문이오. 어서 우리와 함께 가서 암몬 사람들과 싸웁시다. 그러면 당신이 길르앗 사람의 통치자가 될 것이오."

하지만 입다는 믿을 수 없다고 되물었다.

"그것이 정말입니까? 당신들이 나를 고향으로 데리고 가서 암몬 사람들과 싸우게 하고 또 주님께서 나에게 승리를 주신다면 내가 진짜 당신들의 통치자가 되는 것입니까?"

그들은 하나님의 이름으로 맹세했다.

"주님께서 우리의 증인이오 틀림없이 당신의 말대로 하겠소"

입다는 이렇게 길르앗 지도자들의 다짐을 받고 그들을 따라가 길르앗 백성들의 사령관으로 부임할 것을 승낙했다. 그는 다음날 미스바로 가서 길르앗 백성들과 체결한 조약을 주님께 말씀드리고 길르앗의 사령관이 되었다. 사령관이 된 입다는 즉시 암몬왕에게 사신을 보내 물었다. 당신은 왜 이스라엘과 싸우려 하는지, 그 이유를 밝히라고 요구했다. 그러자 암몬 왕이 입다의 사신에게 대답했다.

"너희 이스라엘 백성들이 이집트에서 나왔을 때 아르논(Arnon)강에서 얍복강과 요단강에 이르는 내 땅을 모두 빼앗았다. 그러니 이제 그 땅을 순순히 내 놓아라" (민 32:1-25).

암몬의 조건을 확인한 입다는 다시 사신을 통해 자신의 입장을 통고했다(삿 11:10-18).

22. 입다의 설명

"이스라엘은 모압 땅과 암몬 땅을 빼앗지 않았다. 우리 조상들이 이집트에서 나와 홍해를 건넌 다음 광야를 지나 가데스에 이르렀을 때 에돔왕에게 사신을 보내 에돔 땅을 통과하게 해 달라고 간청하였다. 그러나 에돔왕은 이를 허락하지 않았다. 그리고 모압왕에게도 사람을 보냈으나 그도 역시 거절하였다. 그래서 우리 조상들은 가데스에 머물러 있게 되었다. 그 후에 우리 조상들은 광야를 지나 에돔 땅과 모압 땅을 돌아서 모압 땅 동쪽을 지나 아르논 강 맞은 편에 진을 쳤을 때 우리 조상들이 아르논 강을 건너가지 않은 것은 그것이 모압의 경계였기 때문이었다." 하고 자초지종을 들어 다음과 같이 반박을 계속했다(삿 11:20-30).

23. 입다의 정당한 반박

"우리 조상들은 헤스본에서 통치하던 아모리왕 시혼에게도 사람을 보내 그 땅을 통과할 수 있게 해 달라고 간청했다. 그러나 시혼은 이스라엘을 믿지 않고 병력을 동원하여 야하스에 진을 치고 우리 조상들을 공격하였다. 그러나 우리 이스라엘의 하나님께서 시혼왕과 그의 백성을 이스라엘 사람의 손에 넘겨주셨음으로 이스라엘 군이 그들을 쳐부수고 남쪽 아르논 강에서부터 북쪽 얍복강까지와 동쪽 광야에서부터 서쪽 요단강까지 이르는 아모리 사람의 모든 땅을 점령하였다. 이와 같이 이스라엘의 하나님께서 이스라엘을 위해 아모리 사람을 쫓아내셨는데 네가 무슨 권리로 그 땅을 요구하겠느냐? 너 같으면 너의 신 그모스(Chemosh)가 너에게 주는 땅을 갖지 않겠느냐? 마찬가지로 우리도 우리 하나님께서 우리에게 주신 땅을 소유할 것이다. 네가 모압 왕 십볼의 아들 발락보다 나은 것이 무엇이냐? 그가 이스라엘과 다투거나 싸운 적이 있었느냐? 이스라엘 사람이 헤스본과 그 주변 부락들과 아로엘(Aroer)과 그 주변 부락들, 그리고 아르논 강변의 모든 성에서 이미 300년 동안이나 살았는데 어째서 너희는 그 동안에 그 땅을 되찾지 않았느냐? 그러므로 내가 너에게 아무것도 잘못한 것이 없는데도 네가 전쟁을 일으켜 나를 해치려 하느냐? 그러나 심판자이신 주님께서 이스라엘 사람과 암몬 사람 사이에 옳고 그름을 곧 가려 주실 것이다." 하고 역사적 사실을 근거로 반박했다. 그러나 암몬왕은 입다 말에 전혀 귀를 기울이지 않았다(삿 11:25-33).

24. 입다의 서약과 승리

입다가 암몬왕에게 설명을 끝마쳤을 때 주님의 성령이 입다의 마음을 감동시켰다. 입다가 즉시 군대를 이끌고 길르앗의 므낫세 지파의 땅을 건너 길르앗 땅에 있는 미스바를 지나 암몬 군대를 향해 진격하였다. 입다는 병사들을 이끌고 나가 작전을 지휘하는 도중에 큰 맹세를 했다.

"만일 주께서 암몬 사람을 내 손에 넘겨주시면 내가 승리하고 집으로 돌아갔을 때 누구든지 내 집에서 제일 먼저 앞장서서 나를 영접하는 자를 내가 주님께 번제물로 바치겠습니다."

입다는 사람을 번제물로 바치겠다고 맹세하고 전쟁에 임했다. 이렇게 비장한 결의를 다진 입다는 암몬을 상대로 승리에 승리를 거듭했다. 아로엘(Aroer)에서 민닛(Minnith)까지 20개의 성과 멀리 떨어진 아벨-그라밈(Abel-Keramim)까지 쳐들어가자 암몬 사람들은 입다가 이끄는 이스라엘 군과 싸우기도 전에 항복했다. 입다가 승리를 거두고 미스바에 있는 집으로 돌아왔을 때 뜻밖에 앞장서서 마중 나온 사람은 입다의 무남독녀, 외동딸이 전쟁터에서 돌아오는 아버지를 맞으려고 소고를 치며 춤을 추고 나오는 것이었다. 입다는 딸을 보는 순간 자기 옷을 찢으며 부르짖었다.

"아이고, 이 자식아, 네가 내 가슴에 칼을 꽂는구나. 내가 입을 열어 주님께 한 말이 있는데, 천하없어도 그 말은 돌이킬 수 없는데 이를 어쩐단 말이냐!"

아버지가 스스로 맹세한 사실로 인해 딸을 죽여야 하는 괴로움을 알게 된 딸이 말했다.

"아버지, 아버지께서는 주님께 이미 맹세하셨습니다. 그러니 아버지가 하나님께 맹세하신 대로 저를 처리해 주십시오. 주님께서 아버지의 적인 암몬 사람들에게 원수를 갚아 주지 않으셨습니까? 다만 한 가지 부탁이 있습니다. 나에게 두 달만 여유를 주셔서 내 친구들과 함께 산으로 올라가서 내가 영영 처녀 신세가 된 것을 슬퍼하며 울게 해 주십시오."

딸이 마지막 소원을 청하자 입장이 난처한 입다는 할 수 없이 딸의 청을 들어주었다. 두 달간의 기회를 주자 딸은 친구들과 함께 산으로 올라가서 영영 처녀 신세가 된 것을 슬퍼하고 두 달 만에 자기 아버지에게 돌아왔다. 입다는 자기가 맹세한 약속을 이행하였으나 딸은 영영 처녀 신세가 되고 말았다. 그 후 이스라엘의 처녀들은 해마다 그 산에 올라가서 길르앗 사람 입다의 딸을 생각하며 4일 동안 울고 슬퍼하는 전래가 생겼다(삿 11:26-33).

25. 에브라임과 입다의 싸움

입다가 승리를 거두자 에브라임 사람들이 병력을 이끌고 사본(Zaphon)으로 건너가서 입다에게 시비를 걸었다.

"너는 왜, 우리를 부르지 않고 너 혼자 암몬 사람과 싸웠느냐? 네 집을 불태워 버리겠다."

에브라임 지파가 시비를 걸어오자 입다는 점잖게 응수했다.

"나와 내 백성이 암몬 사람들 앞에 위기를 맞이했을 때 너희를 불렀으나, 너희는 나를 그들의 손에서 구해 주지 않았다. 너희가 돕지 않는 것을 보고 내가 목숨을 걸고 건너가서 암몬 사람과 싸우자 주님께서 나에게 승리를 주셨다. 그런데 어째서 너희가 오늘 와서 나와 싸우려 하느냐?" 하고 싸움을 피했다.

하지만 에브라임 사람들이 공격을 가하자 입다는 길르앗 사람들을 앞세워 에브라임 사람들을 물리 쳤다. 길르앗 사람들이 앞장서서 싸움을 하게 된 동기는 에브라임 사람들이 길르앗 사람들을 가리켜 '너희 길르앗 사람들은 에브라임과 므낫세에서 도망친 사람들'이라고 조롱했기 때문이었다.

길르앗 사람들은 도망치는 에브라임 사람들의 길을 차단하기 위해 요단강 나루터를 먼저 장악했다. 살아남은 에브라임 사람들이 강을 건너가게 해 달라고 요구하면 "네가 에브라임 사람이냐?" 하고 물어보고 만일 아니라고 대답하면 "좋다. 그러면 '쉽볼렛(Shibboleth)'이라고 말해 보아라." 하고 요구했다. 그때 만일 '쉽볼렛'이라는 발음을 제대로 못하면 그를 잡아 요단강 나루터에서 죽였다. 이렇게 해서 죽임을 당한 에브라임 사람이 무려 4만2천 명이었다. 이렇게 이스라엘 백성들이 서로 싸우는 가운데 이스라엘 백성 전체가 형편없이 타락했다.

입다는 그 후 6년 동안 이스라엘의 사사로 백성을 다스리다가 죽었다. 그의 시신은 길르앗의 한 성에 장사되었다. 입다가 죽은 후에는 입산(Zbzan), 엘론(Elon), 압돈(Abdon)이 사사가 되어 25년간 다스렸으나 그들은 모두 바람직한 업적을 남기지 못했다(삿 12:11-12).

제3장 전설적인 인물: 삼손과 신비스런 힘

1. 사사시대의 실상

여호수아가 모세에 이어 이스라엘 12지파를 통합하여 이끌던 통합시대가 끝나고 사사들이 가나안에 정착한 백성을 각 지파별로 다스리기 시작했다. 그러나 12명의 사사들이 각 지파별로 백성들을 이끌면서 많은 문제들이 발생했다. 특별히 이스라엘 공동체의 기강이 풀리면서 백성들이 율법을 저버리고 이방잡신을 섬기는 등 극도로 타락했다. 그리하여 하나님의 보살핌을 벗어난 이스라엘 백성은 마침내 미디안의 지배하에 들어가 혹독한 탄압을 당했다. 그러다가 기드온이 미디안을 물리친 후 40년간은 그런 대로 하나님의 축복을 받았지만 기드온이 죽은 후에는 다시 우상 잡신을 숭배하고 방종에 빠졌다. 그리하여 여호수아가 죽 후 1백년이 지날 즈음에는 지중해 연안에 자리 잡은 블레셋의 압제 하에 들어갔다.

그 외에도 사사시대의 이스라엘의 대표적인 강적은 서쪽 지중해 연안에 자리 잡은 블레셋 이었다. 블레셋은 오래전 아브라함 시대부터 팔레스타인에 살고 있던 가나안의 최대 부족이었다. 여호수아가 가나안을 정복한 후 유다지파가 지중해 연안을 차지했지만 사가(Gasa)지역을 비롯한 아스칼론(Ascalon), 아카론(Accaron)은 여전히 블레셋 수중에 들어가 있었다.

사사시대가 끝날 말기에는 암몬이 요단강 동쪽 지역에 쳐들어와서 이스라엘을 압박했다. 그리고 서쪽의 블레셋은 유다 지파의 지역과 단 지파가 사는 지방에 수시로 쳐들어와서 약탈을 자행했다. 암몬과 블레셋의 약탈로 유다지파는 피를 말리는 고통을 당했다. 블레셋은 마침내 이스라엘 백성들에게 하나님을 포기하고 자기들이 섬기는 다곤(Dagon)우상을 섬기도록 강요하는 등 참을 수 없는 탄압이 40년간 계속되었다.

2. 택함을 받은 삼손이 태어난 시대적 배경

블레셋의 탄압으로 이스라엘 역사상 최악의 위기를 맞이했을 때 소라(Zorah)마을에 마노아(Manoah)라는 사람이 있었다. 그는 단 지파의 자손으로 그의 아내는 아기를 낳지 못하는 불임증의 석녀였다. 그런데 어느 날 천사가 그녀에게 나타나 말했다.

"네가 지금까지 자식을 낳지 못했으나, 이제 곧 임신하여 아들을 낳게 될 것이다. 너는 포도주나 독주를 마시지 말고, 부정한 것은 그 어떤 것도 먹지 말라. 그러면 네가 아들을 낳을 터인데 그 아이가 자란 후에도 그의 머리를 잘라서는 절대로 안 된다. 그는 태어날 때부터 하나님께 바친 나실인(nazirite)[2]으로 블레셋 압제하에 있는 이스라엘을 구할 것이다."

천사의 말을 듣고 난 마노아의 아내는 천사가 전해준 말을 남편에게 들은 대로 전했다. 그러자 마노아는 감격하여 "주님이 보낸 사람을 다시 보내 주십시오."하고

---

2) 나실인은 일생을 하나님께 바친(봉헌)사람으로 일정한 기간 동안 술을 마시지 않고, 머리를 깎지 않고, 죽은 사람의 시신을 만지지 않겠다는 서약을 함으로써 자신을 성별하여 하나님께 봉헌한 사람을 말함

기도했다. 그런데 다음날 마노아의 아내가 일하고 있는 밭에 다시 천사가 나타났다.

마노아의 아내가 급히 남편에게 달려가 말했다.
"여보, 일전에 나타났던 그분이 다시 나타났어요!"
마노아가 아내를 뒤 따라가 직접 천사에게 말을 걸었다.
"당신이 일전에 제 아내에게 말씀하신 바로 그분이십니까?"
"그렇다."
"우리 아이가 태어나면 어떻게 키워야 합니까?"
"네 아내는 내가 한 말을 모두 지켜야 한다. 우선 포도나무에서 나는 것을 먹여서는 안 된다. 포도주나 독주를 마시지 말고, 부정한 것을 먹지 말고, 내가 명령한 것은 모두 지켜야 한다."
마노아는 낯선 사람의 말을 확인하기 위해 그에게 신분을 물었다.
"당신의 이름이 무엇입니까? 당신을 알아야 높이 받들지 않겠습니까?."
마노아가 신분을 물어보자 그는 정색을 했다.
"네가 어째서 내 이름을 묻느냐? 내 이름은 네가 알 수 없는 신비한 이름이다."

마노아는 낯선 사람의 말이 어쩐지 믿음이 가지 않았지만 하나님을 경외하는 마음으로 염소를 잡아 제단 위에 올려놓고 제사 드렸다. 그러자 갑자기 제단에서 불꽃이 일어나 하늘로 치솟는 틈에 천사는 불꽃을 타고 하늘로 올라가는 것이었다. 당황한 마노아와 그의 아내는 얼굴을 땅에 대고 엎드렸다. 그 날 하늘로 사라진 천사는 다시 나타나지 않았다. 마노아는 그제서야 낯선 분이 하나님의 천사임을 알고 아내에게 말했다.
"우리가 하나님을 뵈었으니 이제 우리는 틀림없이 죽게 될 거요."
마노아가 전전긍긍하자 아내가 "만일 주님께서 우리를 죽이려 하셨다면 우리의 제물을 받지 않았을 것이며, 또 우리에게 그런 말씀도 않을 것입니다." 하고 안심시켰다.

그 일이 있은 후 마노아의 아내에게 천사의 말대로 아들을 낳았다. 마노아는 아기의 이름을 삼손이라고 지었다. 삼손은 자라는 동안 성령이 지켜 주셨다. 삼손은 어려서부터 같은 또래의 아이들과 별로 다른 점이 없었다. 다만 놀라울 정도로 힘이 센 것이 특징이었다. 그러나 마노아는 그의 힘이 머리칼에 있다는 사실을 아무에게도 발설하지 않았다(삿 13:1-25).

3. 이스라엘 청년과 블레셋 처녀의 사랑

이스라엘과 블레셋은 비록 원수지간이었지만 한 지역에서 서로 어울려 살았다. 날이 새면 서로 마주쳐야했고, 서로 상대방의 땅을 밟아야 할 만큼 서로 뒤 엉켜 사는 사이었다. 그러나 이들 두 백성은 승자와 패자로 지배자와 피지배자의 관계였다. 따라서 이들 두 민족 간에는 서로 이해관계가 엇갈리는 문제들이 잇따라 발생했다. 그럴 때마다 두 민족은 문제의 본질보다는 오랫동안 쌓인 감정이 앞섰다. 물론 이해관계가 헷갈리는 와중에도 때로는 남녀가 서로 사랑하는 일이 생겼는가 하면, 사소한 문제로 양 민족 간에는 큰 관심사로 비화되기도 했다.

한편 천사의 말을 간직한 마노아의 아내는, 천사가 당부한 대로 삼손이 장차 이스라엘의 큰 인물이 되기를 바라는 기대 속에 정성껏 키웠다. 그런데 어느 듯 청년이 된 삼손은 부모의 뜻을 어기고 엉뚱하게 딤나(Timnah)땅에 사는 블레셋의 처녀를 사랑했다. 삼손의 아버지는 블레셋의 처녀를 며느리로 맞을 수 없다고 반대했다.

"네 친척이나 동족 가운데 여자가 없어서 하필 블레셋 처녀와 결혼하려는 것이냐?."

아버지는 완강히 반대했지만 삼손의 우직한 사랑을 꺾을 수 없었다. 삼손은 힘이 센 것처럼 성격도 외고집이었다. 무슨 일이나 한 번 집착하면 좀처럼 그 집념에서 벗어나지 못하는 성격이었다. 사내답게 우직한 삼손이 계속 아버지에게 졸랐다.

"그 여자를 저의 색시로 꼭 데려와 주십시오. 그 여자가 첫눈에 마음에 들었습니다."

사랑에 홀린 삼손의 억지는 아버지도 어쩔 수 없었다. 사랑에 빠진 삼손의 의지는 아무도 꺾을 수 없었다. 그러던 어느 날 삼손이 딤나 땅에 있는 처녀의 집을 향해 부지런히 걸어가고 있었다. 얼마쯤 가다가 딤나의 포도원에 이르렀을 때 갑자기 큰 사자 한 마리가 달려들었다. 삼손은 맹렬히 달려드는 사자를 맨손으로 낚아채 마치 염소 새끼를 찢듯이 사지를 틀어 죽인 다음 몸뚱이를 숲 속으로 번쩍 던져 버렸다. 보통 사람은 상상도 할 수 없는 일이었다.

그러나 삼손은 대수롭지 않은 듯 그 일을 아무에게도 발설하지 않았다. 다만 딤나의 처녀에게만 사실을 이야기했다. 그러자 처녀는 삼손의 남자다운 면모에 감격했다. 그로부터 얼마 후 삼손은 딤나의 처녀와 결혼식을 올리기 위해 부모님을 모시고 길을 나섰다. 평소에 다니던 길을 따라 부지런히 걸어가는데 이번에는 지난번에 사자를 죽인 장소에 이르렀을 때 어번에는 벌떼들이 와글와글 맴돌았다. 삼손은 갑자기 나타난 벌떼의 주위를 둘러보았다. 그런데 지난번에 죽인 사자의 몸 속에 벌이 둥지를 틀었고 그 둥지 안에는 꿀이 가득 차 있었다.

"아주 재미있는 일이군, 이런 경우는 처음인데

삼손은 사자 몸통에 들어있는 꿀을 따서 부모에게 드리고 자기도 맛있게 먹으면서 계속 길을 걸었다. 죽은 사자의 몸에 벌이 둥지를 틀어 꿀이 나온 사실은 아무에게도 말하지 않았다(삿 14:1-9).

4. 이스라엘 혼인 잔치의 풍속과 수수께끼

삼손이 아버지를 모시고 처녀의 집에 도착한 다음날 처녀의 집에서 결혼식이 거행되었다. 물론 결혼 예식은 블레셋의 풍속에 따라 거행되었다. 인근 각처의 손님들을 초청한 자리에서 혼례를 치렀다. 특별히 삼손 또래의 블레셋 청년 30명이 초대되었는데 초대받은 블레셋 청년들은 삼손의 결혼을 내심 찬성하지 않았다. 왜냐하면, 평소 우월감이 강한 블레셋 청년들은 자기 부족의 처녀가 비천한 히브리 청년과 결혼하는 것이 못마땅했던 것이다. 그러나 삼손 역시 블레셋 청년들을 곱게 보지 않았다. 블레셋 사람들은 그들 스스로 대단한양 거들먹거려 삼손은 그들을 대단하게 보지 않았다. 오히려 블레셋 사람들의 교만을 아니꼽게 생각했다.

삼손은 평소에 블레셋 청년들을 볼 때마다 본때를 보여주고 싶었다. 그런데 마침 잔치에 초대받고 몰려와 우쭐대는 블레셋 청년들과 한판 붓고 싶었지만 막상 싸울 방법이 마땅치 않았다. 삼손에게는 남다른 힘이 있었지만 이유 없이 사람을 패 죽일 수는 없었다. 궁리 끝에 묘안이 떠올랐다. 삼손은 결혼식에 모인 하객들에게 수수께끼 놀이를 제의했다. 이스라엘 풍속에는 혼인 잔칫날 수수께끼 같은 오락으로 흥을 돋우는 것이 오랜 풍습이었다.

"여러분, 제가 수수께끼를 내겠습니다. 여러분 중에 누구든지 잔치가 베풀어진 7일 동안에 제가 낸 수수께끼의 답을 알아맞혀 보십시오. 만일 정답을 풀면 제가 일주일 이내에 모시로 만든 옷 서른 벌과 예복 서른 벌을 드리겠습니다. 그러나 만일 여러분께서 맞추지 못하면 저에게 그만큼 새 옷을 주셔야 합니다."

삼손은 죽은 사자의 몸에서 나온 꿀을 소재로 푸짐한 경품을 내걸고 문제를 제시했다(삿 14:10-14).

5. 블레셋 청년들의 협박에 넘어간 신부

아직 누구도 죽은 사자의 몸통에서 꿀을 얻은 경험은 하지 못했을 것이라고 생각한 삼손이 하객들의 시선을 집중시킨 다음 문제를 냈다.

"먹는 자에게서 먹을 것이 나오고, 힘센 자에게서 단것이 나왔는데 그것이 무엇이오?"

언뜻 들었을 때는 금세 알 법한 문제였다. 그러나 문제는 생각할수록 어려웠다. 결국 블레셋 청년들은 3일이 지나도 정답을 풀지 못했다. 궁지에 몰린 청년들이 4일 째 되는 날 신부에게 찾아가 협조를 구했다.

"당신 남편이 제시한 수수께끼 때문에 우리 블레셋 쪽에서 옷 서른 벌을 바치게 되었소. 그러니 당신이 블레셋 사람들의 옷을 저 히브리 놈을 주려고 우리를 이 자리에 초대한 것 아니오? 당신이 우리를 대신해 옷 30벌을 주던가, 아니면 당신이 남편을 구슬려 수수께끼 정답을 알려주시오. 그렇지 않으면 우리는 당신 아버지 집에 불을 지르겠소. 만약 협조하지 않으면 당신은 우리들 손에 비참하게 될 터이니 알아서 하시오."

겁먹은 신부는 일단 협조하겠다고 약속은 했지만 막연했다. 협박에 못 이겨 대담한 신부는 삼손에게 정답을 가르쳐 달라고 졸랐다.

"당신은 저를 진정으로 사랑하지 않는군요. 그러니까 내 나라 사람들에게 내기 수수께끼를 하면서도 나와는 상의하지 않았지요?"

"그게 무슨 소리요, 내 부모님과도 상의하지 않았는데, 어떻게 당신에게 말할 수 있겠소?"

삼손이 토라진 신부를 달랬다. 그러나 삼손의 위로는 협박당하는 신부에게 소용없었다. 겁먹은 신부는 잔치 기간 내내 울면서 졸라대자 견디다 못한 삼손이 7일 째 되는 날 정답을 가르쳐 주었다. 그러자 정답을 확인한 신부는 블레셋 청년들에게 귀띔하면서 사태는 역전되었다. 의기양양한 블레셋 청년들이 7일 째 되는 날 해가 지기 전에 삼손에게 몰려가 정답을 제시했다.

"이스라엘 신랑이여, 우리가 수수께끼의 정답을 풀었소. 정말 재미있는 문제였소. 먹는 자는 사자이고, 힘센 자에게서 단것이 나오는 것은 죽은 사자의 몸에서 나온 꿀이요."
 정답을 제시한 블레셋 청년들이 삼손을 숨 가쁘게 다그쳤다.
 "정답을 풀었으니 이제 약속대로 새 옷을 주시오. 당신이 졌으니 약속을 지키시오."
 블레셋 청년들이 다그치자 삼손이 버럭 소리쳤다.
 "당신들은 비겁하오. 내 아내를 협박하지 않았다면, 그 정답을 알지 못했을 것이오. 비겁하게 내 아내를 협박해서 정답을 얻어내다니, 그 답은 부정한 답이요."
 삼손은 고래고래 소리 지르고 신부 집을 뛰쳐나와 무작정 걸었다(삿 14:5-20).

6. 질풍노도 같이 폭발한 분노

 신부의 집을 뛰쳐나온 삼손의 눈에는 보이는 것이 없었다. 신부를 협박한 블레셋 청년들을 용서할 수 없이 미웠지만 협박에 못 이겨 정답을 누설한 신부가 한심스러웠다. 흥분한 삼손의 발길이 블레셋의 마을 아스글론(Ashkelon)으로 향했다. 마침 그때 길을 나선 30명의 블레셋 사람들과 마주쳤다. 증오심이 끓어 오른 삼손은 벼락같이 달려들어 거센 주먹을 태풍처럼 휘둘러 닥치는 대로 때려눕혔다. 순식간에 30명을 죽인 다음 그들의 나들이옷을 전부 벗겨 꾸러미에 둘러메고 다시 처가 집으로 되돌아갔다. 처가에 들어선 삼손이 블레셋 청년들에게 소리쳤다.
 "자, 보십시오. 나는 약속을 지켰소."
 옷 꾸러미를 던져 준 다음 다시 뛰쳐나와 부모가 사는 소라의 집으로 돌아갔다. 부모의 집에서 푹 쉰 다음 추수할 때 새끼 염소 한 마리를 가지고 다시 처가 집을 찾아갔다. 오랜만에 처가에 들어선 삼손이 장인에게 말했다.
 "내 아내의 침실로 들어가겠습니다."
 "삼손! 자네가 원하는 게 무엇인가?"
 "물론 제 아내입니다. 제 아내를 데려 가겠습니다."

아내를 데려가겠다는 말에 장인이 고개를 저었다.

"이제 내 딸은 자네의 아내가 아닐세, 자네가 말없이 내 집을 뛰쳐나가 돌아오지 않기에 나는 자네가 내 딸을 버린 걸로 간주했네. 그런데 마침 결혼식에 들러리로 와 있던 블레셋 청년이 내 딸과 결혼하기를 희망하기에 허락했네."

장인이 엉뚱한 사실을 알리는 순간 삼손의 표정이 일그러지자 장인은 엉뚱한 제안을 했다.

"자네의 처제가 더 아름답지 않은가? 대신 처제와 다시 결혼하게."

장인은 뜻밖의 제안을 했다. 그러나 격앙된 삼손은 귀담아 듣지 않았다. 삼손의 귀엔 아무 소리도 들리지 않았다.

"아니 뭐라고요, 내 아내를 블레셋 남자에게 시집보냈다고요? 그럴 수는 없습니다. 앞으로 내가 무슨 짓을 하든 모든 책임은 블레셋 사람들에게 있소. 단단히 각오하시오."

삼손은 눈을 부릅뜨고 버럭 버럭 소리친 다음 뛰쳐나갔다(삿 15:1-3).

7. 블레셋 사람들에 대한 복수

처갓집을 뛰쳐나온 삼손은 그 길로 넓은 들로 나가 여우 3백 마리를 잡아 두 마리씩 꼬리를 얽어맨 다음 그 꼬리에 홰를 달고, 꼬리에 달린 홰에 불을 집혀 블레셋 사람들의 농장으로 내몰았다. 꼬리에 불을 집힌 여우들이 사방으로 달리면서 온 들녘을 불바다를 이루었다. 포도 넝쿨과 옥수수를 비롯한 각종 곡식 가리와 미처 베지 않은 올리브나무 등 온 들녘의 농작물을 몽땅 태워 버렸다.

농산물이 모두 재로 변하자 분노에 찬 블레셋 사람들이 들고일어났다.

"대체 이게 어떤 놈의 짓이냐?"

범인을 찾는 소리가 빗발쳤다. 상황이 급박하게 돌아갈 때 누군가 사실을 전했다.

"딤나 사람의 사위 삼손의 짓이오. 그의 장인이 삼손의 아내를 도로 빼앗아 블레셋 청년에게 주었기 때문이오."하고 사건의 자초지종을 알렸다. 그러자 분노에 찬 블레셋 사람들이 삼손을 사위로 끌어들인 딤나의 신부 집으로 몰려갔다. 흥분한 사람들은 불문곡직하고 이스라엘 신랑을 맞은 신부의 아버지와 그 가족을 모두 돌로 쳐 죽인 다음 집을 불태워 버렸다.

신부의 집이 불에 타 없어 졌다는 소문에 삼손은 다시 화가 치밀었다.

"네 놈들이 이렇게 했으니 내가 반드시 원수를 갚겠다."

울분을 사기지 못한 삼손은 그 길로 블레셋 사람들을 상대로 싸움을 걸었다. 블레셋 사람이라면 닥치는 대로 마구 때려죽였다. 짧은 시간에 엄청나게 많은 사람들을 패 죽인 다음 유다 지방으로 몸을 피했다. 그때 유다 지방의 사람들은 블레셋과 평화 조약을 맺은 터라 삼손으로 인해 블레셋과 불화를 빚고 싶지 않았다. 그들은 블레셋을 피해온 삼손의 몸을 피해오는 것이 달갑지 않았다. 삼손은 그 길로 산 속으로 들어가 에담(Etam)이란 깊은 동굴에 들어가 푹 쉬고 있었다(삿 15:4-8).

8. 이스라엘 장로들의 딱한 입장

하지만 분을 삵이지 못한 블레셋 사람들은 삼손을 체포한다는 구실로 유다의 방방곡곡을 마구 누볐다. 유다 사람들이 "너희가 무엇 때문에 우리를 치려 하느냐?" 하고 항의하면 "삼손이 우리에게 행한 대로 갚아 주기 위해서 그를 잡으려 왔다." 하고 억지를 썼다.

그러나 삼손을 체포하지 못한 블레셋 사람들은 엉뚱한 유다 사람들에게 분풀이를 했다. 그러나 블레셋과 싸울 능력이 없는 유다 사람들은 일방적으로 당했다. 블레셋 사람들은 아예 진을 치고 유다인 들의 재산을 마구 약탈하고 남자들은 강제로 끌어다 노역을 시키는 등 행패가 극심했다. 더 이상 참을 수 없는 지경에 이르자 유다의 장로들이 블레셋군의 장군을 찾아가 협상을 간청했다.

"싸우지 않는 조건으로 우리가 내놓을 수 있는 것이 무엇입니까?"

유다의 장로들이 강화를 제의하자 블레셋의 장군이 한마디로 잘라 말했다.

"삼손을 잡아오시오"

블레셋의 조건을 수락한 유다의 장로들은 장정 3천명을 이끌고 삼손을 찾아 나섰다. 그들은 삼손이 숨어있는 곳을 아는 장로들을 앞세워 에담 동굴로 가서 삼손을 만나 장로들이 따졌다.

"당신은 왜, 블레셋 사람들과 싸우는 거요? 우리 모두가 당신 때문에 블레셋의 박해를 당하고 있는 사실을 왜, 알지 못합니까?"

장로들이 항의하자 삼손이 입장을 밝혔다.

"내가 싸움을 건 게 아니라 블레셋 사람들이 나를 속였습니다. 저들이 내 아내를 가로챘고, 처가의 부모까지 모두 죽였습니다. 나는 저들이 한만큼 대가를 되돌려 주었을 뿐입니다"

삼손이 그간의 경위를 밝히자 입장이 난처한 유다의 장로가 말했다.

"그러나 당신의 그 복수심 때문에 우리 백성들이 공포에 떠는 것은 왜 생각하지 못하는 거요?. 지금 당신을 블레셋 사람들에게 데려가지 않으면 저들은 우리 모두를 시궁창에 던질 판이오. 그러나 우리는 저들과 싸울 힘이 없소"

장로들이 딱한 사정을 호소하자 삼손이 성큼 나섰다.

"그렇다면 좋소, 당신들이 나를 죽이지 않는다고 맹세하고 나를 묶어 데려가시오"

"우리는 절대로 당신을 죽일 생각이 없소 다만 저들에게 당신을 넘겨주면 그만이오"

"그렇다면 좋소"

삼손은 순순히 장로들에게 몸을 맡겼다(삿 15:9-13).

9. 삼손의 용맹

장로들이 삼손을 두 가닥의 밧줄로 꽁꽁 얽어 블레셋 사람들에게 넘겨주었다. 밧줄에 꽁꽁 얽힌 삼손이 레히에(Lehi)에 이르자 블레셋 사람들이 사방에서 몰려와 삼손에게 욕지거리를 퍼부었다.

"삼손, 네 놈을 기다렸다. 이제 너는 빠져나갈 길이 없다."

보는 사람마다 대놓고 모욕을 가했다. 그러나 삼손은 아무 말 없이 꾹 참았다. 그러나 저들의 모욕이 도를 넘자 참고 있던 삼손의 검은 눈에 증오의 광채가 이글이글 끓어 올랐다. 삼손이 거친 호흡을 몰아쉬자 탄력 있는 근육이 팽창하더니 온 몸을 동여맨 밧줄이 한 순간에 삭은 새끼줄처럼 우두둑 끊겼다. 한 순간에 밧줄에서 빠져 나온 삼손이 자리를 박차고 나갔지만 누구도 감히 대들지 못했다. 시간이 지나서야 삼손을 얽으려는 사람들이 몰려들면서 긴장이 감돌았다.

사태가 심각하게 돌아가자 삼손은 마을 앞에 매놓은 당나귀의 턱뼈를 빼서 한 손에 움켜쥐고 블레셋 사람들과 대치했다. 졸지에 삼손을 놓친 블레셋 병사들과 접전이 벌어졌다. 삼손은 당나귀 턱뼈 하나로 떼거리로 달려드는 블레셋 병사들과 격렬하게 싸웠다. 그러나 삼손의 괴력 앞에 블레셋 병사들은 맥을 추지 못했다. 당나귀 턱뼈를 빠르게 휘두를 때마다 블레셋 병사 여러 명이 쓰러졌다.

얼마쯤 싸우고 있을 때 블레셋 병사들이 한 발 뒤로 물러서 전열을 가다듬은 다음 창과 검으로 공격을 시도했다. 그러나 블레셋 병사들의 눈빛보다 더 빠르게 휘두르는 당나귀 턱뼈 앞에 창을 든 병사들도 꼼짝 못했다(삿 15:14-16).

10. 삼손이 이스라엘 백성을 20년간 다스리다

삼손은 이 한판의 싸움에서 블레셋 병사 1천 명을 죽였다. 싸움이 끝났을 때 삼손은 시체 더미 위에 올라서 있었다. 삼손은 죽은 블레셋 병사들의 시체를 모두 끌어다 묻은 다음, 무기로 사용한 당나귀 턱 뼈를 던지고 이스라엘 사람들 앞으로 갔다.

한편 삼손이 블레셋 병사들과 싸울 때 숨을 죽이고 지켜보던 이스라엘 사람들은 삼손의 힘이 하나님의 배려임을 알고 새삼 감격했다. 승리를 거둔 삼손이 이스라엘 사람들에게 당당하게 말했다.

"우리는 더 이상 블레셋을 무서워할 필요가 없습니다."

그러나 싸움을 치른 삼손은 심한 갈증을 느꼈다. 힘을 쏟은 삼손은 몸에서 수분이 빠져 몸을 자유로 움직일 수 없었다. 기진한 삼손은 블레셋 사람들에게 사로잡힐 지경이었다. 하지만 그곳에는 마실 물이 없었다. 사정이 다급한 삼손이 하나님께 호소했다.

"주님께서 저에게 승리를 안겨주셨습니다. 그런데 이제 목이 타서 저 할례 받지 않은 사람들의 손에 죽어야 합니까?"

삼손이 호소하자 갑자기 레히이 지방에서 제일 우묵 파인 곳에서 물이 흘러나왔다. 혼수상태에 빠졌던 삼손이 그 샘물을 퍼 마시고 기력을 되찾았다. 사람들은 하나님께서 삼손을 위해 물을 주셨다고 해서 그 샘을 '학고레(Hakkore)'라고 불렀는데 그 이름이 후대에까지 전해오고 있다. 삼손은 이 사건이 있은 후 20년간 이스라엘을 아무 탈 없이 이끌었다(삿 15:17-20).

11. 삼손과 들릴라

생수를 마시고 원기를 회복한 삼손은 그 길로 블레셋 사람들의 본거지 가사(Gaza)성으로 들어갔다. 가사는 이스라엘 사람이 함부로 들어가지 못하는 블레셋 사람들의 소굴로 삼손에게는 매우 위험한 곳이었다. 그러나 삼손은 블레셋의 음해를 개의치 않았다. 해가 저물녘에 삼손이 가사도성에 나타나자 온 도성에 비상이 걸렸다. 도성에 들어간 삼손은 한 창녀의 집으로 찾아들었다. 삼손을 주시하던 블레셋 사람들은 일단 도성의 문을 모두 닫아걸고 날이 밝기를 기다렸다.

그러나 삼손은 새벽이 오기 전 한 밤중에 단단히 닫아 건 성문의 빗장을 통째로 뽑아 헤브론이 내려다보이는 언덕에서 성 아래로 던져 버렸다. 그런 다음 날이 밝아 오자 버젓이 가사의 거리를 누비고 다녔다. 그러나 아무도 함부로 대들지 못했다. 하지만 삼손에 대한 블레셋 사람들의 적개심이 끓어 올랐다(삿 16:1-4).

12. 미색의 함정

딤나에서 사랑에 실패한 삼손은 가자 성에 들어간 후 또 사연(邪戀)에 빠졌다. 이번에는 소렉(Sorek)에 사는 들릴라(Deliah)라는 요염한 창녀를 사랑했는데, 공교롭게도 그녀 역시 블레셋 여인이었다. 삼손은 들릴라를 진심으로 사랑했다. 그러나 들릴라는 삼손을 진심으로 사랑하지 않았다. 다만 사랑하는 척했다. 본래 심성이 착한 삼손은 들릴라의 속마음을 바로 알지 못했다. 그저 자기 마음 같으려니 했다. 그러나 삼손이 들릴라를 진심으로 사랑하는 것을 눈치 챈 블레셋 첩자들이 삼손이 들릴라를 진심으로 사랑하는 약점을 빌미로 함정을 파기 시작했다. 우선 허영심이 많은 들릴라와 삼손의 순진한 사랑을 미끼로 공작을 꾸몄다. 어느 날 블레셋의 5개 지방의 대표들이 들릴라를 찾아가 협조를 미끼로 들릴라를 홀렸다.

"들릴라, 삼손이 당신을 열렬히 사랑하고 있소. 그는 당신 없이는 죽고 못살거요. 당신이 요구하는 것은 무엇이든 다 들어줄 것이오. 그러니 당신은 이번 기회에 그의 마력적인 힘이 어디서 나오는지 알아내시오. 가능한 그의 힘을 무력하게 만들 수 있는 방법을 알아내시오. 그러면 은(銀) 1천1백 세겔을 주겠소."

허영심이 많은 들릴라는 은 천백 세겔 이란 파격적인 물량 공세에 넘어갔다. 들릴라는 그 날 밤 삼손에게 아양을 떨었다.

"오 삼손, 사랑하는 삼손, 당신을 약하게 하는 비결이 무엇이오?"

간교한 들릴라의 교태에 매료된 삼손이 그럴 듯하게 말했다.

"오 그대여! 만일 마르지 않은 푸른 칡넝쿨 일곱 겹을 꼬아 만든 밧줄로 내 몸을 묶으면 나도 다른 사람들처럼 별 수 없을 거요"

삼손의 말을 듣고 난 들릴라는 미리 옆방에 대기시켜 놓은 블레셋 사람들에게 귀띔했다. 블레셋 사람들이 굵은 칡넝쿨을 일곱 겹으로 잠든 삼손의 사지를 칭칭 묶은 다음 소리쳤다.

"이봐요 삼손, 어서 일어나세요, 블레셋 군인들이 쳐들어와요."

고함소리에 잠을 깬 삼손은 온몸이 칡넝쿨에 얽어 메인데 화가 났다. 그러나 들릴라는 삼손의 사지를 얽었을 뿐 그의 몸속에 흐르는 기상은 얽지 못했다. 분노에 찬 삼손이 두 눈을 부릅뜨고 전신에 힘을 가하자 일곱 가닥으로 칭칭 얽어맨 칡줄이 마치 썩은 밧줄처럼 맥없이 끊어졌다. 삼손의 용트림에 겁먹은 들릴라는 잽싸게 말을 바꾸었다.

"자 보세요, 저는 당신이 저를 진심으로 사랑하는지 알고 싶어서 한 번 시험했어요. 그런데 당신은 저를 진심으로 사랑하지 않는군요, 정말 섭섭해요"(삿 16:5-12).

13. 적반하장의 들릴라

들릴라는 삼손의 비밀을 들춰내기 위해 또 다른 방법을 시도했다. 하지만 삼손은 진실은 말하지 않았다. 들릴라는 삼손의 진실을 알아내려고 심술을 부렸다.

"당신은 나를 믿지 못하는군요, 내가 해치지 않는다는 것을 알면서 왜, 저를 속이는 거죠"

들릴라가 토라지자 삼손이 지나가는 말로 흘렸다.

"한 번도 사용하지 않은 밧줄로 묶으면 힘이 약해지지."

들릴라는 한 번도 사용하지 않은 굵은 밧줄을 준비해 두었다가 삼손이 술에 취해 잠들었을 때 그의 사지를 얽어 놓고 소리쳤다.

"이봐요 삼손, 얼른 일어나세요. 블레셋 사람들이 잡으러 왔어요."

고함소리에서 잠에서 깬 삼손은 몸을 얽어 놓았는데 화가 치밀었다. 삼손이 전신에 힘을 가하는 순간 새 밧줄도 맥없이 끊겼다. 그러자 간교한 들릴라는 적반하장 격으로 대들었다.

"당신은 또 나를 속였어요. 정말 그럴 수 있어요?."

순진한 삼손은 여전히 멋쩍은 표정으로 말했다.

"내 머리칼을 일곱 가닥의 씨줄로 엮어 말뚝에 묶으면 힘이 빠지지."

삼손의 말을 귀담아 들은 들릴라는 어느 날 삼손이 술에 취해 잠이 들었을 때 긴 머리카락을 씨줄로 엮어 말뚝에 단단히 잡아맸다. 이번에는 꼼짝 못할 것이라고 생각한 들릴라가 소리쳤다.

"이봐요, 삼손, 블레셋 사람들이 잡으러 왔어요. 어서 일어나요."

고함소리에 깨어 난 삼손은 들릴라가 일을 또 저지른 것을 알고 화가 치밀었다. 온 몸에 힘을 가하는 순간 말뚝과 베틀이 쑥 뽑혔다. 삼손은 그 길로 뒤도 돌아보지 않고 어디론가 사라졌다. 들릴라는 삼손이 다시 돌아오지 않을 것이라고 생각했다(삿 16:12-14).

14. 삼손이 유혹에 넘어가다

한동안 사라졌던 삼손이 다시 나타나자 들릴라는 "그러면 그렇지" 하고 접근했다.

"삼손, 당신은 저를 사랑한다고 하면서도 왜, 세 번씩이나 저를 속였지요? 당신은 저를 사랑하지 않는군요. 당신이 저를 진정으로 사랑한다면 그 비밀을 말씀해 주셔야지요."

눈물을 머금고 호소했지만 삼손은 말하지 않았다. 그러자 들릴라는 교묘한 방법으로 접근했다.

"좋아요! 당신이 정녕 진실을 보여주지 않는다면 저는 제 갈 길로 가겠어요."
들릴라가 헤어질 것을 전제로 날마다 귀찮게 졸랐다.
삼손은 매일 졸라대는 들릴라의 성화에 죽을 지경이었다. 그러다가 들릴라가 떠나겠다는 말에 마음이 흔들린 삼손은 어떤 수단을 써서라도 곁에 두고 싶은 마음에서 진실을 실토했다.
"내 머리카락이야. 이스라엘의 하나님께서 내 머리카락을 절대로 자르지 말라고 하셨거든, 그래서 내 머리는 지금까지 한 번도 칼을 대본 적이 없소. 내 머리카락을 자르면 나도 다른 사람과 똑같을 거요."
삼손은 절대로 털어놓아서는 안 될 비밀을 말했다.
"좋아요. 솔직히 말씀하셨으니 저는 당신 곁에 있겠어요."
삼손의 비밀을 확인한 들릴라는 미리 준비해 둔 술을 마시도록 부추겼다. 삼손이 술에 취해 곯아떨어지자 들릴라는 근처에 있는 블레셋 사람들에게 통고했다.
"내가 비밀을 알아냈습니다. 삼손의 힘을 어린애처럼 만들었으니 한 번 더 올라오십시오.
델릴라는 블레셋의 첩자들이 꾸려온 묵직한 은 주머니를 챙겨 친정집으로 돌려보낸 다음, 잠든 삼손의 머리를 무릎 위에 얹어 놓고 일곱 자락의 긴 머리카락을 싹둑 잘랐다. 머리를 자르는 순간 삼손의 몸에서 맥이 쭉 빠지고 기상이 사라졌다. 그 때 첩자의 본색을 드러낸 들릴라는 삼손의 머리를 자른 다음 블레셋 병사들을 불러들였다.
"병정들! 삼손을 체포하세요. 이제 그는 골칫거리가 아니에요.
블레셋 병사들이 들릴라의 집으로 들이닥쳤다.
삼손이 사력을 다해 맞섰지만 힘이 없었다. 그제야 머리가 잘린 것을 안 삼손은 후회했지만 어쩔 수 없었다. 삼손은 하나님의 분부대로 포도주를 멀리 했어야 했고, 이방 여인을 함부로 사귀지 말았어야 했고, 독한 술을 마시지 말았어야 했다.

그러나 사태는 이미 후회해도 소용없었다(삿 16:15-20).

15. 연자매를 멘 삼손

삼손을 얽어간 블레셋 사람들은 치욕적인 방법으로 삼손을 이용했다. 삼손의 사지를 짐승처럼 얽어맨 다음 블레셋 마을 한 가운데 끌어다 놓고 구경거리로 삼았다. 삼손을 보는 블레셋 사람들마다 가까이 다가가서 놀려댔다.

"우리의 위대한 신이 이 원수 놈을 우리 손에 넘겨주셨다."

블레셋 사람들은 삼손에게 치욕적인 모욕을 가함으로써 자신들의 열등감을 해소하고, 나아가 이스라엘의 자존심을 꺾고, 자신들의 쌓인 복수심을 드러냈다. 삼손이라면 치를 떨던 블레셋 사람들이 각처에서 구름처럼 몰려와 분노에 찬 욕지거리를 퍼부었다.

"우리 땅을 못 쓰게 만들고 백성을 수없이 죽인 원수 놈을 우리 신이 잡아주셨다."

한 패의 블레셋 사람들이 모욕을 가하고 나면 또 다른 지역의 사람들이 몰려와 치욕적인 욕설로 놀려댔다. 삼손을 세 번째로 넘겨받은 사람들은 아주 잔인했다. 그들은 '삼손을 끌어내 재주를 부리게 하자.' 하고 삼손의 사지를 꼼짝 못하게 묶은 다음 화덕 불에 인두를 달궈 두 눈을 태웠다. 완전히 장님을 만든 다음 가사(Gala)의 감옥으로 끌어다 짐승처럼 양어깨에 굵은 쇠사슬을 채워 무거운 연자매를 하루 종일 굴리도록 혹사시켰다(삿 16:21-22).

16. 다시 자란 머리카락

그러나 시간이 지남에 따라 삼손의 몸은 신진대사를 이루었고, 싹둑 자른 그의 머리카락은 다시 자라고 있었다. 그러나 블레셋 사람들은 삼손을 처참한 몰골로 만들어 여러 사람들의 구경거리로 삼는 데만 신경을 쏟았지 그의 머리카락이 다시 자라는 데는 무관심했다. 아무도 신경 쓰지 않는 사이에 삼손의 머리는 어느새 길게 자라 있었다.

하루는 가자 지방에서 제일 큰 사원에서 다곤 우상에게 제물을 바치고, 사로잡은 삼손을 구경하기 위해 그 지방에서 내로라하는 인사들을 모두 초대했다. 그러자 삼손을 구경하려고 몰려온 블레셋 인사들이 거대한 사원이 터질듯이 붐볐다.

"우리의 위대한 다곤신이 삼손을 우리의 손에 넘겨주셨다. 우리의 형제를 죽인 자, 우리를 파괴한 자!. 삼손은 이제 두 번 다시 우리를 죽이지 못할 것이다."

삼손을 보는 사람들 마다 환성을 올렸다. 거대한 사원의 안팎이 터질 만큼 초만원을 이룬 블레셋 사람들은 흥에 겨워 사원이 떠나도록 승리의 노래를 불렀다. 축제 분위기가 절정에 이르렀을 때 헌 누더기를 걸친 삼손이 안내자의 손에 이끌려 사원 안으로 들어섰다. 삼손이 무대 중앙에 나타나자 사방에서 야유를 퍼부었다.

"삼손!, 지독하게 힘센 친구, 기왕이면 또 한 번 놀아 보지 그래."

빈정대는 소리가 들끓는 가운데 블레셋 병사들이 앞을 보지 못하는 삼손을 짐승처럼 얽어 무대 중앙에 올려놓고 이리저리 끌고 다녔다. 그런데 삼손은 눈이 멀기 전에 그 사원을 살펴본 경험이 있었다. 사원의 내부 구조를 알고 있는 삼손이 무대 중앙에 서서 한참 동안 웃음거리로 뭔중을 사로잡았다. 그런 다음 삼손의 손을 잡고 안내하는 블레셋 소년에게 조용히 말했다.

"얘야! 이 신전 중앙에 있는 기둥 곁으로 나를 안내해 다오. 그 기둥에 몸을 기대고 싶다."

소년은 삼손의 피곤한 손을 잡고 신전의 지붕을 지탱시키는 기둥 사이로 데려가 육중한 기둥에 손을 얹어 주었다. 기둥을 끌어안고 더듬거리는 삼손의 행동거지를 지켜보던 3천여 명의 관중들이 일제히 놀려대기에 정신이 팔렸다. 바로 그때 삼손이 생시에 보아둔 기둥을 확인하기 위해 두 팔을 걷어 올린 손으로 기둥을 자세히 매만졌다. 삼손은 한 번도 흔들린 적이 없는 거대한 기둥을 어린아이처럼 어루만졌다(삿 16:23-28).

17. 삼손의 분노와 몰살당한 블레셋 사람들

사원 중앙에서 천장을 떠받친 기둥의 중심을 확인한 삼손의 호흡이 갑자기 거칠어졌다.

"어디 두고 보자, 네놈들이 나를 놀리다니..."

걷어 올린 두 팔로 거대한 돌기둥을 끌어안고 하늘을 향해 목청이 터져라 외쳤다.

"주님이시여! 나의 주님이시여! 저를 기억하시고, 저에게 마지막 힘의 은총을 베풀어주옵소서. 저의 생눈을 뽑은 저 블레셋 놈들에게 복수의 기회를 주십시오."

삼손이 돌기둥을 부둥켜 앉고 몸부림치자 관중들은 배를 잡고 웃었다. 삼손은 귀에 거슬리는 소리를 개의치 않고 전신에 힘을 가해 기둥을 뒤틀었다.

"그래, 실컷 놀려라. 네 놈들이 얼마나 즐거운지 맛 좀 보아라."

삼손의 온 몸이 용솟음치자 갑자기 돌기둥이 뒤틀리기 시작했다. 순간 희희낙락하던 관중의 웃음소리가 찬물을 끼얹은 듯 가시고 삼손의 목소리가 고막을 쳤다.

"주여! 감사합니다. 저 블레셋 원수들과 함께 죽여주시옵소서!"

삼손의 울부짖는 소리와 동시에 하늘이 무너지는 굉음이 고막을 찢는 순간 거대한 석조 사원의 지붕이 폭삭 내려앉았다. 눈 깜짝할 사이에 블레셋의 중요한 인사들이 모두 돌무더기 속에 깔려 몰살당했다. 물론 삼손도 저들과 함께 파묻혔다

(삿 16:29-31).

18. 블레셋의 침묵

삼손이 가사 사원에서 단 한 번에 죽인 블레셋 사람의 수가 얼마나 많았던지 그가 다른 곳에서 죽인 숫자보다 훨씬 많았다. 이 한 판의 사건으로 이스라엘을

40년 동안 억압해 온 블레셋의 세력은 몰락했다. 저들이 다시 힘을 회복하기까지는 많은 세월이 걸렸다. 삼손은 블레셋 사람들과 함께 사원에 파묻혀 죽었지만 그의 투쟁으로 이스라엘은 더 이상 블레셋의 박해를 당하지 않았다. 한편 삼손의 시신은 일가친척이 거두어 마노아에 있는 그의 아버지 무덤 곁에 장사지냈는데 그때가 기원전 1120년이었다(삿 16:21-31).

제4장 사사시대의 도덕적 타락상

1. 어떤 레위인과 그의 첩 이야기(삿 19, 21,)

이스라엘에 왕정이 수립되기 전 사사 시대의 사건이야기이다. 우리는 이 사건을 통해 사사 시대의 실상을 엿볼 수 있다. 당시 에브라임 산악 지방의 오지에서 나그네살이 하는 레위인 한 사람이 있었는데, 그는 유다 땅 베들레헴에서 어떤 여자를 소실로 맞아들였다. 그런데 그 소실이 남편과 불화 끝에 베들레헴에 있는 친정으로 돌아가, 넉 달쯤 머물러 있었다. 그래서 남편이 친정으로 돌아간 소실을 데려오려고, 종과 함께 나귀 두 마리를 끌고 소실의 친정집으로 갔다.

소실이 멀리서 찾아온 남편을 자기 아버지 집으로 데리고 들어가자 소실의 아버지이며 장인이 그를 기쁘게 맞이하였다. 그는 장인이 며칠 쉬어가라고 권하자, 장인과 더불어 사흘간 묵으면서 처가식구들과 먹고 마시며 즐겁게 지냈다(삿 19:1-3).

나흘째 되는 날, 그들이 아침 일찍 일어나 길을 떠날 채비를 하자, 장인이 사위에게 말하였다.

"음식을 좀 더 들고 원기를 돋운 다음에 떠나게."

그래서 두 사람은 다시 먹고 마셨는데, 소실의 아버지가 또 사위에게 극구 만류했다.

"자, 하룻밤 더 묵으면서 즐겁게 지내게."

다시 그곳에서 하룻밤을 더 묵고 닷새째 되는 날 아침에 일찍 일어나 떠나려 하자, 소실의 아버지가 또 다시 권하는 것이었다.

"먼저 원기를 돋우게. 이보게, 날이 저물어 저녁이 되었으니 여기서 하룻밤 더 묵으면서 즐겁게 지내고, 내일 아침 일찍 일어나 길을 떠나가게."

그래도 그는 장인의 권유를 뿌리치고 종과 함께 길을 떠나 여부스, 오늘의 예루살렘 맞은 쪽에 이르렀다(삿 19:4-10).

2. 길손을 맞아들인 노인의 봉변

그들이 여부스 가까이에 이르렀을 때 날이 이미 저물었다. 그 때 종이 주인에게 말했다.

"이, 여부스족의 성읍으로 들어가 하룻밤을 묵으시지요."

그러나 주인이 대답했다.

"이스라엘 자손들에게 속하지 않은 이방인들의 성읍에는 들어갈 수 없다. 기브아까지 가야 한다. 기브아나 라마, 두 곳 가운데 한 곳으로 가서 하룻밤을 묵자."

그래서 그들이 그곳을 지나 계속 길을 가 베냐민지파에 속하는 기브아에 이르렀다. 그들은 기브아에 들어가 하룻밤을 묵으려고 발길을 재촉했다. 그런데 그들이 들어가서 성읍 광장에 앉아 있었지만, 하룻밤 자기 집에 묵어가라고 맞아들이는 사람이 없었다.

바로 그 때 마침 한 노인이 들일을 마치고 돌아오고 있었다. 그는 에브라임 산악지방 출신으로 기브아에서 나그네 살이하는 외로운 사람이었다. 그곳 사람들은 베냐민 사람들이었다. 노인이 눈을 들어 성읍 광장에 있는 길손을 보고 물었다.

"어디로 가는 길이오. 어디서 오셨소?"

그가 대답하였다.

"저는 유대 땅 베들레헴에서 에브라임 산악 지방의 구석진 출신으로 유대 땅 베들레헴까지 갔다가 이제 저의 집으로 가는 길인데, 저를 집안으로 맞아들이는 사람이 한 분도 없군요. 어르신이 보시다시피 저에게는 나귀를 먹일 여물은 물론, 저와 이 여종과 이 젊은 소실이 먹을 빵과 술도 있습니다. 모자라는 것이라고는 아무것도 없답니다."

"잘 오셨소. 모자라는 것은 내가 다 돌보아 드리겠소. 아무튼 광장에서 밤을 지내서는 안 되지요."

노인은 그를 자기 집으로 데리고 들어갔다. 나귀에게는 먹이를 주고 길손들에게는 발을 씻게 물을 내 준 다음, 함께 먹고 마셨다(삿 19:11-21).

3. 기브아인들의 만행

그들이 한참 즐겁게 지내고 있는데 성읍의 불량자들이 그 집을 에워싸고 문을 두드리며 노인에게 협박했다.

"당신 집에 든 남자를 내보내시오. 우리가 그 자와 재미 좀 봐야겠소."

집주인이 밖으로 나가 그들에게 만류했다.

"형제들, 안 되오. 제발 나쁜 짓을 제발 하지 마시오. 저 사람은 내 집에 들어온 손님이오. 그런 추잡한 짓을 해서는 안 되오. 나에게는 시집가지 않은 처녀 딸과 저 사람의 소실을 내보낼 터이니, 그들을 욕보이던 당신들 좋을 대로 하시오. 그렇지만 저 사람에게 만은 그런 추잡한 짓을 해서는 안 되오."

그러나 불한당들은 그의 말을 듣지 않았다. 그러자 안에 있던 그 손님이 자기 첩을 밖에 있는 불한당들에게 강제로 내보냈다. 불량배들은 소실을 끌고 가서 아침이 될 때까지 밤새도록 능욕하였다. 그러다가 동이 틀 때에야 초죽음이 된 여자를 돌려보냈다. 여자는 아침 무렵에 남편이 머물고 있는 노인의 집으로 돌아와 날이 밝을 때까지 노인의 집 문간에 쓰러져 있었다(삿 19:21-26).

그 남편이 아침에 일어나, 다시 길을 떠나려고 그 집 문을 열고 밖으로 나갔을 때 소실이 문간에 쓰러져 있는 것을 알았다. 그 여자의 두 손이 문지방 위에 놓여 있었다. 그가 그녀를 깨웠으나 이미 숨진 상태라 대답이 없었다. 그는 첩의 시신을 들어 나귀에 얹고서는 길을 출발하여 자기 고장으로 갔다. 그리고 집에 들어서자마자 칼로 소실의 몸을 열두 토막으로 잘라 이스라엘의 온 영토로 돌려 보냈다. 그러자 시신 토막을 보는 이마다 "이스라엘 자손들이 이집트 땅에서 올라온 후 이런 끔찍한 일이 일어난 적도 없고 본 적도 없다"고 의논한 후 다시 한 번 생각해 보기로 했다(삿 19:27-30).

4. 베냐민지파와 다른 지파간의 패 싸움

마침내 분개한 이스라엘 자손들이 모두 들고 일어났다. 단에서 브엘-세바에 이르기까지, 길르앗 땅에서도 일제히 미스바로 모여들었다. 이스라엘의 모든 지파의 수장들도 칼로 무장한 보병 40만 명으로 이루어진 하나님 백성의 회중 가운데 자리를 잡았다. 베냐민 자손들은 이스라엘 자손들이 미스바로 올라왔다는 소식을 들었다. 그 때 이스라엘 자손들이 말했다.

"이런 악행이 어떻게 일어났는지 말해 보시오."

살해된 여자의 남편인 레위인이 대답하였다.

"저는 저의 소실과 함께 하룻밤을 묵으려고 베냐민 지파에 속한 기브아로 갔습니다. 그런데 그 날 밤에 기브아의 지주들이 저를 해치려고 나서서, 제가 들어간 집을 둘러쌌습니다. 저를 죽이려고 생각하였습니다. 그러다가 제 소실을 욕보여 죽게 만들었습니다. 그래서 제가 저의 소실을 붙들어 토막을 낸 다음, 이스라엘 공동체(상속자) 곳곳으로 보냈습니다. 그들이 이스라엘에서 부정하고 추잡한 짓을 저질렀기 때문입니다. 이스라엘 자손 여러분! 우리 모두 의논해 보십시오."

그러자 온 백성이 일제히 일어나 성토했다.

"아무도 자기 천막으로 가서는 안 된다. 이제 우리가 기브아에 할 일은 이러하다. 제비를 뽑아 그곳을 치러 올라가자. 이스라엘의 모든 지파에서 백 명마다 열 명을, 천 명마다 백 명을, 만 명마다 천 명을 뽑자. 그래서 베냐민 땅 기브아 사람들이 이스라엘에서 저지른 그 모든 추잡한 짓에 따라 그들을 응징하러 가는 군사들이 먹을 양식을 가져오게 하자."

전 이스라엘 사람이 하나로 뭉쳐 성읍으로 모여들었다. 이스라엘의 전 지파들이 베냐민 지파로 사람들을 보내면서 말했다.

"그대들 사이에서 일어난 이 악행은 어찌 된 것인가? 이제 그 불량한 사람들을 넘겨서, 우리가 그자들을 죽여 이스라엘에서 악을 치워 버리게 하여라."

그러나 베냐민의 자손들은 자기들의 동족인 이스라엘 자손들의 말을 들으려 하지 않았다(삿 20:1-13).

5. 성폭력이 전쟁으로

마침내 베냐민 자손들은 이스라엘 자손들과 싸우러 나가려고, 살던 성읍들을 떠나 기브아로 모여들었다. 그날 자기들이 살던 성읍을 떠나 사열을 받은 베냐민의 자손들은, 기브아 주민들 외에, 칼로 무장한 사람이 이만육천 명이었다. 이 무리 가운데에는 왼손잡이 정병 칠백 명이 있었다. 그들은 모두 머리카락 하나 빗나가지 않게 잘 맞추는 돌팔매꾼들이었다. 이스라엘 사람들도 베냐민 지파를 빼고 사열을 받으니, 칼로 무장한 사람이 사십만 명이었는데, 그들은 모두 전사들이었다. 이 이스라엘 자손들이 들고 일어나 벧엘로 올라가서 하나님께 여쭈어 보았다.

"저희 가운데 누가 먼저 올라가서 베냐민의 자손들과 싸워야 합니까?"
그러자 주님께서 대답하셨다.
"유다가 먼저 가라."
다음날 아침에 이스라엘 자손들은 기브아로 가서 진을 쳤다. 이스라엘 사람들은 베냐민 지파와 싸우기 위해 기브아를 마주 보고 전투 대열을 갖추었다. 그러자 베냐민의 자손들이 기브아에서 나와 이스라엘 사람들 가운데 2만 2천 명을 전몰시켰다. 이스라엘 자손들은 올라가서 저녁때까지 주님 앞에서 통곡하고, 나서 주님께 여쭈어 보았다.
"저희가 저희 동족인 베냐민의 자손들과 다시 싸우러 가야 합니까?"
"그들을 치러 올라가거라."
주님의 대답에 이스라엘의 군대는 용기를 내어, 전날 전열을 갖추었던 곳에 다시 전투 대열을 갖추었다. 둘째 날 이스라엘 자손들은 베냐민의 자손들에게 다가갔다. 그 날도 벤냐민 지파가 기브아에서 마주 나와 다시 이스라엘 자손들 가운데 1만 8천 명을 전멸시켰다. 쓰러진 이들은 모두 칼로 무장한 사람이었다. 그러자 이스라엘의 모든 자손이 베텔로 올라가 그곳에서 주님 앞에 앉아 통곡하였다. 그들은 저녁때까지 단식하고 주님 앞에 번제물과 친교 제물을 바쳤다. 그러고 나서 이스라엘 자손들이 주님께 여쭈어 보았다. 그 시대에는 하나님의 계약 궤가 그곳에 있었다. 그리고 그 시대에는 아론의 손자이며 엘아자르의 아들인 비하느스(phinehas)가 그 궤를 모시고 있었다.
"저희가 저희 동족인 베냐민의 자손들과 다시 싸우러 나가야 합니까? 아니면 그만두어야 합니까?"
"올라가거라. 내일 내가 그들을 너희 손에 넘겨주겠다"(삿 20:14-28).
주님께서 대답하셨다.

6. 주님께서 앞장서시다

이스라엘은 기브아 둘레에 복병을 배치하였다. 그리고 이스라엘 자손들은 사흘째 되는 날, 전처럼 기브아를 마주 보고 전열을 갖추었다. 베냐민의 자손들이 그들에게 마주 포진했다가 자기들의 성읍에서 멀리 떨어지게 되었다. 베냐민의 자손들은 한쪽은 벧엘로, 다른 한쪽은 기브아로 올라가는 그 들판에서 전처럼 이스라엘 군대를 치기 시작하여, 이스라엘 사람을 서른 명 쯤 죽였다. 그러면서 '저들은 먼젓번처럼 우리에게 패배할 것이다.' 하고 생각하였다.

"우리가 도망치는 척하여 그들을 성읍에서 큰길 쪽으로 멀리 떨어지게 하자."

이스라엘 사람들은 모두 제자리에서 일어나 바알-다말까지 가서 전열을 갖추고, 이스라엘의 병사들은 자기들이 숨어 있던 곳, 게바(Geba)부근에서 쏟아져 나왔다. 온 이스라엘에서 뽑힌 정병 1만 명이 기브아 바로 앞에 이르자 싸움이 치열하게 전개되었다. 그러나 베냐민의 자손들은 자기들에게 재앙이 닥쳐오는 것을 알지 못하였다. 마침내 주님께서 이스라엘 앞에서 베냐민을 치셨다. 그리하여 그 날 이스라엘 자손들이 베냐민 사람 2만 5천백 명을 전멸시켰다. 죽은 사람들은 모두 칼로 무장한 사람이었다. 그제야 베냐민의 자손들은 자기들이 패배한 것을 알았다.

승리를 거둔 이스라엘 사람들은 베냐민에게 자리를 내주고 물러났다. 기브아 쪽에 배치시킨 복병들을 믿었기 때문이다. 이 복병들이 기브아로 재빨리 공격해 들어가서 온 성읍을 칼로 쳤다. 이스라엘 사람들과 복병들 사이에는 약속이 되어 있었다. 복병들이 성읍에서 연기를 올려 보내면, 이스라엘 사람들이 싸움터에서 몸을 돌리기로 하였다. 베냐민 사람들은 이스라엘 사람들을 치기 시작하여 서른 명 쯤 죽였다. 그러면서 '저들은 틀림없이 먼젓번 싸움에서처럼 우리에게 패배할 것이다.' 하고 생각하였다.

그 때에 성읍에서 연기 기둥이 올라가기 시작하였다. 베냐민 사람들이 뒤돌아

보니, 성읍 전체가 불길에 싸여 하늘로 올라가는 것이었다. 이어서 이스라엘 사람들이 몸을 돌리자 베냐민 사람들은 질겁하였다. 자기들에게 재앙이 닥쳐오는 것을 보았기 때문이다. 그들은 이스라엘 사람들에게서 돌아서서 광야로 향하였지만, 뒤쪽에서는 싸움이 멈추지 않았다. 성읍에서 나온 이들도 그들을 가운데에서 쓰러뜨렸다. 이스라엘 사람들은 베냐민 사람들을 에워싸, 동쪽으로 기브아 맞은 편에 이르기까지 쉴 새 없이 추격하며 1만 8천 명을 전몰시켰다. 전사자들은 모두 용사들이었다. 남은 자들이 돌아서서 광야 쪽 '림몬(Rimmon)바위'로 도망쳤지만, 큰 길에서 이스라엘 사람들이 이삭 줍듯이 5천 명을 죽이고, 기돔(Gidom)에 이르기까지 바짝 뒤쫓으면서 또 2천 명을 쳐 죽였다. 이렇게 하여 그 날 베냐민에서 쓰러진 사람은 모두 칼로 무장한 군사 이만 오천 명이었다. 그들은 모두 용사였다. 그러나 6백 명은 돌아서서 광야 쪽 '림몬바위'로 도망쳐 넉 달 동안 거기서 지냈다. 그러는 동안에 이스라엘 사람들은 베냐민의 자손들에게 돌아가, 성읍의 남자 주민에서 짐승에 이르기까지 보이는 대로 모조리 쳐 죽였다. 나머지 성읍들도 모두 불태워 버렸다(삿 20:29-48).

◆ 가나안 정착시대의 국내외적 배경

기원전 12-13세기는 근동의 거대한 두 세력 즉 이집트와 메소포타미아가 자신들의 내부적 소요 사태로 외적인 영향력을 크게 미치지 못했다. 이러한 힘의 공백기를 틈타 가나안에 새로운 신진 세력이 등장하게 되었는데 그들이 바로 이스라엘이다. 성서에 의하면 모세에 의해 민족공동체를 형성한 이스라엘은 모세의 후계자 여호수아의 영도 하에 하나님께서 그들에게 약속하신 가나안 땅에 정착하게 되었노라고 되어있다. 그러나 실제 이스라엘의 역사는 이러한 성서의 묘사와 상당한 차이가 있었던 것으로 사료된다. 그 시기가 언제부터였는지, 정확히 알 길은 없지만, 현재 팔레스타인이라 부르는 지역에 이스라엘 백성이 이주하게 되면서 하나의 국가가 형성되었다는 주장이다. 하지만 그것이 여호수아서에 기록한 것처럼 한 영웅을 통해 정착이었는지는 정확히 알 수 없다.

학계에서는 대체로 다음 세 가지 가설을 제시하고 있다. 첫째 '이주 모델'로 각처에서 떠돌아다니던 유목민들이 거의 2세기 동안 평화로운 '이주'과정을 통해 가나안 전역에 정착하였다는 것이다. 이러한 학설이 사사기 본문과 맥을 같이한다. 두 번째는 '정복 모델'이다. 이 주장은 백전백승의 전설적인 영웅담에 의한 여호수아기의 내용을 그대로 인용한 주장이다. 기원전 13세기경 가나안의 성읍들이 한 민족에게 완전히 점령되었고, 그 정복의 결과로 이스라엘이 탄생하였다는 주장이다.

세 번째는 '내부적 혁명 모델'이다. 고대 가나안은 외부로부터 침략을 당한 적이 거의 없었고, 오히려 내부의 정치적 송사와 사회적 혁명의 결과로 이스라엘이 탄생할 수 있다는 주장이다. 기원전 13세기경 가나안에는 군주봉건제를 실시하는 집단들로 이루어져 있었는데, 그때 지배 계급의 억압이 심해지자 민중들은 기득권층과 대립할 수밖에 없었고, 그런 과정에 외부에서 유입된 유목민들과 연합하여 기존 세력을 전복시키는 혁명이 일어났는데 이를 통해 새롭게 부상한 신흥세력이 바로 이스라엘이라는 것이다. 그러나 초기 이스라엘의 형성에 대한 이상 세 가지 가설은 어디까지나 가설일 뿐 성서학계에서는 아직까지 이스라엘이 어떻게 가나안에 자리 잡고 이스라엘 국가를 이루게 되었는지에 대한 단정적인 입장을 제시하지 못하고 있다.

제5장 나오미와 효부 룻 이야기

1. 룻기의 시대적 배경과 문학적 의의

룻기는 왕정이 수립되기 전 사사(Judge)들이 다스리던 시대에 한 가정의 이야기이다. 기원전 1120년경 기드온이 세상을 뜨고 그의 첩의 아들 아비멜렉이 발호 할 즈음에 베들레헴 지방에 극심한 가뭄이 들었다. 여러 해 동안 비 한 방울 내리지 않는 한발(旱魃)로 땅 위의 모든 식물이 타들어갔다.

가뭄으로 인한 피해가 극심할 때 베들레헴 지방에 엘리멜렉(Elimelech)이란 농부가 그의 아내 나오미(Naomi)와 아들 말론(Mahlon)과 길론(Chilon)두 아들이 어렵게 살고 있었다. 그런데 몇 해째 계속되는 가뭄으로 농사를 지을 수 없는 지경에 이르자 남편 엘리멜렉이 아내에게 말했다.

"여기서는 더 이상 농사를 지을 수 없으니 이곳을 떠나 살기 좋은 모압으로 떠나야 하겠소."

남편의 근심어린 말에 나오미는 선뜻 동의했다. 이미 곳간의 낟알은 동이 났고 주방에는 당장 먹을 식품마저 떨어진 상태였다. 고향을 떠나기로 결정한 엘리멜렉은 휴대할 수 있는 집기와 당장 먹어야 할 식품과 간단한 생활 도구만을 챙긴 다음 두 아들에게 "우리는 내일 새벽에 여기를 떠난다. 어서 잠자리에 들으라." 고 했다. 정든 고향을 떠나기로 마음먹은 엘리멜렉과 나오미는 마지막 밤을 뜬눈으로 지새웠다(룻1:1-3).

2. 고향을 떠나 모압에 이른 나오미

엘리멜렉은 해가 뜨기 전에 짐 꾸러미를 당나귀에 싣고 젖과 치즈를 제공해 주는 염소를 이끌고 길을 나섰다. 태양열이 퍼붓는 한낮에는 나무 그늘에서 휴식을 취하면서 유다의 동쪽 모압을 향해 계속 나아갔다. 베들레헴을 떠나 사해(死海)를 거처 긴 여행 끝에 낯선 모압 땅에 도착했다. 모압지방은 땅이 비옥하고 기후가 온난해서 경작하기에 좋은 곳이었다.

그런데 베들레헴의 이스라엘 사람들과 모압 사람들 간에는 문화적 갈등이 심했다. 모압 사람들은 그 지방의 토속 잡신(바알신)을 섬기는데 반해 이스라엘 사람들은 하나님을 섬겼기 때문에 이들 두 민족 간에는 종교문제로 늘 불상사가 끊이지 않았다. 그 외에도 이들 두 민족 사이에는 역사적으로 원한이 많아 다투지 않는 해가 없을 만큼 앙숙지간이었다.

그럼에도 모압 사람들은 멀리서 이주해 온 엘리멜렉 일가를 친절하게 맞아주었다. 농사지을 땅을 배려하고 거처할 집도 마련해 주는 등 생활기반을 도모해 주었다. 낯선 이방에 정착한 엘리멜렉과 나오미도 모압 사람들에게 우호적인 마음씨로 최선을 다했다. 그래서 엘리멜렉 일가와 모압 사람들 간에는 사이가 좋아졌다. 얼마 후에는 모압 사람들도 나오미를 따라 자신들의 신(바알신)을 버리고 하나님을 섬기는 등 개종하는 사람들까지 생겼다. 매사에 성실한 엘리멜렉은 모압에 정착한지 10년 만에 좋은 시절을 맞이했다(룻 1:3-5).

◈ **모압과 이스라엘의 관계**

모압 사람들의 조상은 아브라함의 조카 롯이다. 롯은 아브라함이 메소포타미아에서부터 데리고 가나안에 왔다. 그런데 소돔고모라가 멸망할 때 롯이 소렉산에 들어가 살 때 두 딸과 근친상간에 의해 태어난 아들이 곧 모압의 조상이다. 일찍이 모세가 이스라엘 백성을 이집트에서 이끌어내 가나안으로 들어가려고 모압왕에게 길을 내달라고 청했지만 단호하게 거절해서 이스라엘 백성은 40년간 광야에서 방황했기 때문에 이들 두 민족 간에는 눈에 보이지 않는 정치적 앙금이 도사려있었다. 더욱이 모압 사람들은 종교적으로 이스라엘과 완전히 다른 신을 섬겼다.

---

3. 나오미의 신앙

그러나 나오미의 행복은 오래가지 않았다. 모압에 정착한 후 살림이 넉넉해졌을 때 갑자기 남편 엘리멜렉이 죽었다. 일가친척이 없는 이역만리 땅에서 남편을 잃은 나오미의 슬픔은 형언할 수 없었다. 그러나 하나님을 의지한 나오미는 산수가 수려한 곳에 남편을 묻었다. 나오미는 과부가 된 불행한 운명을 하나님께 맡기고, 새로운 삶에 최선을 다했다. 남편을 잃은 후 수년 만에 다시 행복한 삶을 누렸다.

세월이 흘러 장성한 두 아들이 모압 여자를 아내로 맞아 들였다. 큰아들 밀론은 오르바(Orphar)라는 모압의 처녀를 신부로 맞아 들였고, 작은아들 길론도 모압 여성 룻(Ruth)을 신부로 맞이했다. 그런데 이들 두 며느리는 모압의 여인들이라 유대인인 나오미와 문화적으로 맞지 않는 점이 많았다. 두 며느리는 시집 온 후에도 모압의 종교와 풍속을 여전히 간직했다. 두 며느리는 나오미와 전혀 다른 이방 신을 섬겼지만 시어머니 나오미에 대한 며느리의 효심은 지극했다. 나오미 역시 며느리와 종교는 달랐지만 마음 착한 두 이방 며느리를 지극히 사랑했다(룻 1:6-11).

4. 아들 없는 며느리와 나오미

그러나 박복한 나오미의 행복은 오래가지 않았다. 남편을 잃고 두 아들을 의지하고 살아가던 어느 날 갑자기 새 가정을 이룬 두 아들이 죽었다. 아들을 한꺼번에 잃은 나오미의 참담한 심정은 좀처럼 가시지 않았다. 그러던 어느 날 나오미에게 고향 베들레헴으로부터 기쁜 소식을 전해 들었다. 가뭄 때문에 버리고 떠난 베들레헴에도 하나님의 축복으로 풍년이 들어 고향의 친척들이 모두 행복하게 산다는 것이었다. 고향 소식에 접한 나오미는 고향 사람들이 그리웠다. 나오미의 마음에는 추수하는 고향 친척들의 모습이 눈에 어른거렸다. 나이가 들수록 고향이 그리운 나오미는 자신을 낳아 준 고향으로 돌아갈 수 있는 길을 열어달라고 하나님께 기도했다. 그러나 두 며느리는 늙은 시어머니 혼자 고향으로 떠나는 것을 반대했다. 효심이 지극한 두 며느리는 모압에 그대로 머물러 살면서 모압의 백성이 되기를 원했다. 하지만 고향이 그리운 나오미는 차마 모압의 며느리와 그곳에 머물러 모압백성으로 살 수는 없었다.

"나는 외로워 여기서 살 수가 없다. 나의 고향으로 돌아가야 한다."

나오미는 자신의 입장을 밝히고 며느리에게도 새 삶을 찾으라고 했다.

"너희들도 이제 너희 백성에게 돌아가거라. 너희들은 아직 젊고 아름답다. 너희는 죽은 너희 남편과 나를 정성껏 섬겼기 때문에 하나님께서는 너희가 행한 대로 갚아 주실 터이니 하루 빨리 새 신랑을 만나 새 삶을 살아야 한다."

나오미는 두 며느리에게 그들의 친정 모압 백성들에게 돌아가라고 했다. 그러나 효심이 지극한 두 며느리는 시어머니의 권유를 단호하게 거절했다. 시어머니가 며느리를 사랑하는 것처럼 그들도 시어머니를 지극히 사랑했다(룻 1:12-14).

5. 며느리와 길을 나선 나오미

개가(改嫁)하라는 시어머니의 권유를 거절한 오르바와 룻은 오히려 시어머니에게 모압에 남아 자신들의 효성을 받으며 여생을 함께 살자고 했다. 그러나 나오미는 간곡하게 사양했다.

"너희들은 너희 백성들에게로 돌아가는 것이 곧 나에 대한 효성이다. 왜냐하면, 나는 너희들에게 줄 것이 아무것도 없다. 돈도 없지만 너희를 사랑할 아들도 없다. 그런데 슬픔까지 너희들에게 주고 싶지 않다."

나오미는 며느리의 권유를 간곡히 뿌리쳤다. 막상 베들레헴은 나오미의 고향이지만 재산도 반겨줄 가까운 피붙이도 없었다. 생각할수록 자신의 처지가 서글펐다. 베들레헴에는 죽은 엘리멜렉의 땅이 약간 있었지만 이미 그 토지는 남의 수중에 들어가 있었다. 설사 그 농토를 다시 찾는다 해도 아들이 없는 나오미로서는 아무 소용이 없었다. 이런 저런 사정을 감안하면 차라리 모압에 남아 함께 살자는 며느리의 효심 어린 마음이 눈물겹도록 고마운 일이었다. 그러나 나오미는 고향을 잊을 수가 없었다. 일단 떠나기로 결심한 나오미는 두 며느리의 간청을 거절하고 모압을 떠나기로 했다. 그러자 두 며느리는 시어머니에게 간청했다.

"어머님께서 꼭 가셔야 한다면 저희가 국경까지 만이라도 모시겠습니다."

결국 나오미는 효심이 지극한 며느리의 뜻을 받아들였다. 큰며느리 오르바는 모압에 사는 외삼촌 집으로 돌아가고, 작은 며느리 룻과 함께 떠나기로 했다. 그러자 시어머니를 국경까지만 따라가기로 마음먹은 룻이 자기의 입장을 밝혔다.

"어머님, 감사합니다. 만일 어머님께서 저를 기어이 떠나라고 하시거나 어머니의 뒤를 쫓아오지 못하게 하신다면 저는 그 말씀은 받아들일 수 없습니다. 저는 어머님이 가는 곳이면 어디건 쫓아갈 것입니다. 어머님의 하나님이 저의 하나님입니다. 어머님이 죽는 곳에서 저도 죽을 작정입니다. 어머님과 저 사이는 죽음 외에 어떤 경우도 갈라놓을 수 없습니다."

결국 나오미는 효성이 지극한 룻을 데리고 베들레헴을 향해 길을 나섰다. 나이가 들어 몸이 허약한 나오미에게 긴 여행은 무리였지만 효성이 지극한 룻의 보살핌으로 베들레헴을 향해 모압을 떠났다(룻 1:15-17).

6. 내 이름을 '마라'라고 불러라

길을 나선 나오미와 룻은 광야를 거쳐 요단강을 건너 가을걷이를 시작할 즈음에 베들레헴에 도착했다. 오랜만에 나오미가 고향 땅에 나타나자 베들레헴의 온 도성이 떠들썩했다. 만나는 사람들마다 몰라보게 늙은 나오미의 몰골을 보고 "정말 이 사람이 나오미냐?" 하고 물었다. 나오미는 고향 사람들이 말을 걸어올 때마다 슬픔이 복받쳤다. 10년 전에 사랑하는 남편과 두 아들들과 함께 큰 꿈을 품고 고향을 떠났는데 빈털터리가 되어 홀로 돌아온 처지가 너무 부끄러웠다. 나오미는 고향 사람들이 묻는 말에 인생 역정을 털어놓았다.

"나의 이름은 나오미가 맞습니다. 본래 나오미는 기쁨이란 의미입니다. 하지만 이제 나를 나오미라 부르지 말고 '마라(Marah)'라고 불러 주십시오. 이것은 전능하신 하나님이 나에게 괴로운 시련을 많이 주셨기 때문입니다. 내가 이곳을 떠날 때는 가진 것이 많았으나 주님께서 나를 빈손으로 돌아오게 하셨습니다. 주님께서 나를 버리셨고, 괴로움을 주셨으니 어떻게 나를 나오미라고 부를 수 있겠습니까?"

나오미는 자신의 가련한 처지를 진술하게 털어 놓았다(룻 1:18-22).

7. 룻과 보아스의 만남

본래 이스라엘 풍속에 여자들은 직업을 가질 수 없지만 돈은 더욱 소지할 수 없었다. 그런데 오랜만에 홀몸으로 고향에 돌아온 나오미와 룻, 두 과부는 수중에 돈은 고사하고 당장 끼니조차 어려웠다. 모압에서는 그런대로 생활 기반이 있었지만 빈 몸으로 다시 돌아온 베들레헴은 말이 고향일 뿐 아무 연고도 없었다. 당장 끼니를 이어갈 수 없는 나오미는 룻으로 하여금 일단 이스라엘의 관습을 따르도록 일렀다. 이스라엘에서는 추수할 때 농부들이 일부러 이삭을 흘리면 가난한 사람들이 그 이삭을 주워 음식을 만들어 먹는 관습이 있었다. 그런데 룻이 추수하는 농장에서 이삭을 줍겠다고 나섰다.

"제가 밭에 나가 이삭을 줍게 해 주십시오. 혹시 친절한 사람을 만나면 열심히 따라 다니며 이삭을 줍겠습니다."

어느 날 룻이 낯선 농장에서 보리 베는 일꾼을 따라 다니며 이삭을 줍고 있었다. 그런데 마침 그 농장의 주인은 나오미의 죽은 남편 엘리멜렉 집안의 보아스(Boaz)라는 먼 친척의 농장이었다. 이날따라 이삭을 줍는 룻을 발견한 보아스가 일꾼들에게 물었다.

"저 여인이 어디 출신, 누구냐?"

주인이 묻는 말에 농장의 일꾼들이 말했다.

"저 여자는 나오미와 함께 모압 땅에서 온 이방여인입니다. 그런데 이삭을 줍게 해 달라고 부탁하기에 허락했습니다. 아침부터 이삭을 줍다가 지금 저 그늘에서 잠시 쉬고 있습니다."

사정을 듣고 난 보아스는 감격했다. 이방 여인이 이스라엘의 시어머니를 따라와 정성껏 모신다는 효심에 큰 감명을 받았다. 보아스는 즉시 이삭 줍는 룻에게 다가가 말을 걸었다.

"여기는 내 농장입니다. 당신이 좋다면 다른 밭으로 가지 말고, 계속 여기서 이삭을 주워도 좋습니다. 여기서 일하는 동안 누구도 당신을 방해하지 못할 겁니다. 내가 젊은 일꾼들에게 당신을 함부로 하지 말라고 단단히 타일렀으니 아무도 당신을 괴롭히지 못할 겁니다. 목이 마르거든 일꾼들이 길어온 항아리에 담긴 물을 마셔도 좋습니다."

보아스는 자청해서 룻에게 친절을 베풀었다(룻 2:1-9).

8. 효심에 반한 보아스

보아스의 친절에 룻은 감격했다.3)

"주인님, 저는 모압 태생의 이방 여인입니다. 저는 댁의 여종만도 못한 몸인데 어찌하여 과분하게 친절을 베푸십니까?"

룻의 겸손하고 품위 있는 태도에 보아스가 말했다.

"나는 당신이 시어머님을 위해 어려운 일을 마다하지 않는다고 들었습니다. 더욱이 남편이 죽은 후 늙은 시어머니를 정성껏 모시기 위해 친정과 고향을 버리고 여기까지 따라온 효심에 감복했습니다. 시어머님을 정성껏 모시는 착한 마음을 아시는 하나님께서 큰 은총을 내리실 것입니다."

"주인의 시녀만도 못한 저를 위로하시다니 정말 감사합니다."

룻의 효심을 높이 칭찬한 보아스는 일꾼들에게 평소보다 이삭을 더 많이 흘리도록 지시하고, 식사 때는 빵도 함께 나누어 먹도록 배려하고, 룻이 하는 것은 무

---

3) 이스라엘 풍속에 이방 여인에게는 아무렇게나 대했다. 심지어 상대도 하지 않았다.

엇이든 간섭하지 말도록 당부했다.

룻은 보아스의 배려로 해가 질 무렵에 과분하게 많은 이삭을 모아 집으로 돌아갔다. 룻의 큰 짐 보따리를 풀어본 나오미는 깜짝 놀랐다.

"얘야, 어디서 누가 이렇게 많은 곡식을 줍도록 했느냐?. 너를 도와 준 사람에게 하나님께서 복을 주시기 바란다."

룻이 보아스의 농장에서 거두었다고 하자 나오미는 또 한 번 감격했다.

"주님께서 보아스에게 복을 주시기 원한다. 하나님은 산 자와 죽은 자에게 언제나 똑같이 자비를 베푸시는 구나. 그 사람은 우리를 돌보아 줄 책임이 있는 가까운 친척중의 한 사람이다."

나오미가 보아스를 자세히 소개하자 룻이 말했다.

"그 분께서 추수가 끝날 때까지 일꾼들 곁에서 이삭을 줍도록 허락 했습니다."

룻의 말을 새겨들은 나오미는 우연이 아니라 하나님의 섭리라고 생각하고 감사했다(룻 2:10-23).

9. 주님께서 맺어준 룻과 보아스의 결혼

마음 착한 며느리(룻)를 재혼시기로 마음먹은 나오미는 룻에게 새 삶을 열어 주기로 마음먹고 보아스를 신랑감으로 점찍고 기도했다. 보아스는 부유하면서도 착한 남자로 죽은 엘리멜렉의 가까운 친척으로 룻의 신랑감으로 적임자였다. 물론 룻 역시 젊고 마음씨 착한 여자로 훌륭한 남편을 맞아 행복한 가정을 이룩하는데 조금도 손색이 없었다. 어쩌면 보아스도 룻에게 호감을 갖고 있었을 것이다. 다만 룻이 보아스의 아내가 되는데 걸림은 죽은 엘리멜렉의 유산이 가까운 친척이 경작하고 있는 점이었다.

어느 날 나오미가 룻에게 진지하게 말했다.

"얘야, 이제 너는 네 남편감을 구할 때가 되었다. 내가 네 남편을 구해 주어야

겠다. 너도 재혼하여 행복한 가정을 이루어야 하지 않겠느냐? 네가 보기에 보아스는 어떠냐? 그는 이미 우리에게 친절을 베풀었고, 또 우리의 가까운 친척이다. 그가 오늘 타작마당에서 보리를 털어 키질을 할 것이다. 너는 미리 목욕을 한 다음 몸에 향수를 바르고 제일 좋은 옷을 차려입고, 타작마당으로 내려가거라. 그러나 보아스가 저녁 식사를 끝낼 때까지 그의 눈에 띄어서는 안 된다. 그가 집에 돌아와 잠자리에 드는 방을 미리 알아두었다가 그가 잠자리에 들거든 너는 그의 발치로 가서 이불을 들치고 들어가 자리에 누워라. 그러면 잠에서 깨어난 보아스가 필히 네가 어떻게 해야 할 것인가를 그가 일러 줄 것이다."

효심이 지극한 룻은 시어머니가 시키는 대로 순종했다. 칠흑같이 어두운 밤에 보아스의 잠자리에 살며시 들어가 함께 잠들었다. 다음날 아침잠에서 깨어난 보아스가 깜짝 놀라 사연을 물었다.

"여인이여, 어찌 된 일입니까?"

"당신은 죽은 제 남편의 가까운 친척이십니다. 이스라엘 유래에 따라 당신은 저를 책임져야 합니다. 저를 당신의 아내로 삼아 주십시오."

이스라엘 풍속에는 만일 남편이 죽었을 때 자손이 없으면 그의 가장 가까운 친족 중에 한 사람이 그 미망인을 아내로 맞아들여 아들을 낳도록 규정돼 있었다. 그런 점에서 보아스는 엘리멜렉의 친척이었으am로 룻의 말을 쉽게 거절할 수 없었다. 그러나 나름대로 입장이 있는 보아스가 정중하게 말했다.

"당신은 아직 젊으니 나보다 더 젊은 남자를 구할 수 있습니다. 나는 이미 너무 늙었습니다. 하나님께서 당신에게 축복을 내려 주실 겁니다. 아무튼 당신은 돈이 있든 없든 젊은 사람을 따라가지 않고 나같이 늙은 사람을 찾아 준 것은 고마운 일입니다. 나는 당신이 바라는 것은 무엇이든 다 들어주겠습니다. 이 마을 사람들은 당신을 가리켜 심성이 착하고 정숙한 여자라고 합니다. 모든 것이 잘 풀릴 것입니다. 그러나 나는 당신 남편의 친척이기는 하지만 나보다 더 가까운 친척이 또 있습니다. 내일 아침에 그 사람을 만나 이야기를 들어보겠습니다. 만일 그 친척 되는 사람이 당신을 맡겠다고 하면 당신은 그를 따라가야 합니다. 그러나 만일 그분이 마다고 하면 내가 당신을 책임지겠습니다."

보아스는 그렇게 말하면서도 사랑한다고는 말하지 않았다. 그리고 가까운 친척이 룻을 책임지지 않겠다고 말했으면 좋겠다는 말도 하지 않았다. 룻 역시 보아스를 사랑하면서도 전혀 내색하지 않았다. 그렇다고 다른 친척에 관심이 있다는 말도 하지 않았다. 다만 마음속으로 그러기를 바랐다(룻 3:1-18).

10. 하나님이 점지하여 주시다

보아스는 룻에게 그날 거두어들인 수확물 중에 여섯 되를 더 담아준 다음 나오미에게 돌려보냈다. 룻이 과분한 곡물을 가지고 돌아오자 나오미가 다급하게 물었다.

"애야, 어떻게 되었느냐?"

룻은 보아스가 한 말을 사실대로 말했다.

"그는 내가 빈손으로 돌아가서는 안 된다면서 이 보리를 듬뿍 담아 머리에 이어 주셨습니다."

룻의 말을 듣고 난 나오미는 비로소 보아스가 룻과 결혼할 의사가 있음을 알고 말했다.

"애야, 이 일이 해결될 때까지 잠자코 있어야 한다. 보아스는 이 일을 그냥 내버려 둔 채 가만히 있을 사람이 아니다. 분명히 오늘 중으로 일을 처리할 것이다."

나오미는 그 날부터 어떻게 해야 엘리멜렉의 땅을 경작하고 있는 친척으로부터 환수할 것인가를 곰곰이 생각했다(룻 3:11-18).

11. 이스라엘 풍속의 아내와 상속

다음날 보아스가 마을 어귀에서서 죽은 엘리멜렉의 땅을 경작하는 친척이 지나가기를 기다렸다. 얼마쯤 기다리고 있을 때 바로 그 친척이 나타나자 보아스가 그를 자기 집으로 초청했다. 보아스는 엘리멜렉의 땅을 경작하는 친척 외에도 마을의 유지 10여 명을 더 불러들인 다음 친족회의를 열었다. 보아스는 나오미가 모압에서 돌아왔다는 사실과 나오미의 입장을 자세히 설명한 다음 엘리멜렉이 남긴 유산 문제를 제기했다.

"지금 모압 땅에서 돌아온 나오미가 우리의 친척인 엘리멜렉의 소유를 팔려고 합니다. 아무래도 당신이 이 사실을 알아야 할 것 같아서 당신을 불렀습니다. 만일 당신이 그 밭을 사고 싶으면 여기 앉아 있는 장로들 앞에서 사도록 하십시오. 그러나 사고 싶지 않으면 나에게 당장 말씀하십시오. 만일 당신이 그 밭을 사지 않을 경우에는 내가 사겠습니다. 하지만 일단 그 밭을 살 우선권은 당신에게 있고, 그 다음에는 나에게 있습니다."

보아스가 나오미의 입장을 밝히자 옆에 있던 사람이 경작하는 친족의 한 사람을 가리키며 말했다.

"이 사람이 바로 죽은 엘리멜렉의 가장 가까운 친척이며, 나의 친척도 됩니다. 그러므로 이 사람이 엘리멜렉의 땅을 선택할 우선권이 있습니다."

엘리멜렉의 땅을 차지한 친척을 소개했다. 그러자 보아스가 나섰다.

"그렇다면 나도 그 땅을 살 계획이오. 그 땅은 농사짓기에 아주 좋은 땅이지요. 그러나 그 땅을 사려면 죽은 엘리멜렉의 미망인 나오미와 아들의 미망인 모압 여인 룻도 아내로 맞아야 합니다."

보아스는 나오미의 입장을 설명한 다음 그 땅은 반드시 유족을 책임지는 조건으로 공매해야 한다고 주장했다. 그러자 현재 그 땅을 점유하고 있는 친척이 그 동안 경작해온 기득권을 포기한다고 공언했다.

"나는 내 권리를 모두 포기하겠습니다. 이미 나에게는 자식이 있습니다. 그러니 그 땅은 나보다는 보아스가 사는 것이 좋겠습니다."

결국 친족회의는 나오미의 상속 재산을 보아스가 사들이는 데 합의했다. 보아스는 나오미의 상속 재산을 합법적으로 차지할 권리가 주어지자 그 길로 마을 사무소로 달려가 친족 회의에 참석한 장로들을 증인으로 수속을 의뢰했다.

"여러분이 바로 나의 증인입니다. 나는 오늘 엘리멜렉의 유산을 정식으로 구입했습니다."

"그렇소. 우리가 증인이오."

그곳에 모인 마을 사람들이 입을 모아 말했다. 보아스가 상속을 마치자 마을 대표가 치하했다.

"주님께서 이제 당신의 아내가 될 이 여인을 이스라엘 각 지파의 조상들을 낳은 라헬과 레아처럼 되게 하시기 바라며 당신은 에브랏(Ephrathah)에서 유력하고, 베들레헴에서 이름을 떨치는 사람이 되기를 빌겠소. 주님께서 이 여자를 통하여 당신에게 주시는 자녀들은 다말과 유다 사이에서 태어난 우리 조상, 베레스의 자녀들처럼 되기를 원합니다"(룻 4:1-12).

12. 보아스와 룻의 후손들

보아스가 나오미의 상속 재산을 구입하고 룻을 합법적인 아내로 맞아들이자 마을 사람들이 나오미를 진심으로 위로했다.

"하나님께서 당신을 버리지 않으셨습니다. 하나님을 찬양합시다."

마을 사람들이 열렬히 축하하자 보아스의 아내가 된 룻이 남편에게 차분하게 말했다.

"보아스, 당신은 저의 죽은 남편의 친척으로 저를 아내로 맞아 주신 것은 당신이 저의 시어머니를 돌보는 것보다도 돌아가신 그의 가족을 더 명예롭게 하신 것입니다."

"아무 걱정 마시오. 이제 당신의 마음에 그 참 사랑을 심어 준 사람들의 곁을 떠날 필요가 없습니다. 이제부터 내가 모든 것을 책임지고 돌보겠습니다."

교양있게 하는 룻의 말을 귀담아 듣고 있던 보아스가 남편의 도리를 다하겠다고 다짐했다. 룻을 아내로 맞아들인 보아스는 얼마 후 아들 오벳(Obed)을 얻었다. 성안의 모든 여자들이 나오미에게 축하하였다.

"주님을 찬양합니다! 주님께서 오늘 당신에게 유산을 이어받을 손자를 주셨습니다. 장차 이 아이가 이스라엘에서 유명한 사람이 되기를 바랍니다. 당신의 착한 며느리는 당신을 사랑하여 일곱 아들보다 더 많은 정성을 당신에게 쏟았습니다. 이제 이 며느리가 낳아준 손자가 당신에게 새로운 삶을 안겨 줄 것이며, 나이 많은 당신을 잘 보살펴 줄 것입니다."

이웃 여인들은 룻이 낳은 아기를 맡아 기르는 나오미를 극진히 칭찬했다. 그 후 오벳이 자라 아들 이세(Jesse)를 낳았고 그 이세가 장성하여 또 여덟 명의 아들을 낳았는데 그 여덟 명 중에 노래 잘하고 시(詩)잘 짓는 막내아들 양치기 소년이 바로 다윗이었다.4) 훗날 그 다윗이 자라 이스라엘의 위대한 왕이 됨으로써 모압의 이방 여인 룻은 이스라엘 역사상 가장 위대한 다윗왕의 증조모가 되었다(룻 4:13-22).

---

4) 베레스(Perez)로부터 다윗까지의 족보는 이러하다. 베레스가 헤스론(Hezron)을 낳았고, 헤스론이 람(Ram)을 낳았고, 람이 다시 암미나답(Amminadab)을 낳았고, 암미나답은 나숄(Nahshon)을 낳았고, 나숄은 살몬(Salmon)을 낳았고, 살몬은 보아스를 낳았다. 그리고 보아스와 룻이 오벳을 낳았고, 오벳이 이세(Jesse)를 낳았고 이세가 다윗을 낳았다.

◈ 룻기의 배경

  율법을 어기고 이방여인을 아내로 맞아들인 보아스의 증손자가 이스라엘의 상징적인 인물 다윗을 낳았다는 아너러한 이야기가 등장하게 된 배경에는 여러 가지 의미가 있다. 본문 1장 1절에 의하면 룻기는 사사시대의 실제 이야기이다. 그러나 어느 사사시대였는지는 분명하지 않다. 이스라엘 백성이 바벨론의 포로생활에서 돌아 왔을 때 느헤미야와 에스라가 페르시아의 총독으로 유대교의 개혁을 단행했다. 이 때 유대인들의 족보를 정리하고 이방여인과 결혼한 사람들을 찾아내 응징하는 등 유대교의 교리를 강화하며 편협한 유대주의 정책을 실시했다. 비 유대계 혈통을 철저히 배제하는 피의 숙청을 단행함으로써 많은 비극이 벌어졌다. 그 피의 숙청에 문서로 반항하는 룻기가 등장하게 되었다고 한다. 다시 말하면, 유대의 이상군주인 다윗에게도 이방 모압의 혈통이 섞여 있지 않느냐? 하는 반증을 제시하기 위해 기록된 실화라고 한다.

제 2 부 왕국건설시대

통일왕국 건설로부터-남북분열까지

제1장 신정체제에서 왕정체제로 전환한 이야기

1. 한나와 약속의 아들

　기원전 1171년 경에 등장한 전설적인 역사(力士) 삼손이 죽고, 나약한 엘리(Eli) 제사장5)이 이스라엘을 다스리던 사사시대 후반부의 일이다. 하나님의 법궤가 보관되어 있는 실로(Shiloh)6) 부근의 라마(Ramah)라는 마을이 있고, 그 마을에 에브라임 지파의 자손 중에 엘가나(Elkanah)라는 사람이 살고 있었다. 그에게는 한나(Hannah)와 브닌나(Peninnah) 두 명의 부인이 있었다. 당시에는 한 남자가 두 아내를 거느리는 경우가 흔했다.

　엘가나의 작은 부인 브닌나는 여러 명의 아들을 낳았으나 큰 부인 한나는 아이를 낳지 못했다. 이스라엘 풍속에 여성은 일단 결혼을 하면 아이를 낳아야 했다. 그래서 결혼한 여인들은 가능한 아이를 많이 낳으려고 했다. 하지만 큰 부인 한나는 아이를 낳지 못했다. 자식을 많이 낳은 작은 부인 브닌나는 늘 당당했지만 큰

---

5) 엘리 제사장은 아론의 장남 엘르아살의 후예가 아니라 막내아들 이타말의 후손이었다. 그런데 어떤 연유에서 제사장이 장남인 엘르아살 집안에서 막내인 이타말의 집안으로 옮겨지게 되었는지 밝혀지지 않았다.
6) 실로의 지리적 위치는 현재 예루살렘으로부터 북쪽으로 약 22킬로미터 지점에 있는 에브라임 산지에 있는 성소로 현재 키르베트 세일룬(Knirbert-Seilun)이라는 곳이다.

부인 한나는 항상 풀이 죽어 있었다. 항상 열등감에 사로잡힌 큰 부인은 틈만 나면 하나님께 아기를 낳게 해 달라고 애원했지만 웬일인지 상당한 세월이 흘러도 좀처럼 아기를 낳지 못했다.

한편 엘가나는 하나님을 잘 섬기고 마음씨가 착한 남자였다. 그는 해마다 유월절에는 전 가족을 이끌고 법궤가 있는 실로 성전에 가서 유월절 축제에 참가했다. 실로 성전에는 엘리라는 제사장이 있었는데 그에게는 홉니(Hophni)와 비느하스(Phinehas) 두 아들이 있었다. 그는 아들 형제와 더불어 이스라엘을 대표하는 대제사장이었다. 그런데 어느 날 엘가나가 가족을 이끌고 실로 성전에서 축제를 마치고 집으로 돌아오는 길에 작은 부인 브난나가 또 아들을 낳았다. 그러나 작은 부인 브난나는 여러 명의 아들을 낳았지만 남편의 사랑을 제대로 받지 못했다. 그런가 하면 큰 부인 한나는 아이를 낳지 못하면서도 남편의 사랑을 받았다.

그러자 남편의 사랑을 독차지하는 큰 부인 한나에 대한 작은 부인 브난나의 시샘이 생길 때마다 화살은 남편 엘가나에게 돌아갔다. 남편에 대한 작은 부인 브난나의 태도는 거칠었고, 큰 부인에 대한 눈길도 곱지 않았다. 한나는 큰 부인이면서도 아이를 낳지 못해 작은 부인에게 괄시를 당할 때마다 서러움에 겨웠다. 작은 부인으로부터 무시 하는 날에는 음식도 먹지 않고 슬픔에 잠기곤 했다. 그러나 한나가 슬픔에 잠겨있을 때마다 남편 엘가나가 위로했다.

"어째서 당신은 울기만 하고, 아무것도 먹지 않소. 그렇게 슬퍼하는 이유가 무엇이오? 당신은 나에게 열 명의 자식보다 더 소중하오, 어서 눈물을 거두시오."

엘가나는 진심으로 위로했지만 한나의 공허한 마음을 채워주지 못했다(삼상 1:1-8).

> ◆ 일부다처의 유래
>
> 본래 하나님은 인간을 창조하신 다음 남녀의 혼인제도를 일부일처(一夫一妻)를 원칙으로 인간의 혼인을 정하였다. 그런데 가인의 6대 손인 라멕(Lamech)이 애초의 전통을 무시하고 두 여인을 아내로 맞으면서 인간은 혼인의 난맥을 빚기 시작했다. 그러나 노아의 대 홍수 사건 후에는 완전히 윤리적 계율이 파기되면서 일부다처의 패습이 세상에 널리 횡행하게 되었다. 그리하여 아브라함을 비롯해 야곱과 같이 하나님께서 민족의 조상으로 선택한 조상들까지도 아내를 여러 명씩 거느리는 사태를 빚었다. 특히 족장제도로 형성된 부족 사회에서는 자식이 많을수록 세력이 확장되었음으로 한 남자가 여러 명의 아내를 소실로 거느리는 것이 오히려 가문의 부귀와 권위의 상징이 되었다. 그래서 족장시대에는 물론 사사시대에서 왕정 시대에 이르기까지 모든 지도자들이 일부다처제를 거부감 없이 유지했다. 예를 들면 사울, 다윗, 솔로몬, 르호보암 등 역사상 능력을 갖춘 인물일수록 후궁들이 많았다. 그러다가 예수가 나타나 혼인의 신성과 여성의 존엄을 선언하는 한편 일부일처주의를 강조하면서 마침내 일부다처를 죄악시하게 되었고, 기독교는 원칙적으로 일부다처를 수치로 생각하는 문명 제도가 일반화 되었다.

2. 한나의 서약과 기원

엘가나는 그 다음 해 유월절에도 전 가족을 이끌고 실로 성전에 찾아가서 하나님께 경배 드린 다음 집으로 돌아오는 길에 저녁 식사를 하고 있었다. 식구들이 한참 저녁 식사를 하고 있을 때, 큰 부인 한나가 집 밖으로 빠져 나와 성전으로 달려갔다. 성전 입구에 이르렀을 때 마침 문 옆에 앉아 있던 엘리 제사장이 한나를 맞이했다. 그 길로 성전 안으로 들어간 한나는 애절하게 호소했다.

"전능하신 주님이시여, 이 여종을 굽어 살피소서. 내 고통을 보시고 나를 기억하시어 아들 하나만 주시면 저는 그 아들을 하나님께 바치겠습니다. 그리고 그의 머리도 깍지 않겠습니다."

한나가 열심히 기도할 때 먼발치에서 지켜보던 엘리 제사장은 한나가 술에 취해 넋두리하는 줄 알고 가까이 다가가 꾸짖었다.

"정신 차리시오. 언제까지 술에 취해 있을 거요. 술을 끊으시오."

"제사장님, 저는 술에 취한 것이 아닙니다. 저는 술을 마시지 못합니다. 괴로운 제 심정을 주님께 털어놓았습니다. 저를 나쁜 여자로 보지 마십시오. 저는 너무 원통하고 분해서 기도하고 있었습니다."

한나는 제사장에게 애절한 사연을 털어놓았다. 딱한 사정을 듣고 난 엘리 제사장은 곧 바로 성전에 들어가 한나를 위해 기도한 다음 말했다.

"안심하고 집으로 돌아가시오. 하나님께서 당신의 소원을 들어주실 것입니다."

제사장의 격려를 듣는 순간 한나는 얼굴에 화기가 감돌고 생기가 넘쳤다.

"제사장님, 저를 좋게 보아주시니 정말 고맙습니다."

한나는 기쁜 마음으로 집으로 돌아왔다(삼상 1:9-18).

3. 약속의 아들 사무엘의 탄생

제사장의 격려를 받은 후 한나의 얼굴에는 기쁨이 넘쳤다. 아기를 낳을 것이란 제사장의 격려에 활력이 넘쳤다. 다음날 엘가나가 전 가족을 이끌고 라마의 집으로 돌아올 때 한나는 기쁨이 충만했다. 집에 돌아온 그 날 밤 남편과 동침한 한나는 몸에 태기가 생기고 임신을 확인한 한나는 세상에 더 부러울 것이 없었다. 기쁨에 겨워 매일 하나님을 찬양했다. 마침내 한나는 달이 차서 아들을 낳고, 하나님께 기원해서 얻은 아이라 하여 이름을 사무엘(Samuel)이라고 지었다. 사무엘의 의미는 '내가 주 하나님께 아기를 구했다.'라는 뜻이었다. 아기를 품에 안은 한나는 너무 즐거워 매일 하나님을 찬양했다(삼상 1:19-28).

4. 한나의 찬미

"주님께서 내 마음을 기쁨으로 채우셨습니다.

주님께서 나를 축복하시고 높여 주셨으므로 내가 원수들에게 뽐낼 수 있게 되었습니다.
주께서 나를 구해 주셨으니 나는 정말 기쁩니다.
주님처럼 거룩하신 이는 아무도 없습니다.
주밖에는 다른 신이 없고,
우리 하나님 같은 보호자도 없습니다.
교만한 자들아, 너무 우쭐대지 말아라.
주님은 모든 것을 다 아시는 하나님이시다.
그가 너희 행위를 판단하시리라.
주님은 죽이기도 하시고 살리기도 하시며,
사람을 저 세상에 보내기도 하시고
다시 돌아오게도 하신다.
주님은 가난하게도 하시고 부하게도 하시며,
낮추기도 하시고 높이기도 하신다.
그는 가난한 자를 티끌 가운데서 일으키시고
잿더미 가운데서도 일으켜 그들을 귀족처럼 대우하시고
영광의 자리에 앉게 하시는 구나
땅의 기초는 주님의 것이다.
주님을 대적하는 자는 산산이 깨어질 것이니
그가 하늘의 벼락으로 그들을 치시리라.
주님은 온 세계를 심판하시고 자기가 택한 왕에게
힘을 주시며 기름 부어 세운 자에게 큰 영광을 주시리라"

아들을 낳은 한나는 그 기쁨을 하나님께 영광을 돌리고 감사했다(삼상 2:1-10).

5. 한나의 서원(誓願)과 실행

한나가 아기를 낳은 후에도 엘가나는 해마다 유월절에는 전 가족을 이끌고 실로에 갔다. 그러나 한나는 사무엘이 너무 어려서 함께 가지 않고 집에 남아있으면서 남편에게 말했다.

"나는 아기가 젖을 떼면 직접 아이를 데리고 가서 주님께 바친 다음 아기로 하여금 평생 하나님을 섬기도록 하겠습니다."

한나는 엘리 제사장에게 자신의 뜻을 전해달라고 했다. 아내의 말에 엘가나도 동의했다.

"당신 좋을 대로하시오. 주님의 뜻이 이루어지기를 바라겠소."

엘가나는 엘리 제사장을 만나 한나의 서원을 전하고 그 약속은 반드시 지킬 것이라고 했다.

어느 덧 세월이 흘러 사무엘이 5살이 되어 젖을 뗄 때가 되었다. 한나는 사무엘을 하나님께 바치기 위해 수소와 밀가루 등 예물을 챙긴 다음 사무엘을 데리고 엘리 제사장을 찾아갔다.

"제사장님, 저를 기억하시겠습니까? 저는 몇 해 전 제사장님께서 지켜보는 가운데 하나님께 기도하던 바로 그 여자입니다. 그때 제가 아들 하나만 달라고 기도했더니 주님께서 제사장님을 통해 저에게 아들을 주시겠다고 약속하시지 않았습니까? 제사장님의 말씀대로 주님께서 저에게 아들을 주셨습니다. 저는 그 때의 약속대로 제 아들을 주님께 바치고자 합니다."

한나는 하나님께서 아들을 주님께 바친다는 서약까지 했다. 엘리제사장은 아들을 바치는 한나의 믿음에 큰 감명을 받았다. 한나는 5살짜리 사무엘을 엘리제사장에게 맡기고 라마의 집으로 다시 돌아왔다. 사무엘은 그 날부터 실로의 성전에서 모시 예복(Apron)을 입고 엘리제사장의 수발을 들으며, 엄격한 수도자의 교육을 받기 시작했다. 엘가나가 해마다 가족을 이끌고 실로 성전에 찾아갈 때면 한나는 새 옷을 만들어 사무엘에게 전했다. 한나는 사무엘이 보고 싶어도 일 년에 꼭 한 번씩만 성전에서 잠시 만났다. 그러나 사무엘을 볼 때마다 무럭무럭 자라는 모습에서 보람을 찾았다(삼상 1:19-28).

6. 축복 받은 한나의 가정

어느덧 엘리제사장이 98살이 되면서 눈이 어두워지고, 신변에 여러 가지 문제들이 생겼다. 우선 제사장이 눈이 어두워 앞가림을 제대로 수행하지 못하자 사무엘이 제사장의 업무를 대행하는 횟수가 잦았다. 엘리제사장은 사무엘이 직무를 대행하게 되자 그의 부모(엘가나와 한나)를 위해 감사드렸다.

"주님을 위해 아들을 바친 한나 내외분에게 주님께서 아들을 더 주시기 바랍니다."

엘리 제사장이 엘가나와 한나 내외를 위해 기도하자, 한나는 하나님의 축복을 받아 사무엘 외에 아들 삼 형제와 딸 형제를 더 낳았다(삼상 2:18-21).

7. 수신제가(修身齊家)의 도리

엘리 제사장이 나이가 들어 임무를 제대로 수행할 수 없게 되면서 자연히 후계 문제가 대두되었다. 엘리 제사장에게는 장성한 홉니(Hophi)와 비느하스(Phinehas) 두 아들 형제가 있었다. 그러나 이들 두 형제는 백성들로부터 신망을 받지 못했다. 오히려 이들 형제의 부정한 행패로 백성들의 원성이 그치지 않았다. 이스라엘 백성들은 엘리 제사장의 아들 형제의 행패를 당하지 않은 사람이 없었기 때문에 엘리 제사장에 대한 원성이 자자했다. 그들은 하나님에 대한 제사의 법도를 무시할 뿐만 아니라 심지어 성전에서 치르는 제사까지 방해하는 등 망나니짓을 일삼았다. 사태가 심화되면서 엘리 제사장은 직무를 수행하기 어렵게 되었다. 백성들은 엘리 제사장의 아들이 제사장이 되는 것이 두려웠다. 물론 엘리 제사장도 자기 아들 형제의 품행을 잘 알고 있었다. 엘리 제사장은 백성들로부터 원성이 들려 올 때마다 형제를 불러 놓고 "너희가 어쩌자고 이런 짓을 했느냐? 너희가 저지르는 악행을 내가 백성들로부터 전부 듣고 있다. 백성들의 입을 통해 추문을 들을 때마다 나는 하나님이 두렵다. 사람들끼리 죄를 지으면 하나님께서 중재하시지만, 사람이 주님께 죄를 지으면 누가 변호한단 말이냐?" 하고 심하게 꾸짖었다. 어릴 적부터 말썽을 부렸지만 엘리 제사장은 그들을 제대로 가르치지 않고 내버려두었다가 장성한 후에 바로 잡으려고 했지만 이미 때가 늦었다.

엘리 제사장이 호되게 꾸짖었지만 그들은 좀처럼 변하지 않았다. 때로는 달래도 보고 혼을 내보기도 했지만 그들은 듣지 않았다. 엘리 제사장은 자식들 문제로 고민이 날로 쌓여 갔다. 마침내 엘리 제사장의 아들 형제의 행패를 지켜보신 하나님께서 경고하셨다(삼상 2:12-17).

8. 엘리 제사장과 레위 집안에 대한 경고

"너희 조상들이 이집트에서 노예생활을 할 때 내가 그들에게 나타나지 않았느냐? 내가 이스라엘의 모든 지파들 중에서 특별히 너의 조상 아론을 택해 나의 제사장으로 삼고, 그로 하여금 내 제단에 제물을 드리고, 향을 피우고, 나를 섬길 때에 에봇을 입게 하지 않았느냐? 그리고 내가 그 희생제물을 너희 제사장들에게 먹게 하였다. 그런데 어째서 너희는 나에게 가져오는 제물까지 그렇게 탐하느냐? 어째서 너는 나보다 너의 아들들을 더 소중히 여기느냐? 너희는 내 백성이 나에게 바치는 제물 중에서 가장 좋은 것으로 자신을 살찌게 하는구나! 그러므로 이스라엘의 하나님이 말한다. 내가 전에 레위 자손인 너의 집안이 언제나 제사장으로 나를 섬기게 하겠다고 약속하였으나 이제 나는 절대로 그렇게 하지 않겠다.

나는 누구든지 나를 소중히 여기는 자를 소중히 여기고, 나를 멸시하는 자를 멸시할 것이다. 이제 내가 너의 가정과 집안에 젊은 사람들을 쳐서 제 명대로 살지 못하게 하고, 네 집안에 노인이 하나도 없게 하겠다. 내가 이스라엘 백성에게 준 복을 보고, 너와 너의 가족은 부러워할 것이며 너희는 환난을 당하고 네 집안에는 영영 노인이 없을 것이다. 또 살아남는 자가 있어도 그가 네 눈을 멀게 하고 네 마음을 슬프게 할 것이며 너의 모든 자손들은 젊어서 죽게 될 것이다. 그리고 홉니와 비느하스가 한날에 죽는 것을 보면 너는 내가 말한 것이 사실임을 알게 될 것이다.

나는 나를 섬기고 내가 원하는 것을 행하는 충실한 제사장을 세울 것이다. 나는 그의 후손 중에 살아남은 자들을 그에게 찾아가서 돈과 먹을 것을 구걸하며 엎드려 '나에게도 제사장의 직분을 맡겨 먹는 것이라도 충분히 먹게 해 주십시오' 하고 애걸할 것이다."

하나님의 경고에 엘리 제사장은 감히 백성들로부터 원성을 산 두 아들에게는 어떤 경우도 제사장 자리를 물려 줄 수 없음을 각오했다. 하나님께서 장차 이스라엘의 제사장을 레위지파만이 아니라 누구든지 주님을 충실히 섬기는 자로 세울 것이라는 말씀에 큰 충격을 받았다. 그러나 엘리 제사장은 이미 나이가 들어 하나님의 말씀을 실행하기 힘들었다. 하나님은 능력을 다한 엘리 제사장에게는 어떤 일도 더 이상 맡길 수 없었다(삼상 2:18-36).

9. 주님께서 사무엘을 찾으시다

어느 날 사무엘이 하나님의 법궤가 보관된 성전에서 잠이 들었는데 한밤중에 부르는 소리에 잠이 깨었다.

"사무엘아, 사무엘아…"

얼른 자리에서 일어난 사무엘이 제사장에게 찾아가 "저를 부르셨습니까?" 하고 물었지만 부르지 않았다고 했다. 다시 방으로 돌아와 잠을 청했을 때 또 부르는 음성이 들렸다.

"예, 제가 여기 있습니다."

사무엘이 대답하고 제사장을 찾았지만 역시 부르지 않았다는 것이었다. 다시 잠자리에 들었을 때 또 "사무엘아!" 하고 부르는 소리가 들렸다. 단숨에 달려갔지만 역시 부르지 않았다는 것이었다. 엘리제사장은 주님께서 사무엘을 찾는 이유를 알고 말했다.

"사무엘아, 가서 누워 있어라. 이번에 또 부르시거든 '예, 주님 말씀하십시오. 제가 듣고 있습니다.' 하고 대답하라."

사무엘은 그제야 엘리 제사장이 부른 것이 아니라 하나님의 부르심이었음을 알고 자세를 바로 고쳤다. 평소 주님께서 부르면 어떻게 대답할 것인가를 생각한 사무엘은 다시 "사무엘아!" 하고 부르는 음성을 듣는 순간 큰 목소리로 대답했다.

"예! 주님, 제가 듣고 있습니다. 어서 말씀하십시오"

"잘 들어라, 이제 내가 이스라엘 백성들에게 경고한다. 내 말을 듣는 사람은 각별히 주의해야 한다. 제사장 엘리는 자기 자식을 올바로 키우지 못했기 때문에 내가 그 집안에 벌을 내리겠다. 엘리 제사장은 자식들이 나를 모독하는 것을 알면서도 바로 잡지 못했음으로 벌을 감수해야 한다."

주님께서 엘리 제사장에 대한 경고에 접한 사무엘은 뜬 눈으로 밤을 지새웠다. 다음날 아침 사무엘이 평소와 다름없이 성전의 문을 열고 늘 하던 일을 계속했다. 차마 간밤에 주님의 경고를 밝히지 않았다. 그런데 눈치를 챈 엘리 제사장이 먼저 입을 열었다.

"얘, 사무엘아 어제 밤에 주님께서 너에게 무슨 말씀을 하셨는지 말해다오. 만일 숨기면 하나님께서 엄한 벌을 내리실 것이다."

하나님의 분부를 바로 전하지 않으면 화가 미칠 것이란 제사장의 말을 듣고서야 사무엘이 사실대로 전하자 엘리 제사장은 이미 각오한 듯 자신의 운명을 겸손하게 받아들였다.

"하나님께서 하시는 일을 내 어찌 막을 수 있겠습니까? 뜻대로 하십시오"

한편 엘리 제사장에 대한 하나님의 경고에 접한 사무엘은 하나님의 뜻을 거스르지 않기 위해 매사에 신중을 기했다. 어떤 일이건 일단 하나님의 뜻을 먼저 생각한 다음 처리했다. 매사에 신중한 사무엘의 언행이 모두 실수 없이 이루어지면서 많은 사람들이 사무엘을 이스라엘의 예언자로 추대하려고 했다.

마침내 엘리 제사장의 능력이 한계에 이르자 백성들은 사무엘에게 이스라엘의 제사장이 되어 달라고 간청했다. 사무엘에 대한 명성이 단(Dan)에서 브엘-세바에까지 알려지면서 매일 많은 사람들이 찾아와서 이스라엘의 제사장 겸 예언자가 되어 달라고 간청했다(삼상 3:1-21).

10. 다시 전열을 가다듬은 블레셋

엘리 제사장은 이스라엘을 40년간 이끌었지만 바람직한 결과를 이루지 못했다. 그의 통치 기간 중에 많은 백성들이 하나님을 저버리고 우상을 숭배하고, 율법을 어기고 허랑방탕했다. 하나님의 품을 벗어난 백성들의 허점이 드러나자 싸움하기를 좋아하는 블레셋이 사방에서 들고일어나 이스라엘을 공포로 몰아넣었다.

한때 삼손에 의해 해안가로 쫓겨 간 블레셋이 다시 힘을 길러 가사(Gaza)를 비롯한 아스돗(Ashdod), 아스글론(Ashkelon), 가드(Gath), 에그론(Ekron) 등 이스라엘의 변방을 모두 석권한 다음 그 여세를 몰아 이스라엘의 목을 조이기 시작했다. 그러나 12부족이 하나의 공동체로 힘을 결속하지 못한 이스라엘은 블레셋의 파상 공세에 조직적으로 대처하지 못했다. 계속 쫓기던 이스라엘은 마침내 한판 싸움에 운명을 걸고 에벤에셀(Ebenezer)에 진을 쳤다. 그러자 블레셋 역시 아벡(Aphek)에 진을 치고 대치했다. 이윽고 이스라엘은 블레셋의 총공격에 사력을 다해 맞섰지만 결과는 참패했다. 승리한 블레셋은 이스라엘의 농경지를 모두 황무지로 만들고 각지로 쫓겨 간 백성들 중에 무려 4천 명이나 죽였다. 이스라엘의 장로들이 다급한 나머지 한군데 모여 울부짖었다.

"하나님, 어찌하여 우리를 블레셋에게 패하도록 포기 하셨습니까?"

장로들이 처절하게 울부짖었다. 그러나 장로들은 입으로만 하나님을 부르짖었지 그들의 마음과 행동은 여전히 하나님에게 순종하지 않았다. 심지어 생사를 걸고 전쟁터에 나가면서도 하나님을 의지하지 않았다(삼상 4:1-11).

11. 하나님의 법궤를 앞세운 싸움

이스라엘 백성을 대표하는 장로들의 생각은 한심했다. 그들은 하나님을 의지하지 않으면서도 하나님의 법궤를 앞세우면 승리할 것이란 막연한 기대를 걸고 싸움에 임했다. 하나님의 뜻을 어긴 사람들이 법궤를 앞세운다고 하나님께서 도와줄 리가 만무하지만 장로들은 하나님의 법궤를 앞세우면 도와줄 것이라고 생각하고 실로에 있는 법궤를 싸움터로 옮겨갔다. 엘리 제사장의 아들 홉니와 비느하스 두 아들도 블레셋을 겁주기 위해 법궤를 앞세우고 적의 진지로 향했다. 적의 진지 앞에 다가간 장로들이 하나님을 향해 큰 소리로 외쳤다. 그러자 이스라엘 진지에서 들려오는 함성에 놀란 블레셋의 지휘관이 물었다.

"히브리 진지에서 들려오는 저 소리가 대체 무슨 소리냐?"

이스라엘의 신 단지(법궤)를 전선으로 옮겨왔다는 말을 전해들은 블레셋의 한 병사가 대답했다.

"히브리인들의 신이 저들의 진지에 들어와 있습니다."

함성의 의미를 확인한 블레셋 지휘관이 법궤에 대한 대책을 세웠다. 그런데 블레셋 병사들은 하나님을 섬기지 않았기 때문에 법궤를 조금도 두려워하지 않았다. 히브리인들의 신 단지를 탈취 하라고 종용하자 병사들은 오히려 사기가 충천했다. 블레셋의 지휘관이 병사들에게 훈시했다.

"블레셋 병사들이여, 사나이답게 싸워라. 히브리 민족의 신 단지가 저기 있다. 전에는 이런 일이 없었다. 누가 우리를 강한 신의 손에서 구출할 수 있겠느냐? 저들의 신은 광야에서 무서운 재앙으로 이집트 군대를 전멸시킨 바로 그 신이다. 너희 블레셋 사람들아, 용기를 내어 대장부답게 싸워라. 그렇지 않으면 저들이 우리

종이 된 것같이 우리가 저들의 종이 될 것이다. 저 이스라엘의 신 단지를 빼앗아라."

공격 목표를 법궤에 집약시킨 블레셋의 사령관은 병사들에게 법궤를 탈취하라고 명령하자 병사들은 용맹을 떨쳤다(삼상 4:1-11).

12. 엘리 제사장의 죽음과 탈취 당한 법궤

이스라엘 진영에서 엘리 제사장의 두 아들도 법궤를 앞세우고 병사들과 함께 싸움에 임했다. 그러나 이스라엘의 병사들은 자신들의 힘으로 이기겠다는 용기보다 블레셋 병사들이 법궤를 보면 겁을 먹고 도망칠 것이라는 헛된 기대를 바라고 싸움에 임했다. 그런데 블레셋 병사들이 겁을 먹기는커녕 오히려 법궤를 탈취할 욕심으로 병사들의 사기를 부추겼다. 결국 이스라엘 병사들은 법궤를 앞세우고 싸웠지만 3만 명이 전사하는 참패를 당했다. 물론 엘리 제사장의 두 아들도 전사했다. 심지어 하나님의 법궤까지 블레셋 군에 빼앗기고, 겨우 몇 명의 병사들만이 기적적으로 살아서 각자의 장막으로 도망치는 수모를 당했다. 구사일생으로 살아남은 베냐민 지파의 한 병사가 전황을 보고하기 위해 엘리 제사장이 있는 실로의 성전으로 달려갔다.

한편 눈이 어두워 앞을 제대로 보지 못하는 엘리 제사장은 하루 종일 자리에 앉아서 법궤를 앞세우고 출정한 두 아들의 소식을 하루 종일 기다리고 있었다. 그런데 마침 베냐민지파의 한 병사가 머리에 먼지를 뒤집어쓰고 도성을 향해 숨 가쁘게 달려오면서 외쳤다.

"저는 전쟁터에서 도망쳐 나오는 길입니다. 우리는 완전히 패했습니다. 제사장님의 두 아들도 병사들과 함께 죽었습니다. 심지어 법궤도 적에게 빼앗겼습니다."

비보에 접한 도성은 울음바다를 이루었다.

"이게 무슨 소리이냐?"

앞을 제대로 보지 못하는 엘리 제사장은 성안에서 울부짖는 소리에 충격을 받고 쓰러졌다. 몸이 비대한 엘리 제사장은 쓰러지면서 목이 부러져 다시 일어나지 못하고 바로 숨을 거뒀다. 그 때 그의 나이 98세였다. 마침 그의 며느리 비느하스는 만삭이었다. 시아버지와 남편이 전사하고 법궤도 빼앗겼다는 비보에 접한 며느리는 충격을 받아 달이 차기도 전에 아이를 낳았다. 심한 충격을 받은 산모는 의식을 잃었다. 옆에 있던 여인들이 "정신 차려라. 아들이다!" 하고 외쳤지만 산모는 아무 대답도 하지 못했다.

한참 후 깨어난 산모는 새로 태어난 아기의 이름을 '이가봇(Ichadod)'이라고 지었는데 그 의미는 '영광이 이스라엘에서 떠났다'는 뜻이었다. 남편과 시아버지가 죽고 법궤마저 빼앗겼다는 비보가 지어낸 이름이었다. 엘리 제사장의 이스라엘의 통치 40년은 이렇게 허무하게 끝났다. 많은 백성들을 블레셋에 넘겨주는 등 이스라엘을 참담한 지경에 빠트리고 세상을 떠났다(삼상 5:12-21).

13. 반송돼온 하나님의 법궤

엘리 제사장이 죽은 후 이스라엘의 통치권은 자연히 사무엘에게 넘어갔다. 그런데 사무엘이 제사장의 직무를 대신 수행하면서 블레셋 사람들에게 이상한 사건이 연달아 발생했다. 블레셋 병사들이 약탈한 법궤를 에벤에셀에서 아스돗으로 옮겨갔는데 법궤를 안치한 아스돗 사람들의 피부가 곪아터지는 무서운 질병이 번졌다. 법궤를 옮겨가는 곳마다 블레셋의 다곤(Dagon=물고기 형상)신상이 하룻밤 자고 나면 땅에 얼굴을 처박고 꼬꾸라지는 사태가 벌어졌다. 겁먹은 블레셋 사람들은 긴급회의를 열었다.

"이스라엘의 신이 우리의 다곤 신을 무섭게 내리치니 그 법궤를 가지고 있으면 안 되겠다. 이스라엘의 신 단지를 여기에 더 이상 둘 수는 없다. 이러다가는 다곤 신과 우리 모두 전멸하겠다."

결국 블레셋은 법궤를 탈취한지 7개월 만에 '법궤를 탈취한 허물을 씻는 속건 제물(Guilt offering)'과 함께 되돌려 보내기로 했다. 일명 속건 제물이란 블레셋의 각 지방 통치자들의 수효대로 악성 종기 모양으로 만든 것이다. 이를테면 금 다섯 덩어리와 금으로 만든 쥐 다섯 마리를 소 마차에 실은 다음 다섯 지방의 통치자들이 우마차를 이끌고 국경까지 따라 나와 벧-세메스(Beth-Shemesdh)를 향해 떠나보냈다. 마침 벧-세메스 사람들이 골짜기에서 밀을 베고 있을 때 블레셋 사람들이 법궤를 실어 보낸 마차를 맞이했다. 우마차를 넘겨받은 이스라엘 사람들은 너무 기쁜 나머지 마차에 실려온 법궤와 속건 제물을 열어 보았다. 그때 주님의 노여움을 산 벧-세메스 사람 70명이 급사했다.

"이 거룩하신 하나님 앞에 누가 설 수 있단 말인가? 우리가 주님의 법궤를 여기서 어디로 보내야 좋단 말인가!"

겁먹은 사람들이 하고 한탄 끝에 기럇-여아림(Kiriath-Jearim) 주민들에게 사람을 보내 법궤의 처리를 의뢰했다.

"블레셋 사람들이 주님의 법궤를 도로 보내 왔으니 당신들이 내려와서 가져가시오."

결국 기럇-여아림 사람들이 법궤를 가지고 가서 산언덕에 사는 아미나답의 집에 보관시켰다. 그러나 블레셋이 법궤를 되돌려 주었지만 그들의 세력이 약화된 것은 아니었다. 이미 팔레스타인의 이스라엘 영역 대부분이 저들의 수중에 들어가 있었다. 다시 세력을 끌어 모은 블레셋의 공격이 언제 끝날지 모르는 불안한 상황이 계속되었다(삼상 6:1-21).

제2장 사무엘이 이스라엘을 다스리다

1. 미스바의 결의

사무엘은 위기에 처한 이스라엘의 진로를 타계하기 위해 백성들의 대표들에게 미스바에 모이라고 통보했다.

"이스라엘 백성 여러분을 모시고 하나님께 기도하겠습니다."

사무엘의 부름을 받은 장로들이 각처에서 모여들었다. 이때 사무엘의 부름을 받은 사람들 대부분이 사무엘이 어렸을 때부터 성장하는 과정을 지켜 본 사람들이었다. 그들은 사무엘이 엘리 제사장을 대신해 이스라엘의 제사장이 되어줄 것을 추대한 사람들이었다. 그러나 사무엘은 자신이 제사장이 되는 것 보다 우선 위기에 처한 이스라엘을 구하는 것이 더 시급하다고 생각했다.

블레셋에서 돌아온 법궤를 기럇-여아림에 보관한지 어느덧 20년이 되면서 그 동안 사무엘은 국가적 위기를 맞을 때마다 하나님의 뜻에 순종할 뿐 자기를 내세운 적이 한 번도 없었다. 이 날 사무엘은 미스바에 집결한 백성들의 대표들에게 이렇게 외쳤다.

"여러분, 여러분이 진심으로 주님께 돌아오기를 결심하셨다면 우선 이방 잡신과 아스다롯(Ashtoreths)우상을 여러분 스스로 제거하고 하나님을 섬기십시오. 그러면 주님께서 여러분을 블레셋의 손에서 구출하실 것입니다. 미스바에 모인 이스라엘 백성 여러분 내가 여러분을 위해 기도하겠습니다."

우상을 버리라는 사무엘의 호소에 감격한 백성들이 스스로 우상을 철폐하고 하나님을 경배하기 시작했다. 방황하던 백성들이 오랜만에 하나님을 섬기겠다고 맹세하자 하나님께서 모세와 아론에게 베풀었던 은총을 이번에는 사무엘에게 베풀겠다고 약속하셨다. 사무엘은 백성들에게 하나님을 섬기겠다는 약속을 받아 낸 다음 미스바에서 명실공이 이스라엘의 제사장으로 취임했다.[7] (삼상 7:1-6).

---

7) 에브라임지파의 사무엘이 제사장이 되면서 레위지파가 독점하던 제사장 제도의 전통이 바뀌었다.

2. 미스바의 승전과 에벤-에셀

사무엘은 미스바에 모인 백성들 앞에서 하루 종일 죄를 고백하고 백성들의 용서를 빌었다. 그런 다음 하나님께 번제를 올렸다. 사무엘이 미스바(Mizpah)에서 성회를 열었을 때 사무엘의 행동을 호시탐탐 엿보던 블레셋이 전격적으로 공격을 개시했다. 이스라엘 백성이 미스바에 모였다는 정보에 접한 블레셋이 군사를 이끌고 총력을 다해 질풍처럼 쳐들어 왔다. 이스라엘을 타도하기에 가장 좋은 기회라고 판단한 블레셋이 전격적으로 쳐들어오자 아무 준비 없이 미스바에 모여 있던 이스라엘 지도자들은 겁을 먹고 우왕좌왕 했다.

그러나 사무엘은 블레셋의 공격에도 당당한 자세로 새끼 양을 잡아 태연히 번제를 올리고 있었다. 시시각각 급박한 상황이 전개될 때 갑자기 먹구름이 몰려와 태양을 가리더니 천둥 번개가 천지를 진동하면서 굵은 소낙비가 봇물처럼 쏟아졌다. 그러자 기세등등하게 공격하던 블레셋 병사들이 갑자기 쏟아진 폭풍우에 휘말려 한걸음도 움직이지 못했다. 불시에 일어난 천재(天災)에 겁먹은 블레셋 병사들은 뿔뿔이 흩어지기 시작했다. 그때 블레셋의 동태를 지켜보던 이스라엘 병사들이 흩어지는 블레셋 병사들을 벧-갈(Beth-Car)까지 추격해서 격파했다. 하나님께서 사무엘의 기도를 들어주시어 이스라엘이 블레셋을 완전히 물리쳤다.

블레셋의 침공을 물리친 사무엘은 그 날의 승리를 기념하기 위해 미스바와 센(Shen)사이에 돌을 모아 큰 탑을 세웠다. 그리고 탑의 이름을 '우리가 여기에 이르기까지 주님께서 우리를 도우셨다.'라는 의미로 '에벤-에셀'이라고 명명했다. 한편 이 싸움에서 참패한 블레셋은 하나님의 은총을 힘입은 사무엘을 상대로 감히 도전하지 못했다. 사무엘은 사사시대에 블레셋에게 빼앗긴 에그론(Ekron)을 시작으로 가드에 이르기까지 넓은 땅을 비롯해 서쪽 해변에 산재한 여러 도성까지 모두 되찾았다. 사무엘은 오랜만에 이스라엘의 번영과 평화를 이룩했다(삼상 7:7-13).

3. 사무엘의 치적과 두 아들

사무엘은 제사장의 위치에서 사사들의 자격으로 또는 예언자의 능력을 빌어 이스라엘을 이끌었다. 다시 말하면 사무엘은 제사장, 사사, 예언자의 위치에서 해마다 벧엘을 시작으로 길갈과 미스바 등 변방을 일일이 순회하는 한편 백성들의 작은 소송 문제에도 깊은 관심을 기울여 억울한 사람이 없도록 선정을 베풀었다. 사무엘의 보살핌에 감복한 백성들은 하나님을 열심히 섬겼다. 그리하여 사무엘이 제사장이 된 후 40년 동안 이스라엘은 평화와 번영을 누렸다.

그러나 세월이 흘러 사무엘도 나이가 들어 자기 능력의 한계를 맞이했다. 그런데 사무엘 역시 뒤를 이을 후계자가 마땅치 않았다. 사무엘에겐 요엘(Joel)과 아비야(Abijah) 두 아들이 있었으나 그들은 아버지의 기대에 미치지 못했다. 이들 형제는 한때 아버지의 덕으로 브엘-세바에서 사사의 자리에 올라 백성들을 다스렸다. 그러나 두 아들은 아버지를 이어 이스라엘의 제사장이 되기엔 자질이 부족하였다. 그럼에도 사무엘은 두 아들에게 자신을 대신해 백성들을 다스리도록 제사장의 임무를 맡겨보았지만 지혜와 덕망을 갖추지 못한 두 아들은 사건마다 뇌물을 받고 재판을 불공정하게 처리하는 등 의롭지 못하다는 불평이 빗발쳤다(삼상 8:1-10).

4. 사무엘과 왕정 제도의 태동(胎動)

사무엘이 후계문제로 고민에 빠졌을 때 원로(장로)들이 사무엘을 찾아와 뜻밖의 조건을 제시했다.

"사무엘, 당신은 너무 늙어 우리와 함께 있을 날이 얼마 남지 않았습니다. 당신이 없는 우리의 장래가 어떻게 될지 심히 걱정스럽습니다. 당신의 두 아드님은 당신처럼 하나님을 섬기지 않습니다. 그들에게 우리의 장래를 맡기고 싶지 않습니다. 그러니 우리도 다른 나라처럼 왕을 뽑아 우리를 다스리게 해주십시오."

사무엘이 후계자 문제를 생각하는 것과 장로들의 생각이 완전히 빗나갔다. 그들은 엉뚱하게 왕정체제를 요구하고 있었다. 거기에는 상당한 이유가 있었다. 당시 국제정세와 불어나는 백성들을 통합하기 위해서는 강력한 중앙집중식 통치체제가 필요했던 것이다. 그러나 하나님의 뜻을 받들어 백성들을 지도하는 제사장의 입장에서는 하나님이 선택한 이스라엘 선민을 사람이 뽑은 왕이 다스리는 것이 달갑지 않았다. 이스라엘은 조상 대대로 제사장이 율법으로 다스려왔는데 굳이 왕을 만들어 이원화(二元化)할 필요가 없다고 생각했다.

> ### ◈ 사무엘과 예언자 학교
>
> 사무엘이 남긴 과업 중에 신정정치의 가장 중요한 것은 라마에 나요트(Nayoth), 가바아, 미스바, 놉 등에 설치한 예언자 학교이다. 창립자가 과연 사무엘이었는지 그 여부는 판명되지 않았다. 그러나 예언자 학교가 이스라엘 역사상 처음으로 등장한 것은 사무엘시대였다(삼상 10:5-10). 이 예언자학교는 오늘의 가톨릭의 신학교, 또는 수도원과 같은 것으로 아버지 또는 스승이라 불리는 한 명의 교장이 있었고(삼상 19장-20), 학생은 모두 예언자의 아들(왕하 6:1)이었다. 그들의 임무는 주로 하나님을 찬미하고(삼상 10:5; 대하 20:1-6), 장상(교장?)의 가르침을 받은 것으로 알려졌다(왕하 4:36; 6:1).
>
> 이들은 모두가 미래를 예언한 것은 아니었다. 그들 중에서 하나님이 엄밀한 의미의 예언자를 선출하신 것은 의심할 여지가 없다. 예언자의 학교는 특히 엘리야 및 엘리사 시대가 전성기였으며 에브라임(왕하 5:22)과 벧엘과 길갈과 여리고(왕상 2:3, 4:38, 6:2)와 요르단 골짜기(왕상 22: 3:5)에, 그리고 사마리아에도 있었던 것으로 사료된다(왕상 5:9, 6:32). 아모스 예언서에 "나는 본시 예언자가 아니다. 예언자의 무리에 어울린 적도 없는 사람이다. 나는 목자요 돌무화과를 가꾸는 농부다."(7:14)라고 기록되어 있다.

이스라엘은 신정(神政)을 베풀어야 한다고 굳게 믿고 있던 사무엘은 일단 장로들의 간청을 거부했다. 장로들의 요구를 허락하지 않은 사무엘은 그 문제를 하나님께 맡기고 어떻게 하면 좋겠느냐? 하고 지혜를 구했다. 그런데 뜻밖에 하나님께서도 백성들의 요구를 다음과 같이 계시하셨다.

"백성들이 너에게 한 말을 다 들어주어라. 그들은 너를 버린 것이 아니라 나를 버려 더 이상 내가 그들의 왕이 되는 것을 원치 않고 있다. 내가 그들을 이집트에서 이끌어낸 그 날부터 오늘까지 그들은 계속 나를 저버리고 다른 신들을 섬겨 왔으며 이제 그들은 너에게도 똑같은 짓을 하고 있다. 이제 너는 그들의 말을 들어주어라. 그러나 왕을 모시는 것이 어떤 것인지 그들에게 미리 경고해 주라."

이에 사무엘은 하나님의 분부에 따르기로 하고 자신의 주장을 거두었다(삼상 8:1-15).

5. 사무엘이 왕정제도의 폐단을 예언하다

사무엘은 하나님의 분부에 따라 왕정제도를 허락함과 동시에 왕정제도의 허점을 설명했다.

"여러분들이 원하는 대로 왕을 세우겠습니다. 그러나 여러분은 왕정제도의 장점과 단점을 분명히 기억해야 합니다. 왕정제도를 실시하게 되면 왕은 여러분들을 데려다가 병거(兵車)와 말을 다루는 일을 시킬 것이고, 병거 앞에서 달리게 할 것입니다. 왕은 백성들을 천부장과 오십부장으로 임명하기도 하고, 왕의 밭을 갈게도 하고, 곡식을 거두어들이게도 하고, 무기도 만들게 할 것입니다. 뿐만 아니라 백성들의 딸을 데려다 향유도 만들게 하고, 요리도 시키고, 빵도 굽게 할 것입니다. 그 때 가서 여러분이 뽑은 왕에게 등을 돌리고 울부짖는다 해도 하나님은 돌보지 않을 것입니다."

사무엘이 왕정 제도의 실상을 확실히 밝혔으나 원로들의 요구는 한결 같았다.

"그래도 좋습니다. 우리들에게는 왕이 꼭 필요합니다. 우리 주변의 다른 나라들처럼 왕이 다스리는 나라가 되기를 원합니다. 전쟁이 일어나면 우리를 이끌고 나가 싸워 줄 왕이 필요합니다."

사무엘은 왕정제도를 못마땅하게 생각하면서 다시 그 폐단을 미리 일깨워 주었다.

"여러분, 분명히 기억하십시오. 만약 여러분이 왕을 받들게 되면, 왕은 하나님을 섬기기보다 자기를 섬기는 종을 만들기 위해 여러분들의 아들딸을 바치라고 요구하는 날이 올 것입니다. 심지어 백성들의 땅을 빼앗아 자기 마음에 드는 사람에게 나눠주는 횡포가 생길 것입니다. 뿐만 아니라 왕을 위해 여러분의 양떼 중에 10분의 1을 세금으로 바쳐야 할 것입니다. 이런 것이 왕정제도인데도 여러분은 좋단 말입니까?"

그러나 백성들은 초지일관 왕을 뽑자고 요구했다. 사무엘은 어쩔 수 없이 이스라엘의 왕으로 추대할 인물을 물색하기 시작했다(삼상 8:16-21).

◈ (1) 이스라엘의 왕정제도 수립과 국제 정세

근동의 문헌들에 의하면 당시 팔레스타인은 권력의 공백기였다. 이집트에서는 제20 왕조가 무너지고 델타의 타니스에 수로를 정한 제21왕조가 들어섰는데 이 왕조의 왕들은 테베의 사제들과 권력다툼에 휘말려 정치 경제적으로 매우 취약한 상태로 1백년 이상(기원전 1085-945) 지속되었다. 이처럼 어지러운 상황에서 이집트의 바로들은 아시아의 관통로인 팔레스타인을 효과적으로 지배할 수 없었다.

같은 시대에 메소포타미아의 강대국인 앗시리아에서도 똑같은 사태가 벌어졌다. 앗시리아의 디글랏-빌레셀 1세가 죽으면서(기원전 1077) 세력이 약화되어 시리아와 팔레스타인에 전혀 영향을 미칠 수 없었었다. 그리하여 팔레스타인 지역의 소수 민족인 이스라엘을 비롯한 소바, 디로, 아람-시리아 등 소왕국들이 나름대로 세력을 펼칠 수 있었다. 바빌로니아도 기원전 1081년 앗시리아를 공격한 후 수세기 동안 국경 밖으로 진출하지 못했다. 당시 근동의 이런 정치 상황이 이스라엘로 하여금 왕정수립의 여건을 부추겼다.

제 3 부

이스라엘의 초대 왕국시대

왕국건설로부터 남북의 분열까지

제1장 이스라엘의 왕국건설 이야기

1. 사울이 잃어버린 나귀를 찾아 나서다.

이스라엘의 초대 사울왕과 그 연대
사울————기원전 1050년(40년)
다윗————기원전 1010년(40년)
솔로몬————기원전 971년(40년)

어느덧 사무엘이 다스리던 사사시대(기원전 1200-1095)를 마감하고 왕정제도를 펼치려고 한 때 기브아(Gibea) 베냐민지파의 기스(Kish)라는 사람이 살고 있었다. 그는 상당히 부유한 호족으로 그의 아버지는 아비엘이고 그의 할아버지는 스롤이고, 그 윗대는 베고랏이고, 그 윗대는 아비아이었다. 기스에게는 사울이라는 아들이 있었는데 그는 이스라엘 백성들 중에 그 만큼 잘 생긴 남자를 찾을 수 없을 만큼 출중한 미남이었다. 사울은 키가 크고 몸매가 늠름한데다 기개가 넘치는 청년이었다.

한편 기브아에 사는 기스는 여러 마리의 나귀를 기르고 있었는데 하루는 벌판에 풀어놓은 암나귀 한 마리가 행방불명되었다. 집나간 나귀가 제 발로 돌아오기를 며칠째 기다리던 기스가 아들 사울에게 잃어버린 나귀를 찾아오라고 지시했다. 아버지의 명을 받은 사울이 하인 한 명을 데리고 에브라임 산간 지역을 두루 헤맸지만 나귀는 찾지 못했다. 멀리 떨어진 사알림(Shaalim)지방에서 베냐민 지방까지 샅샅이 찾았지만 끝내 잃은 나귀는 찾지 못했다. 기진맥진한 사울이 하인에게 말했다.

"이러다간 아버지께서 나귀보다 우리들을 더 걱정하시겠다. 그만 집으로 돌아가자"(삼상 9:1-5).

2. 사무엘이 사울의 머리에 기름 붓고 축복하다

그러나 막상 집으로 돌아가는 것도 쉬운 일이 아니었다. 이미 자기 집에서 너무 멀리 떠나왔기 때문에 집으로 돌아가는 길을 찾을 수 없었다. 오도 가도 못할 때 하인의 머리에 사무엘 사사에 대한 생각이 떠올랐다. 사무엘이라면 집으로 돌아가는 길을 안내해 줄 수 있다고 생각하고 그를 소개했다.

"이 성읍에는 사무엘이란 유명한 주님의 예언자가 한 분이 계십니다. 그 분의 예언은 무엇이나 다 이루어지기 때문에 모든 사람들이 그를 존경합니다. 일단 그 분을 찾아뵙는 것이 어떨지요. 혹시 그 분이라면 우리가 집으로 돌아갈 길을 인도하시지 않을까요?"

사울은 그 길로 하인을 따라 사무엘을 찾아 나섰다.

"하지만 지금 우리는 그분에게 드릴 선물이 없지 않느냐? 우리는 음식도 떨어졌으니 드릴 것이 아무것도 없다."

가진 것이 없는 사울이 빈손으로 그분을 어떻게 찾아뵙느냐고 하자 하인이 대답했다.

"나에게 조그만 은화 하나가 있습니다. 이것이라도 드리고 한 번 알아보시지요."

두 사람은 그 길로 성읍으로 통하는 비탈길을 따라 부지런히 걸었다. 얼마쯤 갔을 때 마침 물을 길러 내려오는 처녀들을 만났다.

"이 부근에 사무엘 예언자가 계십니까?"

"예, 계십니다. 오늘이 산당에 제물을 바치는 날입니다. 그분께서 축복을 하셔야만 산당에 모인 사람들이 식사를 할 수 있기 때문에 지금 성읍에서 사람들이 그분을 기다리고 계십니다. 부지런히 가면 만나실 수 있습니다."

사울은 처녀들이 가리키는 산당을 향해 부지런히 걸어갔다(삼상 9:6-13).

> ◆ (1) 이스라엘 역사개관의 필요성
>
> 성서에 기록돼 있는 이스라엘의 역사를 살펴보면서 가장 크게 다가오는 문제는, 본래 그대로의 사실적 보도가 아닐 수 있다는 점이다. 왜냐하면, 살아계시고 현존하시는 하나님은 인간의 역사 밖에 따로 계시지 않고 언제나 역사 안에서 이스라엘의 인도자로 함께 현존하셨기 때문이다. 이러한 사실을 명백하게 제시하기 위해 제작된 것이 성서이다. 성서는 하나님께서 이스라엘이라는 보잘것없는 민족을 선택하셔서 그들 안에서 하나님 당신이 어떻게 구체적으로 활동하시며 그들을 구원으로 이끄셨는지를 확인시켜 주시는 내용으로 진행되었다.
>
> 그러므로 성서가 제시하는 이스라엘의 역사는 이스라엘 민족의 역사에 대한 객관적인 보도라기 보다는 그들의 삶 속에 개입하시는 하나님의 역사를 신학적으로 해석하고 재정리한 내용이라고 하겠다.

3. 하나님이 사울을 택하시다

한편 사무엘은 산당에 제물을 바치기 전날 밤 하나님의 계시를 받았다.

"내일 이 맘 때 베냐민 땅에서 내가 보낸 한 젊은이가 너를 찾아갈 것이다. 너는 그에게 기름을 부어 이스라엘의 영도자로 세워라. 나는 이스라엘 백성이 겪는 고난을 보았고, 그들이 살려 달라고 울부짖는 소리도 들었다. 네가 기름 붓는 그 사람이 장차 블레셋 사람들의 손아귀에서 내 백성을 구할 것이다."

날이 밝으면 누군가 찾아올 것이라고 계시를 받은 사무엘은 아침 일찍 성문을

> ◈ (2) 이스라엘 왕정제도의 채택과 국제 정세
>
> 사무엘의 반대에도 불구하고 이스라엘 백성들이 왕정제도를 요구한 것은 내부적인 필요성보다는 외부적인 요소가 더 강했다. 당시 시시각각 목을 조여 오는 블레셋의 위협을 극복하기 위한 수단으로 백성들이 왕정제도를 요구했던 것이다. 이집트를 비롯한 주변의 강대국들, 예를 들면 하티, 앗수르, 바벨론, 블레셋을 사사제도하의 허술한 지도력으로는 사분오열된 이스라엘 백성들을 효과적으로 통제할 수 없었다. 국제적으로 주변의 강대한 세력에 대항하기 위해서는 강력한 중앙집권에 의한 국왕의 통치 체제를 요구할 수밖에 없었다. 특히 국경이 명확하지 않은 상황에서 국제간의 무역활동을 해온 이스라엘 백성들로서는 날이 갈수록 경제활동이 용이하지 않았다. 당시 해안의 연안 도로의 대부분을 블레셋이 관장하고 있었기 때문에 내륙에 깊숙이 위치한 이스라엘 백성들로서는 국가 간의 상업을 제대로 할 수 없었다. 특히 생활필수품을 팔고 사는데도 불편이 심했다. 특히 요단강 동편에 있는 아베스-길르앗을 통해 다메섹과 연결되는 국제무역이 불가능했다. 블레셋은 주로 기후가 좋고 땅이 비옥하고 교통의 요충지인 지중해 연안을 차지하면서 이스라엘의 거주지인 팔레스타인 내륙의 산간지대를 수시로 침공하여 약탈을 자행하였다. 이스라엘이 이에 맞서 싸우려면 중앙집권의 국왕이 필요했던 것이다.

향해 얼마쯤 걸어갔을 때 갑자기 또 주님의 음성을 들었다.

"보아라, 저 젊은이가 바로 그 사람이다."

주님의 음성을 들었을 때 마침 낯선 젊은이가 다가와 말을 걸었다.

"사무엘 예언자가 어디에 계십니까?"

"내가 바로 사무엘이오. 우선 산당에 올라가서 음식부터 듭시다. 나를 찾아온 용건은 나중에 들읍시다. 그리고 사흘 전에 잃어버린 암탕나귀는 이미 내가 찾아 놓았으니 걱정하지 마십시오. 그보다도 지금 백성들이 찾고 있는 사람이 있는데 그 사람이 누구인지 아십니까? 바로 그대와 그대 아버지의 집안입니다. 내가 내일 아침에 주님의 뜻을 말하겠습니다."

사울은 사무엘이 도무지 무슨 말을 하는지 이해할 수 없었다. 다만 주님의 뜻이라는 말에 사울이 겸손하게 사양했다.

"별 말씀을 다 하십니다. 저는 예언자의 말씀처럼 대단한 사람이 못됩니다. 저는 이스라엘 열두 지파 가운데 막내둥이 베냐민 지파의 자손입니다. 게다가 베냐민 지파 중에서도 저는 보잘 것 없는 집안의 자손인데 어찌 저에게 그런 과분한 말씀을 하십니까?"

사울이 사양했지만 사무엘은 더 이상 하나님의 분부를 밝히지 않은 채 산당으로 향했다. 산당에는 이미 초대받은 30명의 저명한 지방 인사들이 모여 있었다. 사무엘은 제일 높은 귀빈 자리에 사울을 앉힌 다음 요리사에게 주문했다.

"내가 잘 간수하도록 맡겨 둔 음식을 가져오게."

요리사는 넓적다리로 만든 음식상을 푸짐하게 차려왔다.

"자! 어서 듭시다. 내가 미리 준비해 놓은 음식입니다."

사무엘은 특별히 좋은 음식을 사울에게 권했다. 사울과 하인은 며칠간 굶주린 터에 양껏 먹은 다음 산당에서 내려와 사무엘 집에서 하룻밤 묵었다. 다음날 새벽 먼동이 틀 무렵 사무엘이 사울을 깨웠다.

"어서 일어나십시오. 이제 떠날 시간이 되었습니다."

사무엘을 따라 집밖으로 나온 세 사람이 성읍에 이르렀을 때 사무엘이 말했다.

"내가 긴히 당신에게 할 말이 있으니 하인을 먼저 돌려보내십시오."(삼상 9:14-27).

4. 사무엘 제사장이 사울을 왕으로 축복하다

하인이 먼발치로 벗어나자 사무엘이 진지하게 말했다.

"여기 잠시 멈추십시오. 내가 주님의 말씀을 알려 드리겠습니다. 하나님께서 이스라엘을 다스릴 왕을 세우도록 나에게 말씀하셨는데, 바로 당신을 왕으로 택하셨습니다. 나는 하나님 분부에 따라 기름 붓겠습니다."

사무엘은 전격적으로 사울의 머리에 기름을 붓고 축복을 베푼 다음 선언했다.

"주님께서 그대로 하여금 주님의 백성을 다스릴 영도자로 세우셨습니다."

깜짝 놀란 사울이 얼떨떨해 있을 때 사무엘이 다시 말했다.

"돌아가는 길에 다볼(Tabor)산의 상수리나무 근처에 이르면 주님께 경배하기 위해 벧엘로 올라가는 3사람을 만나게 될 것입니다. 한 사람은 염소 새끼 한 마리를 끌고 가고, 다른 한 사람은 빵 덩어리를 지고 가고, 또 다른 한 사람은 포도주 담은 가죽 부대를 지고 갈 것입니다. 그들이 당신에게 안부를 묻고, 빵 덩어리 두개를 줄 테니 사양하지 말고 받으십시오. 그리고 다시 성읍으로 들어가다 보면 또 다른 한 떼의 사람들이 거문고를 뜯고, 소고를 치고, 피리를 불고, 수금을 울리면서 내려올 것입니다. 그들은 열광적으로 춤추고 목청껏 소리를 지를 것입니다. 그들을 만나거든 이야기를 나누십시오. 그러다 보면 주님의 성령이 임할 것입니다. 그리고 성령이 임하는 순간부터 당신은 지금과 전혀 다른 사람으로 변할 것입니다. 그러나 그런 일은 모두 주님께서 하고자 하시는 뜻을 이루는 것이니 하나도 거르지 말고 그 사람들이 하라는 대로 순응하십시오. 그러면 7일 후에 내가 그리로 가서 번제와 화목제를 드리겠습니다. 그리고 당신이 해야 할 일은 내가 그곳에 도착해서 다시 일러주겠습니다."

사무엘은 사울이 이해할 수 없는 말을 연이어 당부하는 것이었다. 그 날 오후 사울이 상수리나무 숲이 무성한 산기슭에 이르렀을 때 역시 사무엘의 말처럼 일단의 예언자들이 나타났다. 사울은 사무엘이 일러준 대로 처음 보는 예언자들과 어울려 춤추고, 노래하고 소고를 치면서 함께 어울렸다. 얼마쯤 그들과 어울려 춤추고 노래하는 가운데 사울은 성령이 충만했다. 사울과 함께 어울려 춤추던 사람들까지 사울이 말하는 것에 큰 감명을 받았다.

"도대체 기스의 아들에게 무슨 일이 생긴 것이냐? 사울도 이제 예언자인가?"

주위에서 지켜보던 사람들이 사울에게 무슨 일이 생겼느냐? 고 물었다. 그러나 자기 자신에 무슨 일이 생겼는지 모르는 사울은 묻는 말에 아무 대답도 하지 못했다. 그러나 많은 사람들이 "사울도 예언자란 말이냐" 라는 말이 훗날 이스라엘의 유행어가 되었다.
  한편 사울이 집에 도착한 다음 사무엘의 집을 떠날 때부터 일어난 일련의 일들을 되돌아보니 모두 사무엘의 말과 일치하는데 크게 놀란 사울은 그제야 사무엘의 말을 이해하게 되었다. 자신이 하나님의 선택받은 이스라엘의 지도자라는 사실을 비로소 깨달았다(삼상 10:1-16).

5. 베냐민 지파의 사울이 초대 이스라엘 왕위에 오르다

  사울이 산당을 다녀 간지 일주일 후 사무엘이 이스라엘 12지파의 대표들을 미스바에 불러 모아놓고 소집한 이유를 말했다.
  "잘 들어주시오. 하나님께서 이스라엘 백성을 이집트에서 데려온 후 지금까지 당신들을 늘 보호해 주셨소. 그럼에도 당신들은 재난과 고통에서 당신들을 구출하신 하나님을 저버리고, 오히려 다른 나라들처럼 왕을 세워 달라고 요구했소. 그러므로 이제 당신들의 요구대로 왕을 선출하겠으니 각 지파별로 내 앞에 나와 서시오."
  열두 지파의 대표들이 사무엘 앞에 나서자 주님께서 일차로 베냐민지파를 뽑았다. 그 다음 베냐민지파를 다시 집안별로 세우자 이번에는 마드리(Matrites)집안이 뽑혔다. 그러자 그 다음 마지막으로 마드리 집안의 남자들이 모두 앞으로 나와 한 줄로 서게 한 다음 그들 중에 제일 출중한 기스의 아들 사울을 이스라엘의 왕으로 뽑았다. 그 자리에 모인 사람들이 일제히 환성을 올렸다. 그러나 막상 왕으로 뽑힌 사울은 자취를 감추고 보이지 않았다. 사무엘이 사울을 찾았다. 그러나 보이지 않았다. 사울은 졸지에 자기가 왕으로 뽑히자 몸 둘 바를 몰라 짐짝 사이에 들어가 숨어 있었다. 사무엘이 짐짝 속에 숨어 있는 사울을 불러내 12지파의 대표 앞에 세워놓고 큰 소리로 소개했다.
  "여러분 이 사람을 잘 보십시오. 우리 이스라엘 백성 가운데 이만한 인물이 없습니다. 이 사람이 바로 주님께서 뽑은 여러분의 왕입니다."

"이스라엘 임금님 만세!"

함성을 울려 퍼졌다. 사울이 왕으로 선출되자 한층 위엄이 돋보였다. 이렇게 역사적인 이스라엘의 초대 왕이 선출되었는데 그 때 사울의 나이 서른 살이었고 때는 기원전 1050년이었다(삼상 10:17-24).

6. 왕정제도의 채택과 주변 상황

본래 사무엘은 국왕제도를 반대했다. 왕정제도를 시행하면 왕들은 백성들을 받들기보다 자만에 빠져 하나님을 멀리하기 쉽다는 이유를 들어 끝까지 반대했다. 하지만 백성들이 왕이 다스려야 한다고 주장하는 바람에 사무엘로서는 백성들의 요구를 꺾을 수 없었다. 더욱이 하나님께서 백성들의 소원을 들어주라는 분부에 따라 사무엘은 사울을 이스라엘의 왕으로 선출한 것이었다. 사무엘은 사울을 왕으로 선출한 다음 왕정 제도에 대한 규칙을 한 권의 책으로 엮어 길이 보관하도록 맡긴 다음 미스바에 모인 열두 지파의 대표들을 모두 각자의 고향으로 돌려보냈다.

한편 졸지에 국왕이 된 사울은 국왕으로서의 채비를 갖추기 위해 고향 기브아로 돌아갔다. 사울이 이스라엘의 국왕이 되어 금의환향하자 고향 사람들이 앞 다투어 예물을 바치고 "국왕 만세"하고 열렬히 환영했다. 그러나 처음부터 사울이 왕이 되는 것을 못마땅하게 여기던 일부 불량배들은 "이런 사람이 어떻게 우리를 구할 수 있느냐?" 하고 빈정거렸다. 그러나 사울은 그들의 불평을 못들은 척했다(삼상 10:25-27).

◈ (3) 중앙 집권체제를 요구한 백성들

혼란을 거듭하던 사사시대의 이스라엘 12부족은 서부 해안에 자리 잡은 블레셋과 요르단 동부에 자리 잡은 암몬족으로부터 끊임없이 위협을 받았다. 각 부족 마다 위협을 당하자 이스라엘 12지파의 대표들이 사무엘 사사를 찾아와 중앙집권식의 국왕을 세워 달라고 간청했다. 백성들이 국왕을 세워달라고 요구한 이면에는 그럴 만한 이유가 있었다. 기원전 12세기 경 인류 역사판도에 큰 변화를 가져다준 획기적인 발명이 등장했는데 그것이 바로 철제문화(鐵製文化)였다. 철제문화의 발전은 중동의 초승달지역에 큰 변화의 영향을 미쳤다. 특히 철기문화의 파급은 유목민으로 살아온 이스라엘 공동체에 큰 도전이었다.

이스라엘보다 먼저 철기문화에 접한 블레셋의 제련기술은 이스라엘 공동체에 큰 위협을 가했다.(삼상 4장 13장 참조) 이스라엘 각 지파는 블레셋에 대항할 능력으로 통합된 중앙집권적 국왕이 절실히 필요하다는 사실을 피부로 느끼게 되었다. 그래서 각지파의 대표들이 사무엘 사사를 찾아가서 자신들을 이끌어 줄 국왕 제도를 요구하기에 이른 것이다. 물론 이스라엘 백성들의 당면한 문제는 그뿐만이 아니었다. 유목민 사회에서 농경사회로 전환되면서 일정한 토지 안에 정착하여 공생해야 한다는 문제는 이스라엘 12부족 간의 사회적 불평등과 부의 편재, 그리고 부족 상호간의 원조 체결의 결함 등을 초래했다. 결국 이스라엘은 이런 저런 대내외적 혼란에 대처하기 위해 '왕정'이란 강력한 정치체제를 요구하게 된 것이나.

7. 암몬과 이스라엘의 불편한 배경

사울이 이스라엘의 왕위에 오를 즈음에 요단강 동쪽에는 르우벤과 갓과 므낫세 세 지파가 오래 전 모세가 살아 있을 때부터 따로 떨어져 살고 있었다. 본래 그 지방에는 암몬사람들이 살고 있었다. 그런데 모세가 이스라엘 백성을 이끌고 광야를 방랑하다가 가나안에 들어가기 위해 그곳에 잠시 머물고 있을 때 이들 3지파가 모세의 허락을 받아 그곳에 정착한 것이다. 물론 그 때는 이스라엘 백성이 가나안으로 진격해 들어가려고 시도 할 때 암몬 사람들은 이스라엘 백성의 진로를 방해했다. 훗날 여호수아가 암몬을 평정한 다음에도 모세의 허가를 받아 정착한 르우벤, 갓, 므낫세 3지파를 계속 그곳에 머물러 살도록 허락했다.

본래 암몬 사람들은 이스라엘과 한 조상의 자손들이었다. 그들은 아브라함의 조카 롯이 그들의 조상이었다. 아브라함이 하란을 떠나 요단강에 이르렀을 때 롯이 따로 떨어져나간 후 그의 후손들이 계속 그 곳에 눌러 살면서 훗날 그들의 이름이 암몬이 되었다. 그러므로 하나님은 일찍이 이스라엘 백성들에게 그 땅을 서로 차지하려고 암몬과 싸우지 말라고 당부한 적도 있었다. 그래서 모세나 여호수아 등 이스라엘의 지도자들은 가능한 그 약속을 지켰으나 하나님을 섬기지 않는 암몬의 아하스(Ahaz)왕은 이스라엘 백성이 약 5백 년 만에 이집트에서 돌아오자 길을 막고 탄압하는 등 주님의 분부를 어기고 이스라엘 백성에게 사악한 짓을 자행했던 것이다(삼상 11:1-8).

8. 사울의 왕권 다지기

아하스 왕은 요단강 동쪽의 길르앗(Gilead)과 야베스(Jabez)지역에 자리 잡은 이스라엘 3지파를 수시로 약탈했다. 하지만 훈련 받은 정규 군대가 없는 3지파로는 속수무책이었다. 그래서 싸움이 터질 때마다 각 지파가 연합하여 합동군사 작전을 취했지만 큰 성과를 거두지 못했다. 소규모의 싸움이 유발될 때마다 각 지파별로 맞서 싸웠지만, 대규모의 싸움이 터질 때에는 각 지파가 자율적으로 군사를 이끌고 나와 연합전선을 폈다. 그러나 이들 3지파는 지리적으로 멀리 떨어져 살았기 때문에 부족 간에 연합이 능동적으로 이루어지지 못했다. 그런가 하면 암몬을 비롯한 다른 부족은 중앙집권체제로 국왕을 중심으로 병사들을 능동적으로 거느렸기 때문에 군사작전을 효율적으로 수행할 수 있었고 항상 일정한 세력을 유지했다. 그래서 군사적으로 열세인 이스라엘 3지파는 암몬에게 늘 당하기만 했다(삼상 11:9-11).

9. 암몬의 협박과 사울의 응전

어느 날 요단강 동쪽에 자리 잡은 이스라엘 3지파가 사는 야베스에 암몬의 아하스왕이 병사들을 이끌고 쳐들어왔다. 겁먹은 이스라엘 3지파는 대항할 엄두도 내지 못했다. 3지파의 지도자들은 이유 없이 쳐들어온 아하스 왕에게 찾아가 "우리와 조약을 맺읍시다. 제발 죽이지만 않는다면 기꺼이 종이 되겠습니다." 하고 자청해서 노예가 될 것을 전제로 조약을 맺자고 호소했다. 그러나 기고만장한 암몬의 아하스왕은 만족하지 않고 계속 협박했다.

"나는 너희들의 오른쪽 눈을 모두 뽑아 이스라엘의 치욕거리로 삼겠다"고 했다. 겁먹은 야베스의 장로들이 궁여지책으로 "우리들에게 이레 동안 말미를 주십시오. 다른 곳에 사는 백성들에게 사신을 보내 귀하의 요구 조건을 제시하고 만일 우리의 입장을 도와줄 사람이 없으면 그 때 가서 당신들 요구에 응하겠습니다." 하고 사정했다.

그들은 다급한 나머지 7일 동안의 말미를 얻어냈지만 막상 그들로서는 어떤 대책도 없었다. 일단 7일간의 시간을 번 야베스의 장로들이 사울의 고향 기브아에 달려가 자신들의 참담한 사정을 전하자, 기브아 사람들이 너무 분해 통곡했다. 그 때 마침 밭갈이에서 돌아오던 사울이 곳곳에서 들려오는 울음소리를 듣고 사연을 물었다.

"대체 무슨 일이 일어났느냐 어째서 이렇게 울고 있느냐?"

야베스의 장로들이 참담한 사정을 호소하자 사울은 분개했다.

"고약한 암몬 놈들, 하나님 백성의 눈을 도려내다니, 두고 보자."

사울은 너무 분한 나머지 소리 내어 울었다. 성령이 충만한 사울이 당장 소 두 겨리를 잡아 토막을 친 다음 야베스에서 온 장로들에게 나누어 주면서 말했다.

"이 토막 난 소를 들고 이스라엘 전 지역을 순회하면서 억울한 사정을 호소하시오"

야베스의 장로들이 사울의 지시에 따라 각지를 돌아다니며 토막난 소를 보여주고 외쳤다.

"누구든지 사울을 따르지 않으면 당신들의 소들이 모두 이 꼴이 될 것입니다."

야베스의 장로들이 사울의 말대로 호소하자 각 지파의 사람들이 사울에게 몰려가 암몬과 싸울 것을 자청했다.

'사울이 이스라엘의 새 국왕으로 탄생했으니 우리는 기꺼이 그를 따라 길르앗 야베스에 가서 암몬 왕과 한판 싸우겠다, 고 들고 일어났다. 사울에게 몰려온 사람들이 무려 33만 명이었다. 하루 아침에 대군을 거느리게 된 사울이 길르앗 장로들을 돌려보내면서 "내일 정오까지 우리가 당신들을 구출하겠소." 하고 약속했다(삼상 11:12-15).

10. 사울의 첫 승리

한편 야베스로 돌아간 장로들이 겁먹은 백성들에게 사울의 약속을 전했다. 그러자 용기를 얻은 야베스의 대표들이 아하스 왕에게 찾아가 이렇게 말하며 일단 시간을 끌었다.

"우리가 내일 당신들에게 항복하겠습니다. 그 때 가서 우리에게 하고 싶은 대로 눈을 빼십시오."

다음날 새벽 사울이 처음으로 이스라엘의 왕으로 병사들을 거느리고 출정에 나섰다. 사울왕은 병사들을 3부로 나눠 요단강을 건너 길르앗 야베스에 은밀히 잠입시켰다. 이른 새벽녘에 암몬군 진지에 접근한 병사들이 날이 밝기를 기다렸다가 동녘이 밝아올 무렵에 잠에서 깨어나는 암몬 사람들을 닥치는 대로 무찔러 하루아침에 암몬을 초토화시켰다. 이 한판의 승리로 사울의 명성이 전 이스라엘에 떨침과 동시에 국왕의 기반을 다졌다. 사울이 암몬을 무찌른 후 사울에 대한 백성들의 불평은 자연히 사라졌다.

한편 사울의 명성이 떨치자 처음부터 사울이 왕이 되어야 한다고 추대한 사람들이 사무엘을 찾아가 반대한 정적을 복수하라고 권했다.

"사울을 어떻게 왕을 삼겠느냐" 하고 불평을 토로한 고향의 버릇없는 불량배들을 당장 죽이자고 아우성쳤다. 그러자 사울이 "오늘은 주님께서 이스라엘을 구출한 날이므로 아무도 죽여서는 안 됩니다" 하고 무마시켰다.

사울이 왕위에 오른 후 암몬을 비롯한 주변의 적을 모조리 무찌르고 초대 왕권을 확립시켰다. 사울 왕권이 확립되면서 백성들은 사울이 시키는 일이면 무슨 일이던 마다하지 않겠노라고 앞 다투어 충성을 맹세했다. 사울에 대한 백성들의 지지가 절정에 이르자 사무엘은 다시 백성들의 대표를 한 자리에 소집했다.

"우리 모두 길갈에 모여 사울의 승리를 기념하고 그가 우리의 왕이라는 사실을 다시 한 번 다짐하자."

열두 지파의 대표들을 길갈에 소집한 사무엘은 짐승을 잡아 번제를 올리고, 암몬과의 승리를 자축했다. 그런 다음 사울과 더불어 하나님께 화목제를 지냄으로써 마침내 사울이 명실공히 이스라엘 12지파의 국왕임을 경축했다(삼상 11:1-15).

11. 사무엘의 고별사

한편 사울이 왕권을 다지자 사무엘이 은퇴하기 위해 고별사를 했다.

"나는 여러분이 원하는 대로 여러분의 왕을 세웠습니다. 이제부터 사울이 이스라엘의 왕으로 여러분들을 이끌어 갈 것입니다. 이제 나는 늙어 백발이 되었고, 내 아들도 여러분과 함께 있습니다. 나는 젊어서부터 오늘까지 여러분을 이끌어 왔습니다. 이제 나에게 무슨 불만이 있거든 주님이 지켜보는 사울 앞에서 모두 털어놓으십시오. 내가 누구의 소나 나귀를 빼앗은 적이 있습니까? 아니면 내가 누구를 억압하고, 누구를 착취한 일이 있습니까? 혹시 누구에게 뇌물을 받고 눈감아 준 일이 있습니까? 내가 여러분을 속이거나 못살게 한 적이 있습니까? 만일 그런 일이 있으면 다 갚겠습니다. 내가 잘못한 것이 있으면 무엇이든지 말씀하십시오. 그러면 모든 것을 갚아 드리겠습니다."

사무엘이 열변을 토하자 듣고 있던 백성들이 일제히 화답했다.

"당신은 우리를 억압한 적도 착취한 적도 속이거나 못살게 군적도 없습니다."

"여러분이 나에게 아무런 부정도 찾지 못했다고 한 것을 주님께서 증인이 되셨고, 주께서 기름 부어 세우신 사울도 증인이 되었습니다."

사무엘이 자신의 입장을 밝히자 백성들이 열렬히 환송했다.

"예, 그렇습니다. 주께서 우리의 증인이 되셨습니다."

사무엘은 고별사를 마친 다음 마지막으로 이스라엘 백성이 이집트에서 탈출한 후 가나안을 차지하기까지의 경위와 그동안 주님께서 보살펴 주신 역사적 사실을 설명하고 이스라엘은 하나님의 뜻을 믿고 따라야만 벌을 받지 않고, 잘 살수 있다고 당부했다(삼상 12:1-5).

12. 사울이 국위를 높이고 국토를 넓히다

사울은 암몬을 제압한데 이어 모압, 에돔, 소바, 블레셋 등 이스라엘의 숙적들을 모두 제압했다. 싸움에 임할 때마다 승리한 사울은 그동안 흐트러진 백성들의 기강을 바로 세우고, 국왕으로서의 정통성을 확립시켰다. 특히 역사적으로 이스라엘을 괴롭힌 아말렉을 비롯한 암몬 등 주변의 숙적들을 단칼에 물리쳤다. 주변의 강적을 상대로 승리를 거둔 사울은 백성들로부터 열렬한 환호를 받았다.

사울의 아내는 아히노암(Ahinoam)이었다. 그녀는 사울과 결혼 한 후 요나단(Jonathan), 이스위(Ishi), 말기수아(Malchishua), 세 명의 아들과 메랍(Merab)과 미갈(Michal)두 딸을 낳았다. 사울은 왕위에 오른 후 병사들을 지휘하는 총사령관에 그의 삼촌 넬(Ner)의 아들 아브넬(Abner)을 임명했다. 사울의 아버지 기스와 아브넬의 아버지 넬은 형제간이었음으로 결국 아브넬은 사울왕과 사촌 간이었다. 사울은 왕위에 오른 후 블레셋과 싸움이 터질 때마다 두 아들과 아브넬과 더불어 용감하게 싸웠다. 그래서 백성들은 사울을 왕으로 추대한 것을 영광스럽게 생각했다.

한편 사울은 이스라엘이 존재하는 한 블레셋과의 전쟁은 피할 수 없다고 생각하고 각지에서 용감하고 힘센 남자는 눈에 띄는 대로 등용했다. 이스라엘의 초대 국왕이 된 사울은 무왕(武王)으로 명성을 떨쳤다(삼상 12:6-25).

제2장 사울의 영웅적 승리와 실패

1. 블레셋의 대공세

한 번은 사울의 아들 요나단이 게바(Geba)에 있는 블레셋 군을 격파했다. 그러자 패전의 소식을 전해들은 블레셋 사람들은 앙심을 품고 복수의 칼을 갈았다. 사태가 심각하게 돌아가는 정보를 입수한 사울왕이 전국의 병사들로 하여금 나팔을 불어 백성들을 일깨운 다음 블레셋을 공격했다. 이 사건이 원인이 되어 이스라엘과 블레셋 간에는 증오심이 한껏 팽배했을 때 사울이 전 이스라엘 백성들에게 비상령을 내렸다. 나팔소리에 놀란 이스라엘 백성은 자신들이 모두 블레셋의 공격 대상이라는 사실을 알게 되었고, 백성들은 전의를 다지기 위해 길갈에 모여 사울왕을 중심으로 단결을 도모했다.

한편 블레셋은 이스라엘과 싸우기 위해 군대를 이끌고 벤—아웬(Beth-Aven)의 동쪽 믹마스(Micmash)골에 집결했다. 블레셋의 전력은 전차 3만 대와 기마병 6천명으로 막강했다. 블레셋 병력이 진주한 믹마스의 벌판은 마치 병사들의 머리가 해변의 모래알처럼 뒤덮였다. 블레셋의 어마어마한 병력에 겁먹은 이스라엘 병사들은 싸우기도 전에 겁을 먹고 사방으로 흩어졌다. 허겁지겁 흩어진 병사들은 산속의 동굴과 광야의 수풀과 바위틈과 빈 무덤과 깊은 웅덩이를 찾아가 몸을 숨겼다. 일부 병사들은 요단강을 건너 갓과 길르앗 땅으로 도망쳤다. 그러나 사울왕은 여전히 길갈에 머물러 있었다. 사울왕을 따라 나선 병사들은 앞으로 다가올 비극적 운명을 생각하고 벌벌 떨었다. 그러나 사울왕은 끝까지 길갈에서 꼼짝 않고 7일 동안 사무엘이 오기를 기다렸다. 그러나 사무엘은 7일이 지나도 오지 않았다. 그러자 남아 있던 병사들마저 하나씩 둘씩 뿔뿔이 흩어지기 시작하였다. 그러나 사울은 마지막까지 남아 있다가 하나님께 손수 번제와 화목제를 올렸다(삼상 13:1-7).

2. 사울의 제사장 직무 대행에 격분한 사무엘

사울왕이 제사장을 대신해 번제를 드리고 났을 때 사무엘이 도착했다. 사울왕이 반갑게 맞이했다. 그러나 사무엘은 크게 화를 냈다.

"도대체 어떻게 된 일이오?"

사무엘이 꾸짖자 사울왕이 불가피한 사정을 말했다.

"내 부하들은 모두 겁을 먹고 내 곁을 떠나고, 당신은 오기로 약속한 날에 오지는 않고, 블레셋은 믹마스에서 나를 치려고 공격을 시도 하는데 '나는 아직도 하나님의 도움을 구하지 않았다'는 죄책감이 들었습니다. 그래서 내가 당신을 더 이상 기다릴 수가 없어 하는 수 없이 번제를 드렸습니다."

사무엘이 격한 음성으로 말했다.

"당신은 어리석은 짓을 하였습니다. 당신은 왕으로서 하나님 명령에 불순종했습니다. 주님께서는 당신과 당신의 자손들을 영원히 이스라엘의 왕으로 삼을 작정이었습니다. 그러나 이제 당신의 나라는 길지 못할 것입니다. 주님께서는 이미 자기 마음에 드는 사람을 찾아서 자기 백성을 다스릴 왕으로 세웠습니다. 그것은 당신이 하나님의 명령에 순종하지 않았기 때문입니다."

사무엘은 그 길로 베냐민의 땅 기브아로 돌아갔다.

사무엘이 떠난 다음 사울왕이 남은 병력을 점검했을 때 불과 600명이었다. 사울왕과 그의 아들 요나단은 남은 병력을 이끌고 베냐민의 땅 게바에 진을 쳤다. 블레셋은 믹마스에 그대로 진을 치고 있었는데 블레셋은 작전을 바꾸어 3개 특공대를 조직했다. 그래서 한 부대는 수알(Shual)땅의 오브라(Ophrah)로 향하였고, 또 한 부대는 벧_호론(Beth-Horon)으로 떠났고, 나머지 한 부대는 스보임(Zeboim) 골짜기가 내려다 보이는 국경지대로 향했다(삼상 13:8-14).

3. 이스라엘의 빈약한 공업시설

당시 이스라엘 백성들이 사는 땅에는 철공소가 하나도 없었다. 그래서 이스라엘은 블레셋 사람들에게 모든 연장을 주문해야만했다. 당시 농기구 중에 보습이나 삽을 벼르는(제조하는) 값이 동전 한 개였다. 그러나 이스라엘 사람들이 칼이나 창을 구입해 가는 것을 두렵게 여긴 블레셋 사람들이 이스라엘 사람들의 철 공업을 철저히 방해했다. 특히 칼이나 창 등 무기를 만들지 못하도록 방해했다. 그래서 이스라엘 사람들은 농기구로 쓰이는 보습이나 도끼, 괭이, 낫을 벼를 수 없었다. 더욱이 공업시설이 없는 이스라엘 백성은 무기를 제대로 갖출 수 없었다. 막상 블레셋 군과 대치한 이스라엘 병사들 중에는 사울과 요나단을 제외한 군인들에게 칼이나 창이 별로 없었다. 그래서 블레셋 군은 이스라엘을 얕보고 일부 병력만으로 믹마스 고개를 지키도록 배치하고, 나머지는 다른 진지로 이동시켰다(삼상 13:15-23).

4. 요나단의 단독작전

하루가 지났을 때 사울왕의 아들 요나단이 젊은 호위병에게 "저 계곡을 건너서 블레셋군의 진지로 들어가자." 하고 길을 나섰다. 진지를 떠난 요나단은 적진에 들어가면서도 그 사실을 아버지(사울)에게 보고하지 않았다. 이때 사울왕은 6백 명의 부하를 거느리고 기브아에서 얼마 떨어지지 않은 미그론(Migron)의 석류나무 주위에 진을 치고 있었다. 그런데 사울이 거느리는 6백 명의 병사들 중에 아히야(Ahija)

라는 제사장이 있었는데 그는 이가봇(Ichabod)의 형제 아히둡(Ahitub)의 아들이며, 비느하스의 손자로, 지난날 실로 성전에 있던 엘리 제사장의 증손자였다. 그러나 아히야는 제사장이었지만 사울의 아들, 요나단이 적진을 향해 떠난 사실을 알지 못했다. 요나단이 블레셋의 진지까지 다가가려면 보세스(Bozez)와 세내(Seneh)라는 두 개의 험한 바위 사이의 좁은 통로를 거쳐야 했다. 북쪽에 있는 바위는 믹마스를 향했고, 남쪽에 있는 바위는 게바를 향해 우뚝 솟아 있었다. 적진을 향해 길을 떠난 요나단이 뒤따르는 호위병에게 말했다.

"하나님을 알지 못하는 저 이방인들에게 다가가면, 하나님께서 우리에게 기적을 베풀어주실 것이다. 왜냐하면, 하나님의 구원은 사람이 많고 적은 것이 문제가 되지 않기 때문이다!"

"좋습니다. 당신이 무엇을 하든지 저희는 전적으로 따르겠습니다."

"그러면 됐다. 지금 우리가 건너가서 블레셋 사람들에게 우리 모습을 드러내 보이자. 만일 그들이 우리를 보고 '거기 섰어라. 당장 죽여 버리겠다!' 하면 우리는 서서 그들을 기다려야 한다. 그러나 만일 저들이 우리를 보고 '이리 올라오너라.' 하면 그것은 주님께서 저들을 우리 손에 넘겨주셨다는 신호임으로 우리는 쾌히 올라가야 한다."

미리 작전을 협의한 요나단은 블레셋 진지에 다가가 모습을 드러내 보였다. 그러자 블레셋 사람들이 "야, 저기 히브리 사람들이 숨었던 굴에서 기어 나오고 있다!" 하고 요나단을 향해 "이리 올라오너라. 본때를 보여 주겠다!" 하고 소리쳤다 (삼상 14:1-10).

5. 요나단이 블레셋을 격파하다

요나단이 호위병에게 말했다.

"나를 따라 오라. 하나님께서 저들을 우리 이스라엘 손에 넘겨주셨다."

호위병은 부지런히 뒤따라 올라갔다. 가까이 다가간 요나단이 블레셋 군을 쳐서 쓰러뜨리기 시작하자 뒤따라온 젊은 호위병도 적을 쳐 죽였다. 요나단과 호위병은 소가 한 나절이면 갈아엎을 만한 들판에서 20명 가량의 블레셋 군을 죽였다. 요나단의 공격을 받은 블레셋 군은 일시에 공포에 사로잡혀 전초기지에 있던 특공대가 모두 떨기 시작하면서 일대 혼란이 벌어졌다. 마침 기브아에 있던 사울의 관측병이 바라보니 수많은 블레셋 군이 큰 혼란에 빠져 이리저리 흩어지고 있었다. 사울이 부하들에게 인원을 점검시키고 누가 없어졌는지 확인하도록 명령하였다. 그 결과 요나단과 그의 호위병이 없어진 것을 알게 되었다. 사실을 확인한 사울이 아히야 제사장에게 주님의 뜻을 알기 위해 "하나님의 법궤를 이리 가져오시오" 하고 지시했다. 사울이 제사장에게 법궤를 옮겨오라고 할 때 블레셋군 진지에서 요란한 소리가 점점 더 크게 들려왔다. 그 때 사울이 말했다.

"하나님께 물어 볼 필요도 없소. 그만 두시오" 하고 자기가 내린 명령을 취소했다. 그리고 사울왕의 명을 받은 부하들이 전쟁터로 달려가 보니 블레셋 군이 큰 혼란에 빠져 자기들끼리 서로 치고 받고 있었다. 이스라엘 병사들 가운데 혼란에 빠진 블레셋 편에 가담한 히브리 사람들도 있었는데 그들이 마음을 돌려 사울과 요나단에게 합세하였다. 에브라임 산간지대에 숨어 있던 이스라엘 사람들도 블레셋 군이 도주하는 것을 보고 밖으로 나와 도망치는 적을 추격하였다. 이렇게 해서 전투는 벧-아웬을 지나기까지 계속 되었다. 하나님은 그 날의 전투를 통해 이스라엘을 완전히 구하셨다(삼상 14:11-23).

6. 사울의 어리석은 명령

사울이 거느린 병사들은 승리를 거두었지만 그 동안 아무것도 먹지 못해 허기에 지쳐 있었다. 음식을 먹지 않은 이유는 싸움을 시작할 때 사울왕이 "오늘 내가 원수에게 복수하기 전에는 무엇이든지 먹는 자는 저주를 받을 것이다." 하고 경고했기 때문이었다. 그런데 마침 병사들이 숲 속에 들어갔을 때 곳곳에 꿀이 많이 있었지만 병사들은 흐르는 꿀을 보고도 사울왕의 경고를 생각해 먹지 않았다. 그러나 요나단은 자기 아버지 사울왕의 경고를 듣지 못했기 때문에 마침 들고 있던 막대기로 꿀을 따서 먹었다. 그러자 요나단은 즉시 원기를 회복했다. 그러자 요나단을 지켜본 사람이 말했다.

"당신의 부친께서 오늘만은 아무 것도 먹지 말라고 하셨습니다. 만일 누구든 경고를 어기고 먹는 자는 저주를 받을 것이라고 경고하셨습니다. 그래서 우리들은 모두 먹지 못해 굶주린 채 지쳐 있습니다."

병사들의 항의를 받은 요나단이 대답했다.

"그건 말도 안 되는 소리다! 그런 명령은 우리를 해칠 뿐이다. 내가 이 꿀을 조금 먹고 얼마나 기운을 차리게 되었는지 한 번 보아라. 만일 백성들이 적으로부터 빼앗은 음식을 마음대로 먹을 수만 있었더라면 우리가 적을 더 많이 죽일 수도 있지 않았느냐?"

요나단은 아버지의 군령을 벗어난 말을 했다. 그때 요나단의 말을 전해들은 병사들은 믹마스에서 아야론(Aijalon)에 이르기까지 하루 종일 블레셋 군을 추격하였으므로 몹시 지쳐 있었다. 그런데 마침 요나단의 말을 전해들은 병사들이 적으로부터 빼앗은 양과 소를 잡아서 날 것으로 피까지 마구 먹었다.

그러자 어떤 병사가 날고기를 먹는 것을 지켜보다가 주님께 죄를 범했다는 사실을 사울왕에게 보고했다.

"이 배신자들!"

분노에 찬 사울왕이 소리쳤다.

"큰 돌 하나를 이리로 굴려오너라. 그리고 너희는 병사들에게 가서 소와 양을 이리로 끌고 와 피를 빼고 잡아먹으라고 일러라. 누구든지 피를 먹어 하나님께 죄를 범해서는 안 된다!"(삼상 14:24-34)

7. 병사들이 단합하여 왕자의 생명을 구하다

사울왕의 명령이 떨어지자 병사들이 소를 끌어다가 잡았다. 사울은 그 자리에다 제단을 쌓았는데 이것이 사울이 왕위에 오른 후 처음 쌓은 제단이었다. 사울왕은 단을 쌓은 다음 말했다.

"밤새도록 블레셋 군을 추격하여 하나도 남기지 말고 모조리 죽여 버리라" 하고 명령하자 부하들이 "좋습니다." 하고 대답했다. 그러나 아히야 제사장이 "먼저 하나님께 물어 봅시다" 하고 제의하자 사울이 직접 하나님께 물어 보았다.

"내가 블레셋 군을 추격해야 합니까?"

그러나 하나님은 아무 응답도 하지 않으셨다. 그러자 답답한 사울이 지도자들에게 말했다.

"무엇이 잘못 되었는지, 누구의 죄 때문인지 한 번 알아봅시다. 이스라엘을 구원하신 하나님의 이름으로 맹세합니다. 만일 죄를 범한 자가 내 아들 요나단이라도 그는 반드시 죽임을 당할 것이오!" 하고 경고했다. 그러나 사울왕의 경고에도 불구하고 단 한 사람도 호응하지 않았다. 그러자 사울왕이 다시 말했다.

"요나단과 나는 이쪽에 서있을 터이니 여러분은 모두 저쪽에 서 있으시오" 하고 패를 가르자 병사들이 "왕께서 좋을 대로 하십시오." 하고 병사들이 둘로 패를 가르자 사울왕이 기도하였다.

"이스라엘의 하나님이시여!, 어째서 내 질문에 대답하지 않으십니까? 잘못된 것이 무엇입니까? 요나단과 나에게 죄가 있습니까? 아니면 병사들에게 죄가 있습니까? 하나님, 누구에게 죄가 있는지 보여 주소서" 하고 기도하자 요나단과 사울왕이 죄를 범한 자로 지목되고, 병사들은 죄가 없는 것으로 밝혀졌다. 그러자 사울왕이 다시 물었다.

"나와 요나단 사이에서 죄지은 자를 뽑으십시오"

이번에는 요나단이 죄지은 자로 지목되었다. 그러자 사울왕이 요나단에게 다그쳤다.

"네가 무슨 짓을 했는지 나에게 이실직고하라."

요나단이 고백했다.

"제가 막대기 끝으로 꿀을 찍어 먹은 것밖에 없는데 그 걸로 내가 꼭 죽어야 합니까?"

"물론이다. 너는 반드시 죽어야 한다. 그렇지 않으면 하나님께서 나를 죽일 것이다."

사울왕이 요나단에게 사형을 통고하자 병사들이 사울왕에게 말했다.

"이스라엘이 승리하는 데 이처럼 큰 공을 세운 요나단이 죽어야 합니까? 그건 안 될 말씀입니다. 우리는 그가 머리털 하나라도 잃지 않게 한 것은 살아 계신 하나님의 이름으로 맹세합니다. 하나님의 도움이 아니었던들 그가 오늘 어떻게 이런 일을 해낼 수 있었겠습니까?"

병사들이 일치단결하여 요나단을 죽음에서 구출했다(삼상 14:35-45).

8. 승리와 자만과 권력의 본질

사울왕은 거기서 더 이상 블레셋 군을 추격하지 않고 철수했고, 블레셋은 자기들 땅으로 돌아갔다. 블레셋이 철수함으로써 일단 평온을 되찾았다. 사울왕은 이스라엘의 왕이 된 후 모압, 암몬, 에돔, 소바, 블레셋 등 주변의 모든 대적들이 운집한 곳마다 쳐들어가 승리하였다. 사울왕은 영웅적인 전투를 통해 아말렉까지 쳐부수고 이스라엘을 모든 침략자의 손에서 구출했다. 그러나 싸움에 임할 때마다 승리를 거둔 사울왕은 마침내 승리감에 도취되어 자만에 빠졌다. 하나님의 뜻 보다 자기의 생각을 우선하기 시작했다. 국왕 제도가 정립되기 전에는 제사장들이 백성을 율법으로 다스렸다. 그러나 왕정이 시작되면서 사울 왕은 율법보다 국왕의 권력을 우선하기 시작하면서 그는 하나님의 눈 밖에 나기 시작했다.

한편 사울왕이 하나님의 뜻을 어기면서 그를 왕으로 추대한 사무엘과의 관계가 순탄치 못했는데 이유는 하나님의 뜻을 우선하는 사무엘의 견해와 병사들을 거느린 사울왕의 권력의 마찰이었기 때문이었다(삼상 14:46-).

9. 아말렉의 조상은 에서

사울이 왕위에 오른 후 몇 해가 지났을 때 사무엘이 사울왕을 찾아갔다. 사무엘은 사울왕에게 이스라엘과 아말렉 간에 있었던 역사적 사실 관계를 알리고 그들과의 관계를 새로 정립해야 한다고 설명했다. 예를 들면, 이스라엘 백성이 이집트를 떠나 가나안을 향해 광야를 전전할 때 몸이 약하고 나이 많은 사람들 중에 기운이 떨어져 행렬에서 뒤쳐지는 사람들이 있었다. 그럴 때마다 아말렉이 뛰쳐나와 뒤처지는 사람들을 무자비하게 죽였다.

아말렉은 이삭의 맏아들이며 야곱의 형 에서(Esau)의 후손들이었다. 에서의 후손들은 이스라엘 백성들의 가나안 진입을 끈질기게 방해했다. 한 번은 아말렉 병사들이 이스라엘 백성들의 행진을 방해하자 모세가 여호수아를 내세워 싸우도록 했다. 그리고 모세 자신은 산에 올라가 기도했다. 싸움이 벌어졌을 때 모세가 손을 높이 들고 있으면 여호수아가 아말렉을 물리쳤으나 팔을 내리면 아멜렉이 우세했다. 그래서 하루 종일 팔을 들고 있으려니 힘에 부쳐 아론과 훌(Hur)이 모세의 양 팔을 떠 받쳐줌으로써 여호수아가 승리했다(출 17:8-15).

그러나 여호수아는 그 때 도망치는 아말렉을 완전히 섬멸하지 않고 대충 마무리했다. 그 후 여호수아가 다시 소탕 작전을 폈을 때에도 겨우 살아남은 일부 아말렉 사람들이 있었는데 그들이 계속 전열을 가다듬어 기승을 부렸다. 아멜렉을 괘씸하게 생각하고 있던 하나님께서 이스라엘 백성들에게 복수의 기회를 주려던 차에 마침 사울이 왕위에 올라 승리를 거듭하자 사무엘을 통해 이르셨다.

"하나님께서 나를 시켜 당신을 왕위에 앉히시고 이스라엘을 다스리게 하셨소. 그러니 이제 하나님의 말씀을 잘 들으시오. 지금 하나님께서 '내 백성이 이집트에서 나왔을 때 아말렉이 내 백성을 대적하였으므로 내가 그들을 벌하기로 작정하였소. 이제 너는 가서 아말렉을 치고 소와 양과 낙타와 기타 가축은 물론, 남자 여자 어른 아이 할 것 없이 심지어 젖먹이까지 모조리 죽이시오.' 하고 말씀하셨소."

사무엘의 말을 듣고 난 사울왕은 즉시 싸움을 준비하기 위해 각처에 있는 병사들을 들라임(Telaim)에 소집한 다음 그 수효를 점검했다. 소집된 병사들을 점검한 결과 당장 싸움에 임할 수 있는 장정이 21만 명이었다. 사울은 병사들을 이끌고 아멜렉 성에 접근했다(삼상 15:1-7).

10. 사무엘과 사울의 알륵

전열을 가다듬어 공격을 개시한 사울은 하윌라(Havilah)에서 이집트 동쪽의 술(Shur)에 이르기까지 널리 자리 잡은 아말렉을 단칼에 무찌르고 아각(Agag)왕을 사로잡는 등 대승리를 거두었다. 살려 둘 가치가 없는 것은 모두 죽이고, 다만 가축만은 그대로 살려 두었다. 사무엘이 모두 죽이라고 당부했지만 사울왕은 가축 정도야 어떠하랴하는 생각으로 살려 두었다. 그러나 하나님은 일단 모두 죽이라는 명령을 거역한 사울왕을 심히 못마땅하게 여기시고 사무엘을 통해 꾸짖었다.

"내가 사울을 왕위에 앉힌 것을 후회한다. 그가 벌써 내 명령에 순종하지 않았다."

사무엘은 하나님의 말씀을 듣고 밤새도록 부르짖었다. 그 다음 날 아침 일찍 사울왕을 찾아갔다. 그 때 어떤 사람이 사무엘에게 "사울왕이 갈멜(Carmel)에 가서 자기의 기념비를 세우고 길갈로 내려갔습니다." 하고 알려 주었다. 사무엘이 사울왕에게 갔을 때 사울은 반갑게 맞이했다.

"어서 오십시오. 나는 주님의 축복으로 승리했습니다. 주님의 명령을 충실히 수행했습니다." 하고 자신의 전공을 치하해 줄 것으로 알고 말했다. 그러나 사무엘의 반응은 냉담했다.

"사울왕이여, 그렇다면 어째서 소와 양의 울음소리가 내 귀에 들려온단 말이오?"

사무엘이 문밖에서 들려오는 짐승 소리를 가리켰다. 그러자 사울왕이 말했다.

"병사들이 아말렉 사람들로부터 빼앗은 양과 소, 중에서 제일 좋은 것은 죽이지 않고 살려 둔 것입니다. 하지만 그것은 하나님께 번제 드리기 위해서 남겨 둔 것입니다. 그외에는 모조리 죽였습니다."

사울왕이 아무러치 않은 태도로 대답하자 사무엘이 큰 소리로 꾸짖었다.

"듣기 싫습니다! 지난 밤에 하나님께서 하신 말씀을 들으시오."

"대체 그게 무슨 말씀입니까?"

"두고 보시오. 당신이 왕이 되기 전에는 스스로 자신을 보잘 것 없는 존재로 여기고 있을 때 하나님은 당신을 이스라엘의 왕으로 삼으셨습니다. 그리고 당신에게 임무를 맡기시면서 '너는 가서 죄인 아말렉 사람들을 쳐서 하나도 남기지 말고 모조리 죽여라.' 하고 명령하시지 않았습니까? 그런데 어째서 당신은 하나님의 말씀에 순종하지 않고 좋은 것을 탈취하는데 급급하여 하나님의 명령을 거역하셨습니까?"

사울왕이 아말렉왕을 살려둔 것을 문제삼아 크게 꾸짖었다. 사울왕은 차마 사무엘의 입에서 그런 말이 나올 줄은 몰랐다.

"하지만 나는 하나님의 말씀에 순종하였습니다. 나는 하나님께서 나에게 말씀하신 대로 아말렉의 아각 왕을 사로잡았고, 그 나머지 사람들은 모조리 죽였습니다. 그러나 병사들이 길갈에서 하나님께 제사를 드리겠다고 빼앗은 양과 소중에서 제일 좋은 것을 골라 하나님께 제물로 사용하겠으니 살려 달라고 요구하기에 내가 허락했습니다."

사울왕이 사실대로 말하자 사무엘이 다시 말했다.

"하나님께서 번제와 제사를 순종 보다 더 좋아하시는 줄 아십니까? 순종이 제사보다 낫고, 하나님의 말씀을 듣는 것이 수양의 기름보다 더 낳습니다. 거역하는 것은 마술의 죄와 같고 완고한 고집은 우상 숭배와 다를 바 없습니다. 당신이 하나님 말씀을 저버렸으므로 하나님께서도 당신을 저버리셨음으로 더 이상 국왕이 되지 못하게 할 것입니다"

사무엘의 단호한 말을 듣고서야 잘못을 깨달은 사울왕은 소리 내어 울부짖었다.

"그렇습니다. 내가 당신의 말씀과 하나님 명령에 불복하였습니다. 내가 백성들이 두려워 그들의 요구를 들어주었습니다. 제발 부탁합니다. 저의 죄를 용서하시고 나와 함께 하나님께 경배하도록 허락해 주십시오." 사울왕은 기도하면 하나님께서 자신의 잘못을 용서해 주실 것으로 알았다. 그러나 사무엘은 냉담했다.

"그렇게 해도 소용이 없습니다. 당신이 하나님 명령을 거절했으므로 하나님께서도 당신을 거절하였습니다." 하고 발길을 돌려 떠나려하자 사울왕이 사무엘의 옷자락을 붙잡자 옷깃이 찢어졌다. 사무엘이 찢긴 옷깃을 가리키며 말했다.

"이 옷이 찢긴 것처럼 하나님께서 이스라엘을 당신에게서 떼어내 다른 사람에게 주셨습니다. 이스라엘의 영광이신 하나님은 거짓말을 하거나 마음이 변하는 일이 없습니다. 그 분은 사람이 아닙니다."

사무엘의 충고를 받은 사울왕이 다시 눈물로 호소했다.

"내가 범죄 하였습니다. 하지만 나와 함께 돌아가서 내가 하나님께 경배할 수 있게 허락하십시오. 이스라엘 군중 앞에서 내 체면 만이라도 높여 주십시오."

사울왕이 울부짖자 사무엘이 하나님께 경배한 다음 비장한 어조로 말했다.

"아각 왕을 나에게 끌어오십시오."(삼상 15:8-32).

◈ **사무엘과 사울왕의 알륵**

구약성서의 사무엘서는 사울왕이 사방의 적들과 싸워 혁혁한 전과를 올려 나라의 기틀을 다지고 나라의 평화를 이루었지만 그 내용은 간단하게 기록했다(삼상 14:47-48). 그런가 하면 사울왕이 간단한 실수인 성급한 제사와 경솔한 맹세, 또는 아말렉과의 전쟁 후의 불순종 등은 과대해서 기록했다. 그것은 의도적으로 목적이 전제된 기록으로 사울왕의 통치 역사를 순수하게 기록하지 않은 것으로 사료된다. 결국 사울왕과 그의 일가 왕권 전승을 배척하려는데 목적이 있었던 것이다.

사울왕과 그의 일가 그의 일가가 왕권 전승을 견제하려는데 기록의 목적이 있었던 것이다. 사울광과 그의 일가가 하나님으로부터 배척당한 까닭을 기록함으로 라이벌로 떠오른 다윗의 왕가가 그 권리의 정당한 이유를 밝히는데 있었다고 보겠다.

성서의 기록대로라면 사울이 하나님으로부터 배척당한 원인이 된 사건은 극히 사소한 것으로 보이지만 그가 이스라엘 초대 국왕이라는 점에서 볼 때 매우 중대한 일이었던 것이다. 진정 이스라엘의 참된 국왕은 야훼 하나님 자신이고, 국왕은 야훼 하나님에 대하여 절대적으로 존중 하였다. 그런데 사울왕은 야훼 하나님에 대하여 절대적 종속(從屬)관계를 지키지 않았다는 점과 제멋대로 행동을 취하여 야훼 하나님의 분명한 명령에 위배되는 짓도 예사로 저질렀다는 것이다.

그래서 하나님은 사울왕가의 왕위 계승의 희망을 접고(삼상 13:13-14)사울을 배척하였다.(삼상 15:23) 하나님은 사무엘을 시켜 사울왕에게 내린 성령의 은총을 거두고 대신 다윗에게 기름 부어 축성시킴으로서 이스라엘의 왕권을 다윗에게 옮기도록 하고 있다. 결국 민심이 사울왕을 떠나 그의 사위인 다윗에게 쏠리도록 섭리하셨다고 기록되었다.

11. 사울이 살려 놓은 아말렉 왕을 사무엘이 처형하다

아각왕은 그 동안 사울왕이 살려 주었기 때문에 굳이 이제 와서 죽일 것이라고는 생각하지 않았다. 아각왕이 만면에 미소를 머금고 걸어 나오면서 "사망의 괴로움이 지나고 이제 나는 살았다!" 하고 중얼거렸다. 그러나 사무엘이 아각왕을 보는 순간 소리쳤다.

"네 칼에 얼마나 많은 여인들이 자식을 잃었는지 아느냐? 이제 너의 어머니도

네 칼에 아들을 잃은 여인들처럼 자식 없는 여인이 돼야 마땅하다."

사무엘은 하고 아각을 길갈에 있는 하나님의 단 앞에 끌고 가 칼로 난도질해 죽였다. 아각왕을 토막 쳐 죽인 사무엘은 그 길로 라마에 있는 자기 집으로 돌아가고 사울왕은 기브아로 돌아갔다. 사울왕에게 적을 용서해서는 안 된다는 점을 행동으로 보여준 사무엘은 이날 사울왕과 갈라진 후 죽을 때까지 다시 만나지 않았다. 결국 단 한 번의 실수로 등을 돌린 두 사람은 죽을 때까지 실수로 벌어진 앙금을 지우지 못했다. 사무엘은 이때부터 사울을 왕위에 올려놓은 것을 슬퍼했고, 하나님도 사울을 이스라엘의 왕으로 삼은 것을 후회하셨다(삼상 15:33-35).

12. 다윗이 택함을 받다

사울왕에 대한 하나님의 경고가 있은 후 사무엘은 착잡했다. 비록 사울왕이 하나님의 눈 밖에 났지만 자기가 옹립한 왕을 쉽게 잊을 수 없었다. '어쩌다 그가 주께 버림을 받았을까' 하고 한탄하던 어느 날 하나님께서 이르셨다.

"너는 사울왕을 위해 언제까지 슬퍼할 것이냐? 나는 이미 그를 버렸으므로 더 이상 이스라엘의 왕으로 여기지 않는다. 이제 너는 감람 기름병을 가지고 베들레헴으로 가서 이새(Jesse)를 찾아라. 내가 그의 아들 중에서 이스라엘의 새 왕이 될 사람을 정해 놓았다."

사무엘은 깜짝 놀랐다.

"주님, 제가 어떻게 그렇게 할 수 있습니까? 만일 사울왕이 알면 당장 나를 죽일 겁니다."

사무엘이 사양하자 하나님께서 다시 이르셨다.

"너는 암송아지 한 마리를 끌고 가서 하나님께 제사 드리러왔다고 말하고, 이새와 그의 아들 형제들을 제사에 초대하라. 내가 그의 아들 중에서 기름 부을 자를 너에게 알려 줄 테니 그의 머리에 기름 부어라."

사무엘이 하나님의 분부대로 암송아지 한 마리를 끌고 베들레헴에 도착하자 성읍의 장로들이 마중 나왔다. 장로들은 갑자기 나타난 사무엘을 보고 겁을 먹었다.

"무슨 잘못된 일로 오셨습니까? 아니면 좋은 일로 오셨습니까?"

사무엘이 밝은 표정으로 말했다.

"별다른 일은 없소. 다만 주님께 제사 드리려고 왔으니. 여러분은 몸을 성결하게 한 다음 제사 드립시다."

사무엘은 이새와 그의 아들을 모두 제사에 참여하도록 초대했다. 그런데 이새의 맏아들 엘리압(Eliab)을 보는 순간 이 사람이 하나님께서 택하신 사람이구나 생각했다. 그러나 주님께서 말씀하셨다.

"너는 신장과 준수한 겉모습만 보고 판단하지 말라. 이 사람은 내가 말하는 자가 아니다. 내가 보는 것은 사람이 판단하는 관점과 다르다. 사람은 외모를 보지만 나 하나님은 중심을 본다"(삼상 16:1-5).

13. 이새의 막내아들 다윗

사무엘이 하나님의 분부를 듣고 있을 때 이새의 둘째 아들 아비나답이 들어왔다. 사무엘이 아비나답을 보는 순간 이 사람이 바로 하나님께서 뽑은 사람이라고 생각했다. 그러나 하나님은 그도 아니라는 것이었다. 그러자 이번에는 이새가 직접 나서서 삼마(Shammah)를 불러들였다. 사무엘이 삼마를 뜯어볼 때 하나님은 그도 역시 아니라는 것이었다. 사무엘이 이새의 아들 일곱 명을 불러들여 차례차례 심사했지만 모두 하나님께서 선정한 인물이 아니라는 것이었다.

"하나님께서 지금까지 여러 명의 아들을 보았지만 택하시지 않았습니다. 그러니 남은 아들까지 모두 보내신 겁니까?"

"아닙니다. 아직 막내가 남아 있습니다. 그는 양떼를 치려고 나가서 집에 없습니다."

사무엘이 이새에게 다시 말했다.

"당장 사람을 보내 막내를 불러오시오. 그가 오기 전에는 제물을 바치지 않겠습니다."

사무엘이 마지막 도착한 막내아들을 보는 순간 깜짝 놀랐다. 준수하게 잘 생긴데다 눈에 강한 광채가 감돌고 총기가 넘쳤다. 사무엘이 소년의 영롱한 눈빛을 바라보고 있을 때 주님의 음성이 들렸다.

"바로 이 사람이다. 어서 그에게 기름 부어라."

사무엘이 이새의 여러 아들 형제들이 보는 앞에서 준비해 간 감람기름을 다윗의 머리 위에 붓고 축복했다. 사무엘이 축복을 베풀자 주님의 성령이 다윗과 함께 하셨다. 사무엘이 다윗에게 축복을 베푼 다음 라마의 집으로 돌아가고 악령에 사로잡힌 사울왕은 점점 포악한 왕으로 백성들을 괴롭히기 시작했다(삼상 16:6-23).

제3장 양치기 초립동 다윗의 이야기

1. 골리앗의 협박

사울이 왕위에 오른 후 이스라엘과 블레셋 간의 싸움은 그칠 날이 없었다. 그런데 이번에는 지중해 연안에 자리 잡은 블레셋이 대군을 정비하여 팔레스타인의 남쪽 유다의 소고(Socoh)[8]까지 쳐내려와 에베스다임(Ephes-Dammim)에 진을 쳤다. 그러자 사울왕이 이끄는 이스라엘 병사들은 그 맞은편 엘라(Elah)골짜기에 진을 치고 방어 태세에 들어갔다. 그러나 사울왕이 이끄는 이스라엘의 병력은 블레셋에 비해

---

8) 소고는 현재 예루살렘의 남동쪽 11마일 지점에 있는 Choueikeh이다.

매우 열세였다.

서쪽의 이스라엘 병사들과 동쪽의 블레셋 병사들은 작은 아세가(Azekah)골짜기를 사이에 두고 40일째 팽팽히 대치하고 있었다. 일촉즉발의 긴장이 감도는 가운데, 블레셋 군 진지에서 엄청나게 큰 거한(巨漢)이 하루에도 몇 차례씩 뛰쳐나와 이스라엘 진지를 향해 욕설을 퍼부었다. 거한은 키가 3미터 81센티미터에 어깨가 떡 벌어진 당대의 영웅 골리앗(Goliath)장군이었다. 골리앗은 머리에 청동제 투구를 쓰고, 물고기 비늘 모양의 갑옷을 입고, 양어깨에 놋쇠로 만든 방패를 붙이고, 팔에도 놋쇠로 만든 토시를 감고, 손에는 놋창을 잡고 있었다. 무게가 57킬로그램이나 되는 갑옷을 입은 골리앗은 놋쇠로 만든 각반을 차고, 손에는 베틀의 용두머리만큼 굵은 창 자루를 잡고 있었는데, 자그마치 그 창날의 무게가 6.8킬로그램이었다. 이렇게 완전 무장을 한 골리앗이 앞뒤에는 방패를 든 장사들까지 대동하고 하루에도 몇 번씩 이스라엘군의 진지를 향해 침을 뱉으면서 모욕적인 욕설을 퍼부었다.

"이스라엘 놈들아, 너희 놈들이 전열을 갖추면 어쩌자는 거냐? 나는 블레셋이고 너희는 사울왕의 부하가 아니냐? 너희들 중에 나하고 싸울 놈이 있으면 나와 한판 붙어 보자. 만일 네놈들이 이긴다면 우리는 깨끗이 너희들에게 복종하겠다. 그러나 만일 내가 이기면 너희들은 모두 우리의 종이 되어야 한다. 이스라엘 놈들아, 마지막으로 말한다. 얼른 항복하든가 아니면 한판 붙어 보자."

더 이상 참고 들을 수 없는 욕지거리를 퍼부었지만, 대항할 능력이 없는 이스라엘은 속수무책이었다. (삼상 17: 1-17)

2. 초립동(草笠童) 다윗

한편 베들레헴에 사는 유다지파의 이새라는 노인에게 여덟 명의 아들이 있었는데 그 중에 막내둥이 다윗(David)은 집안에서 아버지의 목축을 돌보고 있었다. 이새의 맏아들 엘리압과 둘째 아비나답과 셋째 삼마는 블레셋 군과 싸우기 위해 사울왕을 따라 전쟁터에 나가 있었다. 다윗은 목동이면서 사울왕의 궁중악사로 궁전을 드나들면서 수시로 사울왕이 좋아하는 수금(豎琴)을 타고, 낮에는 아버지의 양떼를 치는 생활을 하고 있었다. 그런데 아들 3형제를 전선에 보낸 아버지 이새는 전선에 출정한 아들이 40일이 지나도 감감 무소식이라 막내아들 다윗에게 말했다.

"이 볶은 밀 한 말과 빵 열 덩어리를 가지고 이스라엘군 진영으로 뛰어가서 형들에게 갖다 주어라. 그리고 이 치스 열 덩어리는 그곳 천인장에게 갖다 드리고 네 형들이 어떻게 지내는지? 알아보고, 그들이 살아 있다는 증거물을 받아오너라. 사울왕과 너의 형들과 이스라엘 군은 지금 엘라 골짜기에서 블레셋 군과 교전 중에 있을 것이다."

다윗은 양떼를 다른 목자에게 맡기고 아침 일찍 아버지의 심부름으로 이스라엘군이 진주한 엘라 골짜기로 찾아갔다(삼상 17: 12-23).

3. 진지에 도착한 다윗

다윗이 이스라엘군 진지에 도착했을 때 마침 블레셋과 이스라엘의 병사들이 양편에서 함성을 지르는 등 일촉즉발의 전운이 감돌았다. 다윗은 집에서 꾸려온 짐을 감시병에게 맡기고 최전방으로 달려가 형들을 만났다. 다윗이 형을 만나 집안의 안부를 전할 때 마침 골리앗이 뛰쳐나와 이스라엘을 협박하기 시작했다. 골리앗이 모욕적으로 협박했지만 이스라엘 병사들은 벌벌 떨 뿐 아무도 대항할 엄두도 내지 못했다. 마침 그때 다윗이 겁먹은 병사들 간에 주고받는 이야기가 들렸다.

"자네 저런 장수를 본적이 있었나? 저 무지한 놈이 이스라엘을 매일 모욕하네. 사울왕은 저 자를 죽이는 장사에게 많은 재산을 주겠다고 약속 했네. 어디 그뿐인가! 딸까지 주어 사위를 삼고, 그 가족에게는 세금도 면제해 준다네."

병사들이 주고받는 이야기를 곁에서 엿들은 다윗이 끼어들었다.

"저 블레셋 장사를 죽이면 어떤 대우를 받는다고요? 도대체 저 블레셋 사람이 누군데 감히 하나님의 군대를 모욕한단 말입니까?"

골리앗의 목숨에 많은 현상금이 걸렸다는 말에 흥미를 느낀 다윗을 맏형 엘리압이 나타나 다윗을 꾸짖었다.

"다윗아! 도대체 여기서 무엇 하는 거냐? 양떼는 누구에게 맡기고 여기 와서 전쟁이나 구경하느냐? 당장 집으로 돌아가거라."

형이 꾸짖자 다윗이 대꾸했다.

"저는 골리앗의 목숨에 많은 현상금이 걸린 것에 너무 흥미가 있는데 왜 역정을 내십니까?"(삼상 17:24-28)

4. 다윗이 골리앗에 맞서다

다윗은 곧장 집으로 돌아가라는 맏형의 꾸지람을 어기고 골리앗과 한판 겨루어 보겠다고 했다.

"저 할례 받지 않은 블레셋 놈이 감히 하나님 군대에 도전한단 말입니까. 제가 싸우겠습니다. 듣자 하니 저 놈의 모욕을 더 참을 수 없습니다."

다윗이 싸우겠다고 나서자 사령관 아브넬이 사울왕에게 사실을 보고했다.

사울왕이 아브넬 사령관에게 "골리앗과 싸우겠다는 장사가 누구의 아들인지 아느냐?"며 그를 데려오라고 명령했다. 아브넬 사령관이 다윗을 사울왕 앞에 대령시키자 사울왕이 놀란 표정으로 물었다.

"대체 젊은이는 누구의 아들인가?"

"저는 베들레헴에 사는 임금님의 종 이새의 막내아들 다윗입니다."

"네가 감히 저 골리앗과 싸우겠다고?, 어림없다. 너의 기상은 가상하다만 골리앗과 싸우기엔 아직 너무 어리다. 도대체 네가 어떻게 저 골리앗과 싸운단 말이냐? 너는 아직 소년이지만 저 자는 어릴 때부터 훈련 받은 병술이 뛰어난 명장이다."

사울왕이 일언지하에 거절하자 다윗이 당당한 자세로 말했다.

"오, 왕이시여, 저는 아시다시피 시골의 일개 양치기 소년입니다. 하지만 저는 평소에 양을 보호하기 위해 날쌘 사자와도 싸워 이겼습니다. 제가 사자와 싸울 때마다 주님께서 사자의 발톱에서 저를 살려 주셨습니다. 이번에도 주님께서 저 블레셋의 손에서 저를 살려주실 것입니다. 주님과 함께 하면 능치 못함이 없습니다"
(삼상 17:29-32).

5. 다윗을 얕본 골리앗

다윗의 당돌한 기백에 감격한 사울왕은 비록 병사의 기본 훈련도 받지 않은 소년이지만 하나님의 은총을 앞세운 기개를 무시 할 수 없었다. 사울왕은 한참 생각 끝에 조건부로 허락했다.

"정 그렇다면 할 수 없다. 다만 나를 원망하지 말라. 주님께서 너와 함께 하시길 바란다."

사울왕은 재차 원망하지 않겠다고 다짐받고 자기가 착용하고 있던 갑옷과 투구와 칼(劍)을 다윗에게 풀어 주었다. 그러나 몸집이 작은 다윗은 사울왕의 장비를 착용할 수 없었다.

"저는 갑옷이 거북합니다. 갑옷을 입으면 몸을 자유롭게 움직일 수 없습니다. 평소의 입은 이대로 싸우겠습니다."

다윗은 하사 받은 사울왕의 장비를 반납하고, 평소의 목동차림 그대로 양떼를 보호할 때 사용하던 지팡이와 투석기만을 가지고 나섰다. 싸움에 임하는 다윗을 지켜 본 병사들은 기가 막혀 킥킥 웃었다. 싸움은 연습이 아닌데 아무 장비도 갖추지 않은 빈 몸으로 골리앗과 싸우겠다고 나선 다윗을 어이없이 바라보았다. 그러나 다윗의 자세는 당당했다. 시냇가에서 날렵하게 생긴 돌덩어리 5개를 주머니에 챙겨 블레셋 진지를 향해 돌진했다.

"야, 골리앗 나와라, 하나님의 심판이다."

다윗의 고함이 작은 골짜기에 메아리쳤다. 순간 호시탐탐 적진을 넘보던 골리앗이 이스라엘 진지 앞으로 다가왔다. 그러나 골리앗은 다윗을 대하는 순간 허리를 움켜잡고 껄껄껄껄 웃었다. 무장도 갖추지 않은 홍안의 소년이 겁 없이 대드는데 어이가 없었다. 싸우고 자시고 할 처지가 아니었다.

"얘야, 이리 더 가까이 오너라. 네가 감히 나를 어쩌겠다는 거냐. 요 버르장머리 없는 녀석아, 그 손에든 지팡이는 무엇 하는 거냐? 내가 강아지란 말이냐? 단칼에 사지를 찢어 말동가리(Buzzards)밥을 만들겠다."

골리앗은 어이없다는 듯 다윗을 얕보았다. 그러나 골리앗은 다윗의 작은 체구만 보았지 그의 몸속에 담겨 있는 하나님의 슬기는 알지 못했다(삼상 17:33-40).

6. 다윗의 돌팔매 전술

다윗이 골리앗을 향해 큰 소리로 말했다.

"골리앗, 너는 창과 칼을 가지고 나왔지만 나는 당신이 모욕하는 이스라엘의 하나님,,,만군의 왕 하나님의 은총을 가지고 싸울 것이다. 네가 나를 함부로 욕하는 것은 곧 나의 주님을 욕하는 것이다. 전쟁에서 이기고 지는 것은 오직 주님께 달려있다. 오늘 하나님께서 기필코 너를 내 손에 넘겨주실 것이다. 나는 반드시 네 목을 자를 것이다. 나는 블레셋 군의 시체를 들짐승의 먹이로 삼겠다. 온 세상에 이스라엘의 하나님이 살아계심을 알려주고, 하나님께서 자기 백성을 구하시는데 창이나 칼이 필요하지 않다는 사실을 보여 줄 것이다."

다윗이 큰 소리로 맞섰다. 골리앗은 가소롭다는 듯 히죽히죽 웃으며, 단숨에 삼킬 듯 달려들었다. 바로 그 때였다. 다윗이 날쌘 몸놀림으로 투석기에 돌을 채운 다음 가죽 끈을 머리 위로 힘차게 내돌리기 시작했다. 돌아가는 가죽 끈에 활력을 가하자 바람 가르는 윙윙 소리를 내뿜었다. 투석기의 가죽 끈이 팽팽해 졌을 때 골리앗의 이마를 겨냥해 줄을 퉁겼다. 폭발하듯 튕겨 나온 돌이 허공을 날아 골리앗의 이마를 정통으로 내리쳤다. 순간 비틀비틀 몸을 가누지 못하던 골리앗이 몇 발작 걷다 픽 하고 땅에 고꾸라졌다. 그때 비호같이 달려 나간 다윗이 골리앗의 등을 밟고 허리에서 칼을 뽑아 골리앗의 목을 단칼에 날렸다. 눈 깜짝할 사이에 싸움이 싱겁게 끝나자 먼발치에서 초조하게 지켜보던 블레셋군 진지에서 경악하는 비명 소리가 폭발했다. 골리앗을 의지하던 병사들은 공포에 질려 목숨을 부지하기 위해 투항하고 일부는 허겁지겁 도망치기 시작했다(삼상 17: 41-54).

7. 다윗의 일방적인 승리

골리앗을 단숨에 죽인 다윗이 그의 목을 친 다음 승리를 외치자 이스라엘의 병사들은 사기충천했다. 용기백배한 이스라엘 군이 기가 꺾인 블레셋 병사들을 처단하기 시작했다. 시체로 뒤덮은 벌판을 따라 허겁지겁 달아나는 블레셋 병사들을 에그론(Ekron)성문까지 추격했다. 대 승리를 거둔 이스라엘 병사들은 블레셋군이 떠난 진지에서 그들이 미처 챙기지 못한 전리품을 모두 수거했다. 골리앗의 갑옷과 투구는 천막에 맡겨두고 머리를 잘라 장대에 꿰들어 매놓고 춤을 추었다. 아브넬 사령관이 골리앗을 단숨에 죽인 다윗을 사울왕 앞에 데려갔을 때 그의 손에는 골리앗의 머리가 들려 있었다. 블레셋을 단숨에 무찌른 이스라엘 병사들이 다윗을 앞세워 개선하자 사울왕이 감격에 겨워 다시 물었다.

"애야, 네가 누구의 아들이라고?"

"저는 베들레헴에 사는 임금님의 종 이새의 막내아들입니다."

사울왕은 다윗의 용맹을 높이 치하했다.

한편 사울왕의 아들 요나단은 다윗과 친분이 두터운 사이었다. 그런데 다윗이 골리앗을 죽인 것이 계기가 되어 한층 더 친한 사이가 되었다. 요나단은 다윗과 우정을 다지는 의미에서 자기가 입고 있던 겉옷과 갑옷과 칼과 활과 허리띠까지 모두 넘겨주었다.

사울왕은 골리앗을 제거한 다윗을 집으로 돌려보내지 않았다. 다윗에게 많은 병사를 지휘할 수 있도록 특진 시킨 다음 항상 자기 곁에 두고 블레셋과 싸움이 벌어질 때마다 함께 출전했다. 그런데 하나님의 지혜를 힘입은 다윗은 싸움에 임할 때마다 승리했다. 다윗의 지략과 용맹을 지켜본 사울왕은 아브넬과 더불어 다윗을 이스라엘 군의 사령관 중의 한 명으로 임명했다(삼상 17:55-58).

8. 싹트기 시작한 질투

한편 블레셋을 단칼에 무찔렀다는 낭보에 접한 이스라엘 백성들은 저마다 소고와 경쇄를 들고 거리로 몰려나와 개선하는 병사들을 환영했다. 일부는 춤추고 일부는 노래하는 등 전 백성이 다윗을 열렬히 환호했다. 개선하는 병사들을 이끌고 선두에서 환영 인파를 내려다보던 사울왕은 감격했다. 그는 군중과 혼연일체가 되어 이스라엘 역사상 전무후무한 경축을 베풀었다.

사울은 왕위에 오른 후 많은 승리를 거두었지만 이처럼 열렬한 환영을 받기는 처음이었다. 그러나 환호소리에 귀를 기우리고 듣던 사울왕은 당황했다. 군중의 환호는 사울왕의 승리를 축하하는 것이 아니라 다윗을 소리 높여 칭송하는 것이었다. 처음에는 열띤 환호소리에 가려 군중의 함성을 제대로 듣지 못했다.

그런데 춤추고 노래하는 함성 속에 "사울왕은 수천을 죽였고, 다윗은 수만을 죽였네," 하고 자신의 전과와 다윗의 전과를 비교하는 등 다윗에게 갈채를 보내는 게 아닌가. 그러더니 나중에는 아예 노골적으로 다윗의 전과를 외치는 것이었다. 감히 이스라엘의 왕을 따돌리고 일개 목동 소년을 칭송하는 소리가 크게 들릴수록 사울왕의 심기가 뒤틀렸다.

'도대체 이것이 어찌된 일인가, 승리의 공을 양치기 소년에게 돌리다니, 양치기가 영웅이 되다니...'

사울은 혼자말로 계속 중얼거렸다.

'나는 백성들로부터 더 많은 존경을 받아야 하는데, 다윗에게는 수만이 환성을 올리고 자신에게는 수천이 환송하다니! 다음번에는 아예 다윗을 왕으로 세우겠구나!'

9. 시기가 살의로

다윗의 인기를 시기한 사울왕은 악령에 사로잡혔다. 그는 다윗을 곱지 않은 눈길로 보기 시작했다. 살기어린 사울왕의 눈빛은 주위를 불안하게 만들었다. 다음날 오후 다윗을 관저로 불러들여 축하연을 베풀었을 때 악령에 사로잡힌 사울왕은 미친 사람처럼 소리 지르고 횡설수설했다. 그러자 사울왕의 심기가 뒤틀린 것을 눈치 챈 다윗은 그를 위로하기 위해 그의 앞에서 하프를 연주하고 앞으로 더 잘하겠다고 충성을 맹세했다. 그러나 이미 정서적으로 안정을 잃은 사울왕은 '어떻게 하면 백성들이 다윗을 경멸하도록 유도할까' 궁리하기에 급급했다. 하나님 보시기에 기본이 잘못 된 사울왕은 점점 수렁으로 빠져들었다. 다윗을 죽이기로 마음먹은 사울왕은 급기야 다윗을 위험한 작전 지구로 내몰아 합법적으로 전사시키려했다. 다윗을 1천명의 부하를 거느리는 지휘관으로 강등시킨 다음 수적으로 적이 우수한 격전지로 내몰았다. 그러나 다윗은 전사하기는커녕 오히려 더 큰 전과를 올리고 당당한 모습으로 개선하자 백성들은 한층 더 감격에 겨워 맞이했다. 적의 힘을 빌려 부하를 전사시키려는 사울왕의 비겁한 속셈은 번번이 빗나가면서 마음의 갈등이 심화되었다(삼상 17:55-58).

10. 포상을 공약(公約)한 속셈

사울왕은 한때 골리앗 때문에 밤잠을 설쳤다. 그래서 "누구든지 골리앗을 죽이면 자기 딸과 결혼시키겠다."는 푸짐한 포상을 내걸었던 것이다. 그러나 막상 다윗이 골리앗을 죽였지만 이런 저런 구실을 내세워 공약을 이행하지 않았다. 오히려 포상 받아야할 다윗을 제거하려는 음모에 몰두했다. 그러던 어느 날 사울왕은 딸을 미끼로 또 다른 계책을 꾸몄다. 사울왕은 자기의 속셈을 내색하지 않은 채 혼자 말로 '내가 딸을 내세워 다윗을 블레셋 손에 죽여야지' 하고 다윗을 불러 말했다.

"내가 약속한 대로 내 맏딸 메랍을 자네의 아내로 주겠네. 다만 내가 바라는 것은 자네가 한 번만 더 용감히 싸워 주님의 능력을 힘입은 용사라는 사실을 보여주게."

블레셋과 싸울 것을 종용 받은 다윗은 부마(駙馬)의 권유를 겸손하게 사양했다.
"제가 누군데 감히 왕의 사위가 된단 말입니까? 저의 혈통이나 집안은 부마가 될 자격이 없는 보잘것없는 사람입니다."

다윗이 정중히 사양하자 사울왕은 기다렸다는 듯이 큰딸 메랍을 므흘랏(Meholathit)에 사는 아드리엘(Adriel)과 전격적으로 결혼시켰다. 그러나 심성이 착한 다윗은 사울왕의 처사에 개의치 않았다. 오히려 자신은 집안이 가난하기 때문에 부마가 되기엔 격에 어울리지 않는다고 생각했다. 그런데 뜻밖에 사울왕의 둘째 딸 미갈(Michol)이 다윗을 좋아했다. 그러나 부마가 될 처지가 못 된다고 생각한 다윗은 미갈의 구애도 사양했다. 그러나 미갈이 일방적으로 사랑을 고백하자 사울왕은 또 다시 다윗을 죽일 기회를 엿보았다. '이 기회에 미갈을 다윗에게 주고 다윗을 함정에 빠뜨려 죽여야지.' 하고 음흉한 생각을 품었다.

사울은 "이제 자네는 내 사위가 될 자격이 있네. 내가 작은 딸 미갈을 줄 테니 그리 알게." 하고 통고하는 한편 신하들을 시켜 "사울왕이 다윗을 진정으로 사랑하고 있으니 사울왕의 사위가 되는 것이 좋을 것"이라고 유도하였다. 다윗으로 하여금 사울왕의 제안을 받아들이는 것이 좋을 것이라고 압력을 넣으라고 일렀던 것이다(삼상 18:17-23).

11. 다윗이 사울왕의 부마가 되다

사울왕의 뜻을 감지한 신하들이 다윗에게 부마가 될 것을 은근히 권했다. 그러나 다윗은 "저같이 가난하고 보잘것없는 사람이 어떻게 부마가 될 수 있소." 하고 사양했다. 신하들이 다윗의 태도를 보고하자 사울왕은 다시 지시했다.

"너희들은 다윗에게 찾아가서 '왕은 아무 예물도 바라지 않는다. 다만 적에게 복수를 원하니 블레셋 사람들의 포피 100개를 원한다.'고 해라."

사울왕은 노골적으로 속셈을 드러냈다. 다윗을 앞세워 블레셋을 제압하려는 목적보다 적의 손을 빌어 죽이려는 계산이었다. 사울왕의 요구를 거절할 수 없는 다윗은 블레셋과 싸우겠노라고 수락하고, 부하를 거느리고 전선에 나가 블레셋 사람들의 포피 200개를 잘라 사울왕에게 바치고 결국 부마가 되었다. 그러나 포피를 확인한 사울왕은 주님의 능력이 다윗과 함께 한다는 사실을 알게 되면서 그는 더욱 정서적으로 갈피를 잡지 못했다. 특히 자기 딸(미갈)이 다윗을 사랑한다는 사실을 알게 된 사울왕은 완전히 열등의식에 사로잡혔다. 다윗을 블레셋 보다 더 미워한 사울왕은 싸움이 터질 때마다 위험한 사지로 내몰았다. 그러나 영특한 다윗은 싸움에 임할 때마다 전사하기는커녕 오히려 더 큰 공적을 세움으로서 다윗의 명성은 날이 갈수록 널리 알려졌다(삼상 18:24-30).

12. 다윗과 요나단의 우정

사울왕은 날이 갈수록 다윗을 미워했지만 그의 아들 요나단(Jonathan)은 다윗을 진심으로 좋아했다. 심성이 착한 요나단은 다윗을 제거하려는 아버지 뜻에 동의하지 않았다. 요나단은 한때 아버지가 마음이 울적할 때마다 다윗을 왕궁에 불러들여 수금을 탄 적이 있었는데 그 때부터 두 사람의 우정은 더 없이 두터운 사이가 되었다. 그러다가 다윗이 골리앗을 죽이고, 사울왕의 안전을 지켜 준 후에는 한층 더 절친한 사이가 되었다. 물론 다윗 역시 요나단을 좋아했다.

다윗이 골리앗을 죽이고 왕궁에 들어갔을 때 요나단은 다윗의 무용을 칭찬하고 자기의 갑옷을 벗어 주고 칼과 활과 가죽 띠까지 선사할 만큼 친한 사이였다. 그래서 다윗은 요나단과의 우정을 생각해 사울왕의 허울은 너그럽게 이해했다. 그러나 날이 갈수록 다윗에 대한 미움이 앞선 사울왕은 다윗이 아무리 좋은 일을 해도 일단 다윗이 관련되었으면 좋게 보지 않았다. 완전히 국민의 신망을 잃고 권력욕에 사로잡힌 사울왕은 스스로 자신을 점점 더 포악하게 만들었다.

13. 문무를 겸한 다윗의 사상

다윗은 본래 가난한 집의 양치기였다. 하지만 천부적으로 재주가 뛰어났다. 그는 장성한 후에는 전술에 능한 전략가로, 무예가 뛰어난 장군이 되었다. 그 외에도 거문고를 잘 타는 음악가로, 노래의 가사와 곡을 짓는 예술인임과 동시에 글을 잘 짓는 문장가이면서 시인이었다. 다윗은 틈만 나면 시상에 잠겨 아름다운 시를 읊었다. 하늘에 밀려가는 구름 떼나, 밤하늘에 빤짝이는 별을 보고도 시상에 잠겨 멋진 시를 읊었다. 그는 손수 지은 시에다 곡을 맞춰 노래하는 등 예능에 뛰어난 다재다능한 천재 장군이었다. 그는 어느 날 베들레헴의 언덕에서 작은 하프를 손에 들고 하늘의 뜬구름을 바라보면서 다음과 같이 하나님의 품을 연상하는 평화의 시(詩)를 읊었다.

"주님은 나의 목자, 나는 아쉬울 것 없어라.
푸른 풀밭에 나를 쉬게 하시고
잔잔한 물가로 나를 이끄시어
내 영혼에 생기를 돋우어 주시고
바른길로 나를 끌어 주시니
당신의 이름 때문이어라.

제가 비록 어둠의 골짜기를 간다 하여도

재앙을 두려워하지 않으리니
당신께서 저와 함께 계시기 때문입니다.
당신의 막대와 지팡이가
저에게 위안을 줍니다.
당신께서 저의 원수들을 앞에서
저에게 상을 차려 주시고
제 머리에 향유를 발라 주시니
저의 술잔도 가득합니다.
저의 한 평생 모든 날에
호의와 자애만이 저를 따르리니
저는 일생토록 주님의 집에 살겠습니다."

14. 다재다능한 영웅

다윗은 천부적으로 시상(詩想)에 뛰어났지만 그는 시상에 젖은 시인이 될 수는 없었다. 계속 밀려오는 블레셋 군과 싸워야 했고, 사울왕의 부당한 처사에 쫓겨 하루도 평안할 날이 없었다. 그런데 다윗을 괴롭히는 적은 외부에만 있는 것은 아니었다. 어느 날 사울왕이 아들 요나단과 신하들을 모아 놓고 다윗을 당장 죽이라고 지시했다. 그러나 요나단은 아버지의 지령에 동의하지 않았다. 그는 아버지의 명령이 떨어지자 즉시 다윗을 찾아갔다.

"아버지가 자네를 죽이려고 한다. 내일 아침 일찍 들에 나가 숨어 있어라. 그러면 내가 아버지와 함께 네가 숨어 있는 들로 나가서 너에게 알릴 만한 일이 있으면 내가 곧 너에게 전하겠다."

사울왕의 암살 계획을 귀띔해 준 요나단은 다음 날 아침 아버지와 함께 들에 나가 다윗을 두둔하는 이야기를 하며 그의 마음을 돌리려고 애썼다.

"아버지, 다윗을 해치지 마십시오. 그는 아버지가 해쳐야 할 만한 일을 하지 않

있습니다. 오히려 아버지를 위해 모든 일에 최선을 다해 충성을 다 하지 않았습니까? 다윗은 자기 생명을 돌보지 않고 골리앗을 죽였습니다. 그 결과 주님께서 이스라엘에 승리를 거두어주신 것을 왜, 잊으셨습니까? 아버지는 그때 무척 기뻐하셨습니다. 그런데 어째서 그 죄 없는 다윗을 죽이려 하십니까? 그를 죽여야 할 이유가 없지 않습니까?"

"주님께서 살아 계시는 한 나는 다윗을 죽이지 않겠다."

요나단이 진술하게 만류하자 사울왕이 전날의 결정을 취소했다. 요나단은 즉시 다윗에게 아버지의 뜻을 전하고, 다윗에게 사울왕을 이스라엘의 왕으로 성실히 섬기도록 주선했다(삼상 19:8-10).

15. 다윗의 인기와 사울왕의 열등감

다윗은 시상에 뛰어난 천재 시인이면서, 전술에 뛰어난 장군으로 싸움에 임할 때마다 용맹을 떨쳤다. 계속되는 전쟁을 모두 승리로 이끌자 백성들은 다윗의 무운(武運)을 축하했다. 그러나 다윗이 명성을 떨칠수록 신변의 위협이 다가왔다. 왜냐하면, 백성들은 사울왕을 치하해야 할 일도 다윗을 치하하면서 사울왕의 곱지 않은 눈길이 다윗에게 쏠렸기 때문이다. 그러나 백성들은 사울왕의 심기는 아랑곳하지 않았다. 다윗에 대한 백성들의 인기가 사울왕의 업적을 퇴색시키면서 사울왕의 심기를 극도로 자극시켰다.

사울왕은 다윗에 대한 미움이 심화되면서 자신을 스스로 포악하게 만들었다. 그러나 다윗은 사울왕을 위해 충성을 다했다. 전쟁이 터질 때마다 자진해서 출전했고, 일단 출전했다 돌아오면 사울왕을 즐겁게 해주기 위해 궁전에 나가 하프를 연주하는 등 세심한 배려를 잊지 않았다. 그러던 어느 날 이었다. 전쟁에서 승리를 거두고 돌아온 다윗이 사울왕 앞에 나가 하프를 연주할 때 악령에 사로잡힌 사울왕이 갑자기 미치광이로 돌변했다.

"내가 저놈을 벽에 박아 버려야지."

다윗이 자신의 왕권을 넘보는 야심가라고 생각한 사울왕이 손에 잡은 창을 번쩍 들어 다윗을 겨냥해 힘껏 던졌다. 다행히 창살이 다윗의 머리를 살짝 빗나가 맞은 편 벽에 꽂혔다. 요행히 목숨을 부지한 다윗은 슬그머니 물러나왔다.

다윗은 참을 수 없는 수모를 겪었지만 사울왕을 미워하지 않았다. 그의 행위를 용서해서가 아니라 이스라엘의 하나님을 경외했기 때문이었다. 그러나 악령에 사로잡힌 사울왕은 여전히 이성을 잃을 행동을 계속했다. 사울왕은 요나단을 보좌하는 신하들 중에 날쌘 병사들을 뽑아 다윗의 집을 감시하도록 지시하는 한편 다윗이 아침에 문밖으로 나오면 찔러 죽이라고 특명을 내렸다.

악령에 사로잡힌 사울왕은 사리를 분별하지 못했다. 만일 다윗을 그대로 내버려두면 자신의 왕권 자체를 유지하기 어렵다고 생각하고 심복에게 다윗을 당장 암살하라고 지령을 내렸다. 그런데 마침 아버지의 지령을 엿들은 딸(미갈)이 다윗을 찾아가 귀띔했다.

"오늘 밤 안으로 여기를 떠나십시오, 그렇지 않으면 죽습니다"(삼상 19:8-17).

16. 미갈이 다윗을 구하다

미갈이 위험에 처한 다윗을 피신시킨 다음 집안에 있는 우상(히브리어의 Therahim)을 옮겨다 다윗의 침대 위에 뉘이고, 머리를 염소 털로 씌우고 몸에는 다윗의 옷을 입혀 마치 다윗이 잠든 양 위장시켰다. 아니나 다를까 그날 밤 자정에 다윗의 침실에 숨어든 자객들이 다윗을 처치하려고 들이닥쳤을 때 미갈이 둘러댔다.

"다윗이 병들어 일어날 수 없다."

미갈이 재치 있게 둘러대자 자객들이 돌아갔다. 신하들이 돌아오자 사울왕이 다시 다윗의 병세를 확인하라고 소리쳤다.

"그 놈의 침대를 당장 이리 들고 와라. 내 손으로 죽여 버리겠다."

그러나 자객들이 다시 왔을 때는 이미 낌새를 챈 다윗은 창문을 통해 국경 밖으로 멀리 달아난 뒤였다. 아무도 없는 빈방에 미갈이 위장시켜 놓은 우상이 다윗의 흔적으로 남아 있었다. 암살에 실패한 사울왕은 정보를 누설한 미갈을 불러다 호통 쳤다.

"너는 왜 나를 속이고, 그 놈이 빠져나가도록 했느냐?"

사울왕이 다그치자 미갈이 침착하게 둘러댔다.

"만일 도와주지 않으면 그가 나를 죽이겠다고 위협했기 때문에 어쩔 수 없었습니다."

그럴법하게 둘러대자 분을 사기지 못한 사울왕은 차마 딸을 죽이지는 못하고 미갈을 갈림(Gallim)에 사는 라이스(Laish)라는 사람의 아들 발디(Palti)라는 사람에게 다시 시집보냈다9) (삼상 19:8-24).

17. 다윗과 요나단의 우정(다윗의 망명생활)

한편 자객을 피해 집을 뛰쳐나온 다윗은 그 길로 라마의 나욧(Naioth)으로 향했다. 졸지에 망명객이 된 다윗은 나욧에 이르러 사무엘을 찾아갔다. 사무엘을 만난 다윗은 그 동안의 경위를 자세히 이야기했다. 사무엘은 사울을 왕으로 추대한 후 사사 자리에서 물러난 후 다윗과는 초면이 아니었다. 사울왕의 통치 방법을 못마땅하게 생각한 사무엘은 베들레헴에 사는 다윗을 찾아가 장차 이스라엘의 국왕이 될 것이라고 기름 부은 적이 있는 사이었다. 다윗은 사무엘의 문하에서 다른 예언자들과 어울려 새로운 학문을 닦았다. 모처럼 사무엘의 문하생으로 성령의 감화를 받은 다윗은 장차 이스라엘의 큰 인물이 될 수 있는 소양을 다듬었다. 그러나 다

---

9) 미갈은 후일 사울왕이 죽은 후 다시 다윗에게 돌아왔다. 그러나 그녀는 기쁨에 겨워 춤추는 다윗을 천하다고 조롱한 것이 문제가 되어 그녀는 죽을 때까지 자식을 낳지 못했다.

윗은 쫓기는 몸이었다. 사울왕의 미행자들을 따돌려야하기 때문에 사무엘의 문하생으로 오래 머물 수가 없었다. 사울왕은 병사들을 출동시켜 다윗을 체포하려고 백방으로 수소문했다. 마침내 다윗이 나욧에 있는 사무엘과 함께 머물고 있다는 정보에 접한 사울왕이 직접 병사들을 대동하고 출동하는 등, 다윗의 신변은 한층 더 위태로웠다(삼상 19:21-24).

18. 요나단의 생사를 초월한 우정

한편 나욧에서 망명생활을 하던 다윗은 은밀히 그곳에서 나와 요나단을 찾아가 그간의 상황을 의논했다.

"도대체 내가 무슨 죄를 졌기에 너의 아버지가 나를 죽이려 하느냐?"

다윗이 눈물을 머금고 항의하자 요나단이 말했다.

"아니다, 다윗! 자네의 오해일세, 자네는 죽지 않을 걸세! 아버지가 자네를 죽이려는 음모를 꾸미는 것만은 아닐세. 아버지는 언제나 자기가 하고자 하는 일을 모두 나에게 말해 주시는데 이런 일이라고 해서 나에게 숨길리가 없네. 결코 그렇지 않네."

요나단은 아버지의 입장을 변명했다.

"물론 자네가 아버지의 뜻을 제대로 알리가 없네, 자네의 아버지는 우리의 우정에 대해서 너무나 잘 알고 있네, 그러니 그분은 자네의 마음이 상할까봐 나를 죽이려는 계획을 자네에게 알리지 않았을 뿐이네. 내가 살아 계신 주님의 이름으로 맹세 하지만 나는 지금 죽음 일보 직전이네."

"지금 자네가 원하는 것이 무엇인가? 내가 무엇이든지 다 하겠네."

요나단이 우정 어린 말로 협조를 다짐했다.

"내일 초하룻날이라 축제가 있네, 내가 자네의 아버지와 함께 식사하기로 약속되었으나 나는 나타날 수 없네. 나는 들판으로 나가 3일 저녁까지 숨어있겠네. 만일 자네 아버지가 나를 찾거든 해마다 고향 베들레헴에 전 가족이 모여 주님께 제사 드리기 때문에 고향 베들레헴에 가겠다고 하기에 자네가 허락했다고 말씀드리게. 그래서 만일 자네 아버지께서 '좋다'하고 기분 좋게 말씀하시면 나는 안심할 수 있네. 그러나 만일 아버지께서 화를 내시면 아직도 나를 죽이려는 것으로 간주하겠네. 요나단! 자네와 나는 언약으로 맺은 형제일세. 부디 내 부탁을 들어주게. 만일 내가 자네의 아버지에게 죄를 범한 것이 있거든 자네가 직접 나를 죽이게. 구태여 자네의 아버지 앞에서 죽일 것까지 없지 않은가?"

"그렇게 생각하지 말게. 만일 아버지께서 자네를 꼭 죽이려는 계획을 꾸몄다면 내가 즉시 자네에게 말하지 않았겠나?"

"그렇다면 나는 자네를 믿겠네. 그런데 만일 자네 아버지가 화를 내고, 자네에게 엄하게 대답하면 그 사실을 어떻게 알려 주겠나?"

요나단이 잠시 생각한 후 대답했다.

"성 밖의 들판으로 같이 나가세"

밖으로 나온 요나단이 말했다.

"내가 내일 이맘 때 아니면 늦어도 모래 이맘때까지 자네에 관해서 아버지와 이야기 해보겠네. 아버지가 자네를 어떻게 생각하는지를 알아내서 그 사실을 즉시 자네에게 알려 줄 것을 하나님의 이름으로 약속하네. 만일 아버지가 화를 내시고 자네를 죽이려는 데도 내가 그 사실을 자네에게 알리지 않아 자네가 도망 칠 수 있도록 하지 않으면 주님께서 나를 죽이시기 바라네. 주님께서 내 아버지와 함께 하셨던 것처럼 자네와 함께 하시기를 바라네. 자네는 내가 이 땅에 사는 동안 주님이 사랑을 베풀어주시고 내가 죽지 않도록 할 뿐만 아니라 자네의 모든 원수들을 완전히 멸망시키신 다음에도 내 가족에게 사랑과 친절을 베풀 것을 잊어서는 안 되네."

요나단은 다윗을 자기 생명처럼 사랑한다고 서로 증표를 걸어 약속했다(삼상

20:1-14).

"주님께서 다윗의 원수들을 치시기 바란다."

19. 요나단과 다윗의 밀약

요나단은 다윗으로 하여금 그간의 오해를 푼 다음 이렇게 말했다.

"물론 내일 초하룻날 축제가 벌어지면 자네가 앉을 자리가 비게 될 것인데, 그 때 아버지께서 자네를 찾으실 것이 분명하네. 그리고 다음날 축제에 참석한 사람들이 자네에 관해 물어 볼 걸세. 그러므로 자네는 전에 숨어 있던 돌무더기 뒤에 가서 꼭 숨어 있게. 그러면 내가 나가서 마치 과녁을 향해 활을 쏘듯이 자네가 숨어 있는 돌무더기를 향해 활을 세 번 쏘겠네. 그런 다음 내가 어린이 한 명을 보내 그 화살을 주워 오도록 하겠네. 그 때 만일 "화살이 이쪽에 있다. 얼른 가져오너라." 하고 내가 소리치거든 자네는 성안으로 돌아오게. 주님께서 살아 계시는 한 자네가 안전하고 무사할 것이네. 그러나 만일 내가 어린이에게 "화살이 네 앞쪽에 있다" 고 소리치면 자네는 즉시 이곳을 떠나야 하네. 그것은 주님께서 자네를 보내라는 신호로 알게. 자네와 나눈 말에 관해서는 주님께서 우리 사이의 증인이 되셨음을 기억하게."

다윗은 다음날 요나단의 말대로 들판에 나가 돌무더기 속에 숨었다. 그런데 초하룻날의 축제가 시작되었을 때 사울왕은 평소에 하던 대로 벽을 등지고 앉았고 아들 요나단은 그의 맞은편에 앉아 있었고, 아브넬 사령관은 사울왕 곁에 앉아 있었다. 역시 다윗의 자리는 텅 비어 있었다.

그러나 사울왕은 빈자리를 보고도 아무 말도 하지 않았다. 사울왕은 다윗에게 뜻하지 않은 일이 생긴 것으로 알았다. 부정을 타서 아직 몸이 깨끗하지 않은 것으로 생각했다. 그러나 그 다음날도 다윗의 자리가 여전히 비어 있는 것을 본 사울왕이 요나단에게 물었다.

"어째서 다윗이 어제도 안보이더니 오늘도 오지 않느냐?"

요나단이 미리 약속한 대로 대답했다.

"다윗이 나에게 베들레헴으로 가게 해달라고 간청했습니다. 자기 가족들이 모여 제사 드릴 일이 있으니 그곳으로 오라는 형의 명령을 받았다고 하기에 제가 보내 주었습니다. 그래서 아버님이 초대한 식탁에 나오지 못했습니다."

그럴듯하게 변명할 때 사울왕이 소리쳤다.

"이 사생아 같은 미친놈아! 네가 네자신의 수치와 네 어미의 수치도 모르고 천한 이새의 아들과 단짝이 된 것을 내가 모를 줄 알았느냐? 그 놈이 살아 있는 한 너는 절대로 왕이 될 수 없다. 당장 그 놈을 잡아 들여라. 그 놈은 반드시 죽여야 한다"(삼상 20:15-30).

20. 죽음을 초월한 우정

사울왕이 서슬이 시퍼래 소리치자 요나단이 당돌하게 항의했다.

"다윗이 무슨 못할 일을 해서 죽여야 합니까? 그가 잘못한 것이 무엇입니까?"

요나단이 대들자 격분한 사울왕은 요나단을 찔러 죽이려고 단 창을 뽑아 요나 단을 겨냥해 힘껏 던졌다. 아버지가 던진 창살을 피한 요나단은 그제야 아버지가 다윗을 꼭 죽이려고 결심했음을 확인했다. 아버지의 창을 피한 요나단은 화가 치밀었다. 식탁에서 일어나 밖으로 나와 하루 종일 아무것도 먹지 않았다. 요나단은 아버지가 다윗을 이유 없이 죽이려는데 너무 마음이 상해 식욕까지 잃었다. 다음 날 아침 요나단은 어린이 한 명을 데리고 성 밖으로 나가 일렀다.

"너는 저리로 달려가 내가 쏜 화살을 찾아오라."

어린이가 달려 나가자 요나단이 어린이의 머리 위로 활을 쏘았다. 어린이가 화살이 꽂힌 지점에 이르렀을 때 "화살이 네 앞쪽에 있다. 어물거리지 말고 빨리 주워 오너라." 하고 소리쳤다. 어린이는 재빠르게 화살을 주워 요나단에게 돌아왔다.

물론 어린이는 요나단의 말속에 암호가 들어 있는 것을 알 리가 없었다. 어린이가 화살을 주워 오자 요나단은 활과 화살을 어린이에게 주면서 성안으로 들어가라고 일렀다.

어린이가 자리를 뜬 후 주변에 아무도 없는 것을 확인한 다음 다윗이 숨어 있던 돌무더기에서 나와 요나단을 만났다. 다윗은 요나단 앞에 무릎을 꿇고 땅에 엎드려 큰 절을 세 번했다. 놀란 요나단이 다윗을 일으켜 세운 다음 얼싸안고 입 맞추며 소리 내어 울기 시작했다. 다윗이 요나단보다 더 몸부림치며 울었다. 한참 울고 있을 때 요나단이 말했다.

"친구여, 잘 가게. 우리가 주님의 이름을 걸고 맹세한 우정을 잊지 말게. 주님께서 나와 자네 사이뿐만 아니라, 나의 자손과 자네의 자손 사이에 길이길이 증인이 되어주실 걸세."

석별의 정을 나눈 다음 두 사람은 서로 헤어졌다. 요나단은 성안으로 들어가고 다윗은 정처 없이 발길을 돌렸다(삼상 20:31-42).

21. 놉으로 도망친 다윗의 변신

나욧을 떠난 다윗은 여기 저기 국경 변방을 정처 없이 유랑했다. 아히멜렉(Ahimelech)제사장을 만나기 위해 놉(Nob)으로 갔다. 아히멜렉이 다윗을 보는 순간 "자네 혼자 웬 일인가? 어째서 같이 온 자가 없는가?" 하고 물었다. 차마 도망쳐 나왔다고는 입이 떨어지지 않은 다윗은 다급한 김에 "사울왕이 임무를 맡겨 나를 먼저 보냈습니다."

다윗은 후환을 두려워 거짓말로 둘러댔다.

"왕은 내가 여기 온 이유를 아무에게도 알리지 말라고 했습니다. 그래서 내 부하들에게는 나중에 만날 곳만을 이야기하고 헤어졌습니다. 그러나 저러나 저는 시장합니다. 먹을 것이 있습니까? 먹을 것이 있으면 아무거나 다 좋으니 주십시오."

"보통 빵은 없지만 거룩한 빵은 있네. 만일 자네 부하들이 최근에 여자를 가까이 하지 않았다면 자네도 그 빵을 먹을 수 있네."

"물론 여자를 가까이 하지 않았습니다. 나는 보통 임무를 띠고 출장 나올 때에도 내 부하들이 난잡하게 굴도록 내버려 둔 적이 없는데 하물며 특수 임무를 띠고 어떻게 여자를 생각할 수 있습니까?"

다윗이 장담하자 아히멜렉 제사장이 거룩한 빵이 있다고 하면서 성전에서 주님 앞에 차려놓았던 빵을 내 놓았다. 제사장은 새로 만든 빵을 주었다(삼상 21:1-5).

22. 블레셋으로 도망간 다윗의 임기응변

다윗이 놉에 도착했을 때 공교롭게도 사울왕의 목자장(목동의 우두머리 Head-Shepherd)이 종교 의식을 수행하기 위해 마침 그곳에 와 있었다. 그러나 그는 주님의 성전 안에 들어가지 못하고 밖에 대기하고 있었다. 그는 에돔 출신으로 이름은 도엑(Doeg)인데 사울왕의 제사장들 중에 힘이 센 사람이었다. 그가 마침 성장막 안뜰에 있다가 다윗이 주고받는 말을 엿들었다. 그러나 도엑이 그곳에 와있는 사실을 모르는 다윗이 아히멜렉 제사장에게 물었다.

"제사장님은 지금 혹시 창이나 칼을 가지고 계신 것이 있습니까? 저는 왕의 명령이 너무 급해서 아무 무기도 가져오지 못했습니다."

아히멜렉이 대답했다.

"자네가 엘리(느티나무)골짜기에서 죽인 골리앗의 칼이 보자기에 싸인 채 옷장에 그대로 있네. 가지고 싶거든 가지게, 칼이라고는 그것밖에 없네."

뜻밖에 골리앗의 무기가 있다는 말에 다윗이 다시 말했다.

"그보다 더 좋은 칼이 어디 있겠습니까? 그것을 나에게 주십시오."

다윗은 자기가 죽인 골리앗의 무기를 받아 챙겼다.

놉에서 아히멜렉을 속이고 병기를 얻은 다윗은 사울왕을 따돌리기 위해 급히 놉을 떠나 가드의 왕 아기스(Achish)를 찾아갔다. 그러나 아기스의 신하들이 다윗을 반기지 않았다. 아기스 왕의 신하들이 반기를 들었다.

"이 자가 바로 저 나라의 다윗입니다. 이 사람을 보고 저 나라의 백성들이 춤을 추고, 사울왕은 수천을 죽이고, 다윗은 수만 명을 죽였다."고 노래하고 춤춘 바로 그 장본인입니다. 다윗은 신분이 밝혀진 이상 신변의 안전을 유지할 수 없었다. 위기를 느낀 다윗은 아기스 왕과 그의 신하들 앞에서 미친 척 했다. 갑자기 발작을 일으키고 대문짝 위에다 아무렇게나 글자를 긁적거리고, 수염에 침을 질질 흘렸다. 그러자 아기스왕이 신하들에게 큰 소리로 말하며 호되게 꾸짖었다.

"자, 보아라! 저 사람이 미쳤다. 어쩌자고 저 미친 자를 나에게 데려 왔느냐? 미치광이는 이곳에도 얼마든지 있다. 무엇 때문에 너희들이 저런 미친놈을 집안까지 끌고 와서 나를 번거롭게 하느냐."

다윗은 그 길로 아기스왕의 영역을 벗어나 헤렛(Hereth)의 숲으로 들어갔다(삼상 21:6-15).

23. 망명 중에 보살핀 난민들

그러나 사울왕이 아히멜렉 제사장과 그의 일가친척을 모두 죽일 때 아들 하나가 기적적으로 목숨을 부지했는데 그의 이름이 아비아달이었다. 아비아달이 다윗을 찾아가 사울왕의 만행을 알리자 다윗이 말했다.

"그 날 도엑이 거기 있는 것을 보았을 때 나는 그가 사울왕에게 밀고할 줄 이미 알았소. 사실 당신의 가족과 친척이 죽은 것은 나 때문이오. 당신은 나와 함께 여기 머물러 있도록 하시오. 내가 목숨을 걸고 당신을 지켜 주겠소. 사울왕은 당신과 나를 모두 죽이려 하지만 당신이 나와 함께 있는 한 안전할 것이오."

다윗은 겁먹은 아비아달을 위로했다. 그러나 정처 없이 떠도는 다윗의 망명생활은 참담했다. 가는 곳마다 이미 다윗을 알아보는 사람이 나타나는 바람에 한 곳에 머물 수 없었다. 아기스왕을 찾아갔다가 큰 화를 당한 다윗은 다시 가드로 갔다. 거기서 또 다시 아둘람(Adullam)동굴로 이동했다. 가드를 떠나 아둘람 동굴로 도망치자 다윗의 형제들과 친척들이 소식을 듣고, 그 곳까지 찾아왔다. 다윗의 친척 외에도 사울왕에 고통을 당하는 사람들과 빚진 자들과 불만을 품은 사람들이 몰려왔다. 처음에는 약 4백 명 정도의 망명자들이 모여들더니 그 숫자가 곧 6백 명으로 불어나면서 다윗은 불시에 망명 무리의 지도자가 되었다.

이곳저곳 정처 없이 유랑하는 다윗은 주로 인적이 드문 동굴 속에 숨어 지내거나 아니면 삭막한 황야를 전전했다. 한번은 하길라(Hachilah)산의 깊은 동굴에 숨어 지내게 되었는데 너무 외롭고 주리다 지쳐 쓰러졌다. 죽음 직전의 처절한 심경을 한 편의 시로 읊었다.

"나는 소리를 높여 주님께 부르짖는다. 나는 소리를 높여서 주님께 애원한다. 억울함을 주님께 털어놓고 고통을 주님께 아뢴다. 사람들은 나를 잡으려고 내가 가는 길에 덫을 놓았다. 아무리 둘러보아도 나를 도울 사람은 없고…"

망명자의 슬픔을 한 편의 애절한 시(詩)한 수로 심정을 읊었다(삼상 22:1-4).

24. 사울왕이 놉의 제사장들을 살해하다

어느 날 사울왕의 신하들 중에 에돔사람 도엑이 마침내 사울왕을 찾아가 다윗의 근황을 밀고했다.

"제가 이새의 아들 다윗을 보았습니다. 내가 놉에 있을 때 다윗이 제사장 아히멜렉과 이야기하는 것을 엿들었습니다. 그 때 아히멜렉은 다윗이 해야할 일이 무엇인지 물어 본 다음 그에게 음식도 주고, 죽은 골리앗 장군이 사용하던 칼과 창도 주었습니다."

보고에 접한 사울왕은 흥분했다. 즉시 신하를 보내 아히멜렉과 그의 가족과 함께 있는 제사장들까지 모두 끌어오도록 지시했다. 아히멜렉을 비롯한 일행이 도착하자 사울왕이 소리쳤다.

"너 아히둡의 아들아, 잘 들어라."

살기등등한 사울왕이 입을 열자 아히멜렉 제사장이 떨리는 목소리로 "무슨 말씀입니까?" 하고 묻자 사울왕이 큰 소리로 엄히 다그쳤다.

"어째서 네가 다윗과 공모하여 나를 대적하느냐? 네가 무엇 때문에 다윗에게 음식과 칼을 주고 그를 위해 하나님께 힘을 빌었느냐? 도대체 네가 그놈을 선동하여 나를 반역하도록 길을 열어준 이유가 무엇이냐?"

사울왕이 준엄한 어조로 심문하자 겁먹은 아히멜렉이 숨김없이 대답했다.

"왕의 모든 신하들 가운데 왕의 사위인 다윗만큼 충실한 부하가 어디 있습니까? 그는 왕의 경호대장일 뿐만 아니라 궁중의 모든 사람들에게 높이 존경받는 사람입니다. 그래서 내가 그를 위해서 하나님께 울부짖은 것은 이번이 처음이 아닙니다. 왕께서 이 문제로 나와 내 가족을 문책하는 것은 정당한 처사가 아닙니다. 우리는 이번 일에 아무것도 아는 것이 없습니다."

악령에 사로잡힌 사울왕이 소리쳤다.

"아히멜렉아, 너와 네 친척은 죽어 마땅하다."

그리고 그는 경호병들에게 외쳤다.

"주의 제사장들을 당장 죽여라. 저들이 다윗과 공모하였고 또 다윗이 도망친 반역자인 줄 알면서도 나에게 말하지 않았다!"

사울왕은 잡아들인 제사장들에게 사형을 선언한 다음 당장 집행하라고 명령했다. 그러나 사울왕의 불호령이 떨어졌지만 경호병들은 주의 제사장들에게 감히 손을 대는 것이 두려워 죽이지 못하고 꾸물거렸다. 그러자 사울왕이 밀고자 도엑에게 명령했다.

"네가 저들을 모두 죽여라!"

에돔 사람인 도엑이 하나님의 법복(에봇)을 입은 85명의 제사장들을 모조리 칼로 쳐 죽이고, 그 제사장들을 모두 죽인 다음 제사장들의 도성인 놉으로 가서 제사장들의 가족들은 남자 여자 어른 아이 가리지 않고 젖먹이들까지 모두 죽였다. 물론 소와 나귀와 양까지도 모두 죽였다(삼상 22:5-20).

25. 사울왕의 학정과 백성들의 이탈(다윗이 가족을 모압왕에게 맡기다)

한편 사울왕의 횡포에 백성들의 불평이 점점 심화되었다. 학정을 견디다 못한 사람들이 고향을 떠나 사무엘 문하에 하나둘씩 모여들었다. 다윗이 아둘람 동굴에 피신해 있을 때 다윗이 형제들과 친척들이 소식을 듣고 그 곳까지 찾아왔다. 친척 외에도 학정에 견디다 못한 사람들까지 모여들었다. 다윗은 그들을 데리고 모압의 미스바로 가서 그곳 모압 왕에게 선처를 호소했다.10)

"내가 해야 할 일이 무엇인지 하나님께서 나에게 알려 주실 때까지, 나의 부모가 이곳으로 들어와 살도록 허락해 주십시오."

다윗이 모압왕을 찾아가 부모 형제들과 친척을 보살펴 달라고 요구하자 모압왕이 쾌히 승낙했다. 그리하여 다윗의 부모는 다윗이 유랑하는 동안 모압 땅에서 살았다. 시일이 지남에 따라 학정에 견디다 못한 사람들과, 억울한 일을 당한 사람들이 모두 다윗을 찾아왔는데 그 숫자가 날로 불어났다. 다윗은 쫓기는 몸이었지만 도망쳐 온 사람들을 따뜻하게 보살폈다. 그러다가 끝판에는 사울왕에 반기를 든 망명자들을 중심으로 군대를 조직했다. 그러나 망명자들로 편성된 병사들을 이끌고 고국으로 진격해서 사울왕에게 활시위를 당길 뜻은 없었다(삼상 22:20-23).

26. 망명자들로 조직한 다윗의 병사들이 그일라 성을 구하다

사울왕의 학정에 반기를 들고 모여든 사람들로 군대를 편성한 다윗에게 새로운 사태가 발생했다. 어느 날 블레셋 사람들이 그일라(Keilah)를 공격하고, 추수한 곡

---

10) 모압은 사실상 다윗의 외가이다. 즉 룻의 친정이었음.

식을 약탈하는 사건이 벌어졌다. 다윗이 하나님께 그일라 사람들의 억울함을 호소했다.

"주님! 내가 가서 블레셋을 칠까요?"

"좋다. 가서 그일라 사람들을 구하라."

주님의 허락을 받은 다윗이 부하들을 모아 놓고 출동 명령을 내렸다. 하지만 부하들이 항명하고 나섰다.

"우리가 유다 땅에 있는 것도 두려운데 어떻게 그일라에까지 가서 싸운단 말입니까?"

부하들의 반대에 부딪친 다윗이 다시 주님께 물었다.

"어떻게 하면 좋습니까?"

"당장 그일라로 떠나라. 내가 블레셋 군을 네 손에 넘겨 줄 것이다."

하나님의 분부에 힘입은 다윗이 다시 부하들을 설득시켜 출전했다. 그 때 아히멜렉의 아들 아비아달도 다윗을 따라 그일라로 갔다. 아비아달은 제사장의 에봇(Ephod)을 가지고 따라나섰다. 다윗은 그일라에서 블레셋을 무찌르고 패주하는 병사들을 추격해서 모두 죽인 다음 가축을 끌어오고 위기에 처한 그일라 사람들을 구출했다.

한편 다윗이 그일라에 갔다는 정보에 접한 사울왕이 추적에 나섰다.

"잘 됐다! 이번 기회에 그 놈을 잡아 죽이고 말겠다. 하나님이 그 놈을 내 손아귀에 넣어 주셨구나! 제 놈이 성벽으로 둘러싸인 성안에 제발로 걸어 들어갔으니 꼼짝없이 갇혔구나!"

사울왕은 병력을 이끌고 그일라를 향해 출동했다. 그일라 성을 단숨에 포위한 사울왕은 다윗을 일거에 척살할 기세로 달려들었다. 그러나 영특한 다윗은 사울왕이 쳐들어올 것이란 낌새를 알고 아비아달 제사장이 가져온 에봇을 입고 하나님께 호소했다.

"이스라엘의 하나님이시어, 사울왕이 나 때문에 그일라로 내려와서 이 성을 쑥 밭으로 만들 계획을 세웠다는 말을 주의 종이 들었습니다. 그일라 주민들이 나를 사울왕에게 넘겨주겠습니까? 아니면 내가 들은 대로 사울왕이 쳐 내려올 겁니까? 이스라엘의 하나님이시어, 주의 종에게 어서 일러주소서."

다윗이 부르짖자 주님께서 응답하셨다.

"사울왕이 쳐내러 올 것이다."

"주님이시어! 그일라 주민들이 나와 내 부하들을 사울왕의 손에 넘겨준다는 말씀입니까?"

"그렇게 할 것이다."

다윗이 계속 울부짖자 주님께서 대답하셨다. 주님의 뜻을 확인한 다윗은 그 길로 약 6백 명의 부하들을 이끌고 즉시 그일라를 떠났다. 다윗을 추격하던 사울왕은 이미 다윗이 그일라에서 도망쳤다는 말을 듣고 작전을 포기하고 되돌아갔다(삼상 23:1-13).

27. 십 광야에 피신한 다윗을 만난 요나단

이곳저곳 전전하던 다윗은 십(Ziph)광야의 산간지대에 들어가 숨어 지냈다. 호레쉬(Horesh)부근에 숨어 있을 때 사울왕이 또 추격해 온다는 정보를 접한 다윗이 미리 몸을 피했다. 사울왕이 와서 샅샅이 수색했지만 허사였다. 하나님은 다윗이 잡히도록 내버려두시지 않으셨다. 다윗은 감쪽같이 호레쉬에 숨어 있었다.

어느 날 사울왕이 추격전을 펴고 있을 때 사울왕의 아들이며 다윗의 친구인 요나단이 은밀히 호레쉬에 숨어들어 다윗을 만났다. 요나단은 다윗에게 낙심하지 말고 하나님을 신실하게 의지하라고 격려했다.

"친구여! 두려워하지 말게, 우리 아버지가 절대로 자네를 찾지 못할 걸세. 장차 자네가 이스라엘의 왕이 되고, 나는 자네의 뒤를 이어 그 다음에나 왕이 될 걸세.

우리 아버지도 이제는 어느 정도 각오하고 계시네."

요나단은 은밀히 다윗을 만나 우정 어린 격려를 한 다음 집으로 돌아갔다. 그런데 마침 십 사람들이 기브아에 머물고 있는 사울왕을 찾아가 이렇게 밀고했다.

"우리는 다윗이 어디에 숨어 있는지 알고 있습니다. 그는 지금 우리 유다 땅 광야의 남쪽에 있는 하길라산의 호레쉬 동굴에 숨어 있습니다. 대왕께서 당장 우리가 사는 지방으로 내려오십시오. 그러면 우리가 다윗을 잡아 왕에게 넘겨 드리겠습니다."

밀고를 접한 사울왕이 말했다.

"너희가 나에게 이렇게 친절을 베풀었으니 주님께서 큰 축복을 베푸시기를 원한다! 너희는 얼른 가서 좀 더 자세히 살펴보고 그 놈이 어떻게 숨어 있으며, 또 누가 그 놈을 보살피는지 확인한 다음 상세히 보고하라. 내가 그 땅을 샅샅이 뒤져 그를 반드시 찾아내고야 말겠다."

사울왕의 하명을 받은 사람들은 곧장 자기 마을로 돌아갔다. 그러나 영특한 다윗은 사울왕이 진격해 올 것이라는 정보를 듣고 부하들과 함께 유다의 광야를 지나 마온(Maon)황무지로 들어갔다. 그러자 사울왕은 그 곳까지 따라와서 매일 숨바꼭질을 했다. 사울왕의 병사들이 이쪽 산골짜기로 들어가면 다윗은 반대편 산골짜기로 들어가는 조우를 계속했다. 며칠째 쫓고 쫓기는 가운데 다윗이 너무 급히 피하려다가 사울왕에 의해 포위되었다. 사울왕의 포위망이 좁혀들자 부하들이 공포에 떨었다. 그 때 마침 블레셋이 대군을 이끌고 사울왕의 기지를 공격해 왔다. 사태가 다급하다는 급보에 접한 사울왕은 블레셋과 싸우기 위해 포위망을 풀고 철수했다.

이스라엘 사람들은 사울왕이 다윗을 포위했던 곳을 가리켜 '분리의 산(Sela-Hammahlekoth)'이라고 불렀다. 포위망에서 풀려난 다윗은 그곳을 떠나 엔-게디(En-Gedi)동굴로 들어갔다(삼상 23:14-29).

28. 민심과 이반된 사울왕의 말로

한편 사울왕에 대한 백성들의 신망이 땅에 떨어지고 병사들의 이탈이 불어나면서 급기야 사울왕 휘하의 심복들마저 하나둘 탈영하기 시작했다. 사울왕을 마다하고 떠난 병사들이 다윗을 찾아가는 사태가 일자 다윗에 대한 사울왕의 적개심은 증폭되었다. 다윗을 죽이는 것만이 자신의 신망을 회복하는 방법이라고 생각한 사울왕은 다윗이 거처하는 곳마다 샅샅이 수색 작전을 폈다. 그러나 사울왕의 특명을 받고 출동한 병사들이 사무엘이 사는 '라마'부근에 이르면 모두 부대를 버리고 사울왕 곁으로 돌아가지 않았다. 사울왕은 여러 차례에 걸쳐 병사들을 출정시켰지만 번번이 등을 돌리고 적의 진지로 들어가 사울왕에게 반기를 들었다. 오기가 극에 달한 사울왕은 믿을 만한 심복들을 골라 다시 파견했지만 그들 역시 등을 돌렸다.

한편 출동시킨 병사들이 속속 되돌아오지 않는 사태가 계속 되자 사울왕은 엉뚱한 사람들에게 화풀이했다. 다윗이 잠시 머물고 간 곳의 주민들을 다윗에게 협력을 했다거나, 또는 다윗이 숨어 있는 곳을 알면서도 보고하지 않았다는 이유로 무고한 사람들을 마구 죽였다(삼상 24:1-6).

29. 다윗과 사울왕의 조우

한 번은 사울왕이 블레셋과 싸우고 돌아 왔을 때 다윗이 엔-게디 광야로 갔다는 말을 듣고 3천명의 병사들을 거느리고 출정했다. 며칠 만에 "들염소 바위"가 있는 곳에 이르렀을 때 마침 길가에 큰 굴이 있었다. 사울왕이 용변을 보려고 그 굴 안으로 들어갔는데 마침 그 동굴 안 깊숙한 곳에 다윗이 부하들과 숨어 있었다. 사울왕이 용변을 보려고 무장을 풀고 저고리를 벗은 다음 편안한 자세를 취하는 것을 다윗 일행이 멀리 숨어서 지켜보았다. 사울왕이 완전히 무장을 풀었을 때 다윗의 부하들이 쾌재를 불렀다.

"이제 때가 왔습니다. 주님께서 저 원수를 좋을 대로 하시라는 것입니다. 지금이 바로 해치울 수 있는 절호의 기회입니다."

다윗의 부하들이 칼을 빼들고 당장 해치우자고 서둘렀다. 그러나 다윗은 부하들을 자제시키고 살금살금 다가가 사울왕이 벗어놓은 옷자락을 칼로 잘라낸 다음 말했다.

"주님께서 기름 부어 세우신 왕을 내가 해칠 수는 없다. 그것은 주께서 금하셨다. 절대로 비겁한 방법으로 이스라엘의 왕을 해치지 말라고 당부하셨다."

한참 후 사울왕이 용변을 마치고 굴을 나서려고 할 때 다윗이 등 뒤에서 소리쳤다.

"내 주 왕이여!"

기겁을 한 사울왕이 뒤돌아보자 다윗이 그 앞에 엎드려 말했다(삼상 24:7-10).

30. 다윗이 사울왕을 살려주다

"어째서 사울왕께서는 제가 왕을 해치려 한다는 남의 말을 믿습니까? 왕께서는 바로 오늘 그것이 사실이 아님을 아셨습니다. 주님께서는 왕을 동굴에서 제 손에 넘겨주셨을 때 저의 부하들이 왕을 당장 죽이자고 했으나, 저는 주님께서 택하신 왕을 죽일 수는 없다고 말렸습니다. 저의 손에 있는 이 옷 조각을 보십시오. 이것은 왕의 옷자락입니다. 제가 이 옷자락을 자르고도 왕을 죽이지 않았습니다. 왕께서는 저를 죽이려고 추격 하셨지만, 저는 왕을 해치지 않았습니다. 제가 왕에게 죄를 지은 사실이 없음을 충분히 아실 것입니다. 우리 두 사람 중에 어느 쪽이 잘못되었는지 그것은 주님께서 결정해 주실 것입니다. 옛날 속담에 '악은 악인에게서 나온다.'는 말이 있습니다. 저는 그 말을 믿고 왕을 해치지 않았습니다. 왕이 잡으려고 하는 자가 누구입니까? 그가 대체 무슨 죄를 졌습니까? 어째서 왕은 죽은 개나 벼룩 같은 자를 쫓고 있습니까? 주님께서 재판관이 되어 저와 왕 사이에 잘못된 자를 가려내시고 저의 사정을 살펴보시고 저를 지켜주시고 왕의 손에서 저를 구해 주시기 바랍니다."

다윗의 진지한 말을 듣고 난 사울왕이 울음 섞인 목소리로 말했다.

"내 아들 다윗아, 이것이 정말 네 목소리냐, 네가 악을 선으로 갚는 것을 보니 나보다 났구나. 주님께서 나를 네 손에 넘겨주셨으나 네가 나를 죽이지 않았으니 과연 오늘 너는 나에게 자비를 베풀었다. 이 세상에서 자기 원수를 손아귀에 넣고도 그냥 놓아 줄 자가 어디 있겠느냐! 네가 오늘 나에게 보인 관대함에 대하여 장차 주님께서 선하게 보답해 주시기를 바란다. 나는 네가 장차 왕이 되고 이스라엘은 네가 다스릴 나라임을 알고 있다. 네가 왕이 되거든 내 가족을 죽이지 않고, 내 혈통을 끊어 버리지 않겠다고 주님의 이름으로 나에게 맹세해 주기 바란다."

다윗은 사울왕이 원하는 대로 맹세했다. 그런 다음 사울왕은 그 길로 자기 집으로 돌아가고 다윗은 부하들을 데리고 은신처로 돌아갔다(삼상 24:11-22).

31. 사무엘의 사망

한편 기원전 1015년 경 사울왕이 다윗과 조우할 무렵 사무엘 제사장이 라마에 있는 그의 집에서 세상을 떴다. 그의 시신은 이스라엘 백성들의 애도 속에 라마에서 장사지냈다. 이스라엘 백성은 사무엘을 가리켜 모세 다음가는 인물이라고 길이길이 추앙했다(삼상 25:1).

32. 다윗이 나발의 부인 아비가일을 아내로 삼다

다윗은 추종하는 부하들을 거느리고 바란(Paran)광야로 내려갔다. 그런데 바란 광야에는 마온(Maon)이란 마을에 나발(Nabal)이란 사람이 갈멜(Camel)근처에 큰 목장을 경영하고 있었다. 그는 양 3천 마리와 염소 1천 마리를 소유한 큰 부자였다.

그의 부인 아비가일은 아름답고 지성적인 여인이었으나 남편 나발은 거칠고 아비하고 고집이 세고 성격이 불량한 사람이었다.

어느 날 나발이 갈멜에서 양의 털을 깎고 있을 때 다윗이 젊은 부하 10명을 그에게 보내 문안드리라고 했다. 다윗의 부하들이 나발을 찾아가 말했다.

"하나님께서 당신이 소유한 모든 목축을 번성시켜 주시기 바랍니다. 나는 당신이 양털을 깎는다는 말을 들었습니다. 당신의 목동들이 우리와 함께 있을 때 우리는 그들을 해치지 않았으며 그들이 갈멜에 있는 동안에 아무것도 잃은 것이 없습니다. 당신의 목동들에게 물어 보시면 그것이 사실인지 아닌지를 말해 줄 것입니다. 이제 내가 부하 몇 사람을 당신에게 보냅니다. 우리에게 좋은 날이 왔으니 먹을 것이 있으면 무엇이든지 좀 보내 주십시오."

그러나 다윗의 말을 전해들은 나발은 완강히 거절했다.

"다윗이란 사람이 도대체 누구요? 나는 그 이름을 들어 본 적이 없소. 요즈음은 자기 주인을 배반하고 도망쳐 나온 종들이 많다는 말을 들었소. 내가 빵과 물과 고기를 어떻게 어디서 왔는지도 모르는 사람들에게 준단 말이오? 절대로 그럴 수 없소."

일언지하에 거절당했다. 분을 참지 못한 다윗이 부하들에게 소리쳤다.

"모두 칼을 차라!"

다윗은 부하들에게 무장하라고 명령하는 한편 자신도 칼을 찼다. 다윗의 부하 6백 명 중에 4백 명이 완전 무장을 하고 다윗의 뒤를 따랐고, 2백 명은 남아서 소유물을 지키고 있었다.

한편 나발의 종들 중 한 사람이 다윗의 요구를 거절한 나발의 소행을 그의 부인 아비가일(Abigail)에게 자세히 말했다. 그러자 아비가일이 급히 빵 2백 덩이와 포도주 두 가죽 부대와 미리 잡아둔 양 5마리와 무화과 2백 뭉치를 여러 마리의 나귀에 싣고 종들을 앞세워 다윗을 찾아 길을 나섰다. 그러나 그녀는 자기가 하는 일을 남편 나발에게 말하지 않았다. 아비가일이 오솔길을 따라 다윗을 찾아 길을 떠났다.

33. 아비가일의 선심

한편 병사들을 이끌고 길을 나선 다윗이 혼자말로 중얼거렸다.

"이 자를 도와 준 것이 우리에게 무슨 유익이 있단 말인가? 우리가 광야에서 그의 양떼를 지켜준 덕에 그는 한 마리의 손실도 보지 않았는데 나의 선을 악으로 갚다니! 만일 내가 내일 아침까지 그들을 모조리 죽이지 않는다면 하나님이 나를 저주하시기 바란다."

다윗이 울분을 토하고 얼마쯤 가다가 마침 짐을 챙겨 다윗을 만나러 길을 나선 아비가일 일행과 마주쳤다. 아비가일은 다윗을 보는 순간 나귀에서 내려 다윗의 발 앞에 엎드려 큰절을 한 다음 말했다.

"제발 제 말 좀 들어주십시오. 모든 것은 내 잘못입니다. 나발은 원래 성질이 못된 사람입니다. 그러니 그가 한 말에 신경 쓰지 마십시오. 내 남편 나발은 이름 그대로 미련한 사람입니다. 나는 당신이 보낸 병사들을 보지 못했습니다. 그러나 당신이 직접 사람을 죽여 보복하는 것을 주님께서 금하셨습니다. 그래서 내가 당신과 살아 계신 주님의 이름으로 분명히 말하지만 당신의 모든 원수들과 당신을 해치려는 자들은 나발처럼 벌을 받을 것입니다. 여기 당신에게 가져온 선물이 있습니다. 이것을 당신의 부하들에게 나눠주십시오. 그리고 제가 이곳까지 찾아온 성의를 보아서라도 용서하십시오. 주님께서는 당신과 당신의 후손들을 위해서 영원한 왕국을 세우실 것입니다. 이것은 당신이 주님을 위해 싸우고 있을 뿐만 아니라 지금까지 당신의 생활에서 악을 찾아볼 수 없기 때문입니다. 당신이 비록 당신의 생명을 노리는 자들에게는 쫓기는 몸이긴 하지만 당신의 하나님께서는 당신을 생명의 주머니 속에 안전하게 지키실 것입니다. 그러나 당신의 원수들 생명은 주님께서 물맷돌을 던지듯이 던져 버릴 것입니다. 그러므로 주님께서 당신에게 약속하신 선한 일을 모두 행하시고, 당신이 이스라엘의 왕이 될 때 당신은 이유 없이 사람을 죽였다든지 복수했다는 일로 후회하거나 양심의 가책을 받는 일이 없을 것입니다. 주님께서 당신을 위해 이런 큰 일을 행하실 때 제발 저를 기억해 주십시오."

아비가일의 말은 나무랄 데 없이 논리 정연했다. 한편 아비가일의 품위 있는 말을 듣고 난 다윗이 말했다.

"오늘 당신을 나에게 보내시고, 나로 하여금 당신을 영접하도록 이끌어주신 이스라엘의 주님을 찬양합니다.! 그리고 내가 사람을 직접 죽여 원수를 갚지 않도록 한 당신의 지혜를 고맙게 여기며 또 당신에게 하나님의 축복이 내리시기를 바랍니다. 당신을 해치지 못하도록 이끌어주신 이스라엘의 주 하나님 의 이름으로 분명히 말하지만 만일 당신이 나를 맞으러 나오지 않았더라면 나발의 집안사람 중 내일 아침까지 살아남은 자는 한 사람도 없었을 것입니다."

다윗은 이렇게 말한 다음 아비가일이 꾸려온 선물을 챙기자 부인이 말했다.

"염려하지 말고 집으로 돌아가십시오. 내가 당신의 요구를 정중히 들어드리겠습니다."

그 날 아비가일이 집으로 돌아 왔을 때 남편 나발은 잔치를 벌려놓고 술에 잔뜩 취해 있었다. 아비가일은 다음날 아침까지 다윗을 만나고 온 사실을 말하지 않았다. 나발이 술에서 깨어났을 때 아비가일이 전날의 일을 사실대로 말했다. 그러자 나발은 갑자기 심장 마비를 일으켜 몸이 돌처럼 굳어졌다. 그는 약 10일 동안 전신이 마비된 채로 누워 있다가 결국 죽었다. 다윗은 나발이 죽었다는 말을 듣고 말했다.

"주님을 찬양하세! 하나님은 나발이 나에게 행한 대로 갚아 주셨고, 내가 악한 일을 하지 않도록 하셨네. 결국 나발은 자기 죄에 대한 대가를 스스로 받았네."

나발이 죽은 후 다윗은 그의 부인 아비가일을 아내로 삼기 위해 그녀에게 사람을 보내 자신의 뜻을 전했다. 아비가일은 다윗의 청혼을 기꺼이 받아들이고 급히 자리에서 일어나 나귀를 타고 하녀 다섯을 거느리고 다윗을 찾아와 아내가 되었다 (삼상 25:1-42).

34. 다윗이 사울왕을 두 번 살려 주다

오랫동안 광야를 전전하던 다윗이 하길라 산에 이르렀다. 그러자 십 지방의 사람들이 사울왕에게 찾아가 '다윗이 하길라 산 속에 숨어 있다'고 밀고했다. 사울왕은 다시 3천명을 이끌고 출동했다. 다윗이 숨어 있다는 유다 광야의 맞은편 하길라 산기슭에 진을 쳤다. 다윗은 정탐병들을 사울왕의 진지에 보내 적의 동태를 살피도록 지시했다. 그날 밤 다윗을 추격하던 사울왕과 군사령관 아브넬이 지친 몸을 쉬려고 천막 안에 누웠다가 잠이 들었다.

다윗이 친구 아비새(Abishai)한 명만을 데리고 사울왕의 침소에 들었을 때 사울왕은 아브넬과 나란히 누워 세상모르고 골아 떨어졌다. 잠든 사울왕 곁에는 창이 땅에 꽂혀 있었다. 함께 따라간 아비새가 다윗에게 "하나님께서 오늘 당신의 원수를 당신에게 넘겨주셨습니다. 내가 저 창으로 사울왕을 땅에 꽂겠습니다. 두 번 찌를 것도 없이 단번에 해치우고 말겠습니다."

아비새가 단칼에 해치우자고 건의했다. 그러나 다윗은 함부로 경거망동하지 말라고 주의를 환기시킨 다음 말했다.

"절대로 죽여서는 안 된다. 주님께서 택하신 왕을 해치는 자에게 어찌 죄가 없겠느냐? 내가 분명히 말하지만 주님께서는 살인자를 반드시 벌하신다. 사울왕은 죽을 때에 가서 저절로 죽거나, 전쟁에서 죽게 될 것이다. 주님께서 왕으로 택하신 자를 내가 함부로 죽이지 못하도록 이르셨다. 그러니 여기 있는 창과 물병만 가지고 얼른 밖으로 나가자."

다윗은 사울왕이 스스로 잘못을 깨달을 기회를 주기 위해 천막 밖으로 나와 맞은 편 산에 숨었다(삼상 26:1-13).

35. 다윗의 아량

다음날 아침 사울왕은 간밤에 자기 침소에 누가 들어온 흔적을 확인하고 깜짝 놀랐다. 사울왕이 우왕좌왕할 때 건너편 산꼭대기에서 다윗의 우렁찬 목소리가 들렸다.

"아브넬아, 내 말이 잘 들리느냐?"

다윗의 우렁찬 목소리가 메아리쳤다.

"아브넬아, 너는 이스라엘에서 제일 강한 자가 누구인지 아느냐? 그런데 어째서 너는 네 주이신 사울왕을 경호하지 않았느냐? 우리가 어제 밤에 네 왕의 침소에 들어가도록 왜, 경호하지 않았느냐? 아브넬아, 너는 네 임무를 충실히 이행하지 못했다. 내가 살아 계신 주님의 이름으로 맹세하지만 너희는 주님께서 왕으로 세우신 이스라엘의 왕을 보호하지 않았음으로 마땅히 죽었어야 했다. 사울왕의 머리맡에 있던 왕의 창과 물병이 어디 있는지 찾아보아라!"

사울왕은 다윗의 목소리 듣고 직접 소리쳐 말했다.

"네가 내 아들 다윗이냐?"

"그렇습니다. 왕은 어째서 나를 쫓고 있습니까? 내가 도대체 무엇을 잘못했단 말입니까, 또 내 죄가 무엇입니까? 만일 주님께서 왕의 마음을 충동하여 나를 대적하게 하셨다면 예물을 드려서 주님의 분노를 달래십시오. 그러나 만일 이것이 인간들의 책략에 불과한 것이라면 주님의 저주가 그들에게 미치기 바랍니다. 그들은 나를 주님의 땅에서 쫓아내고 이방 신들을 섬기라고 하였습니다. 주님 앞에서 멀리 떨어진 외국 땅에서 죽어야 하겠습니까? 어째서 이스라엘 왕은 이 산에 와서 메추라기 사냥하듯이 벼룩 같은 저의 생명을 찾아 나섰습니까?"

다윗이 큰 소리로 항의하자 사울왕이 풀죽은 소리로 말했다.

"다윗아 내가 죄를 범하였다. 내 아들 다윗아, 어서 왕궁으로 돌아오너라. 네가 오늘 내 생명을 구했으니 내가 다시는 너를 해치지 않겠다. 내가 어리석은 잘못을 범했구나."

사울왕은 마침내 잘못을 진솔하게 고백했다.

"사울왕이시어, 여기 왕의 창이 있습니다. 왕의 신하 중 한 사람을 이리로 보내 가져가십시오. 주님은 선을 행하는 신실한 자에게 그대로 갚아 주십니다. 오늘 주님께서 왕을 나에게 넘겨주셨을 때에도 나는 왕을 얼마든지 죽일 수 있었지만 죽이지 않았습니다. 오늘 내가 왕의 생명을 소중히 여긴 것처럼 주님께서 내 생명을 소중히 여기셔서 모든 환난에서 나를 구출해 주실 것입니다."

다윗의 훈시에 자존심이 땅에 떨어진 사울왕은 손으로 햇빛을 가리고 용서를 빌었다.

"내 아들, 다윗아, 이것이 정말 네 목소리냐. 내가 정말 잘못했다. 나는 바보였다. 내 아들 다윗아, 너는 악을 선으로 갚았으니 정말 훌륭하다. 하나님은 오늘 네가 나에게 베푼 착한 행실을 보셨으니 언젠가 너를 후하게 보답해 주실 것이다. 너야말로 이스라엘의 훌륭한 왕이 될 인물이다. 네가 이스라엘의 왕이 되거든 내 자손과 우리 가문을 없애 버리지 않겠다고 약속해 다오. 나는 몹쓸 짓을 너무 많이 했다. 지체 말고 지금 당장 고향으로 돌아오너라. 이제 다시는 너를 해치지 않겠다."

의기소침한 사울왕은 목 놓아 울었다. 사울왕은 이미 다윗이 장차 이스라엘의 왕이 될 것을 자인하고, 자신의 후손들을 해치지 않는다는 다짐을 받은 다음 그 길로 철수했다. 사울왕은 철수하면서 다윗에게 고향으로 돌아오라고 당부했지만 다윗은 그 말을 믿고 돌아가지 않았다.

"언젠가는 나를 또 죽이려 할 것이다. 내가 지금 할 수 있는 최선은 블레셋 땅으로 피신하는 길밖에 없다. 사울왕이 나를 찾다가 없으면 포기할 것이며 그러면 나는 안전할 것이다."

다윗은 고향으로 돌아가지 않고 6백 명의 부하들과 가족을 이끌고 가드로 가서 블레셋의 아기스(Achish) 왕과 살았다. 다윗이 가드로 갔다는 말을 전해들은 사울왕은 더 이상 다윗을 추적하지 않았다(삼상 26:14-25).

36. 블레셋의 아기스왕 밑에 들어간 다윗의 학살행위

사울왕의 추적을 피해 가드로 들어가 블레셋의 아기스왕을 찾아간 다윗은 어쩔 수 없이 아기스왕의 지배를 받았다. 어느 날 다윗이 아기스 왕에게 말했다.

"만일 왕께서 나를 좋게 보신다면 우리가 살 수 있도록 지방의 작은 성을 하나 배려해 주십시오. 왕의 종이 어떻게 왕과 한 궁전에서 살 수 있겠습니까?"

다윗이 블레셋 왕성에서 아기스왕과 함께 사는 제의를 극구 사양했다. 그러자 아기스왕은 다윗의 청을 받아들여 시글락(Ziklag)성을 내주었다.

다윗은 블레셋의 아기스왕의 배려로 부하들과 그 가족들을 이끌고 시글락 성에 들어가 16개월 간 살았다. 그런데 다윗이 시글락성에 살면서 때로는 부하들을 이끌고 그술(Geshurites)사람들과 기르스(Girzites)사람들과 아말렉 사람들이 사는 곳에 쳐들어가 약탈해왔다. 이 때 다윗이 임시로 사는 지역은 예로부터 술(Shur)지방과 이집트로 가는 길목이었다. 다윗이 그 지방에 사는 사람들의 거주지에 쳐들어가 남녀를 가리지 않고 닥치는 대로 모두 죽이고 양과 소와 나귀와 낙타와 옷가지를 마구 약탈했다. 그러자 아기스왕이 다윗에게 인사말하듯 물었다.

"오늘은 또 누구를 털었소?"

"유다의 남부 네겝과 여라무엘(Jerahmeel)과 남부 겐(Kenties)사람들이 사는 지방의 남부를 털었습니다."

다윗은 사실대로 대답하고 남녀를 포로로 잡아오는 대신 모조리 죽였는데, 그것은 훗날 누군가 살아 남았다가 학살했다는 증인을 없애 그 사실을 고해 바치지 못하게 하려는 계산이었다. 다윗은 블레셋 땅에 사는 동안 약탈을 번복했다. 그러나 아기스왕은 여전히 다윗을 탓하지 않았다.

"다윗은 동족에게 미움을 사서 쫓겨나더니 이제 내 종이 되었구나."

아기스왕은 다윗을 철석같이 믿었다. 그런데 얼마 후 블레셋이 이스라엘을 치려고 총 동원령을 내렸다. 사정이 다급하자 아기스왕이 말했다.

"자네는 부하를 거느리고 내 편에서 싸워야 한다는 것을 알고 있겠지?"

그러자 다윗이 대답했다.

"물론입니다. 나는 왕의 종인 걸요. 왕은 우리가 블레셋에 얼마큼 도움이 되는지 곧 알게 될 것입니다."

다윗이 충성을 맹세하자 아기스왕이 좋아했다.

"좋다! 내가 자네를 평생 동안 경호원으로 삼겠다."

아기스왕은 다윗의 입에 발린 말에 흡족해 마지 않았다(삼상 27:1-12).

37. 조국을 등진 다윗

블레셋이 이스라엘을 치려고 전국에 총 동원령을 내리고 전국 각처에서 청장년들을 끌어 모아 아벡(Aphek)에 집결시켰고, 이스라엘은 이스르엘(Jezereel)계곡의 샘 주변에 방어진을 쳤다. 블레셋의 병사들은 수백 명 또는 수천 명 단위로 부대를 편성한 다음 지휘관의 명에 따라 일사불란하게 작전에 임했다. 그리고 다윗은 부하들을 이끌고 블레셋군의 뒤를 따라 후방에서 아기스왕과 더불어 진군했다. 그런데 다윗의 병사들을 발견한 블레셋의 지휘관(추장)들이 아기스왕에게 거칠게 항의했다.

"저 히브리 사람들은 여기서 무엇을 하는 겁니까?"

지휘관들이 문제를 제기하자 아기스왕이 대답하였다.

"여기 이 사람은 이스라엘의 사울왕의 신하였던 다윗이오, 그가 나에게 망명해

와서 나와 함께 여러 해 있었지만 나는 그가 여기에 온 날부터 지금까지 살펴보았지만 아무런 허울도 찾지 못하였소." 하고 아기스왕이 싸고돌자 블레셋의 지휘관들이 버럭 화를 냈다.

"저 히브리인들을 당장 돌려보내십시오! 저들이 싸움터에서 돌아설지도 모르기 때문에 우리는 저들과 함께 출전할 수 없습니다. 전쟁터에서 싸움 도중에 우리의 대적이 될지 누가 압니까? 저 히브리 사람들을 당신이 정해준 곳으로 당장 돌려보내십시오. 다윗이 제 상전(사울왕)의 환심을 사려고 무슨 짓을 할는지 어찌 알겠습니까? 여기 있는 우리 병사들의 목을 잘라 가지고 사울왕에게 돌아갈지도 모릅니다. 이 사람은 지난 날 이스라엘 여인들이 춤추면서 '사울왕이 죽인 자는 수천 명이요, 다윗이 죽인 자는 수만 명이라네' 하고 노래하던 바로 그 사람입니다"(삼상 28: 29: 1-6).

38. 출전을 거부당한 다윗

지휘관들이 거세게 반발하자 아기스왕이 다윗을 불러 말했다.

"내가 주님의 이름으로 맹세하지만 자네는 성실하고 정직한 사람이다. 나는 네가 나와 함께 전쟁터에 나가 주었으면 좋겠는데, 다른 지휘관들이 자네를 좋아하지 않으니 할 수 없네. 그러니 반대하는 자들의 비위를 거스르지 말고 조용히 돌아가게."

아기스왕이 자기의 난처한 입장을 말하자 다윗이 말했다.

"내가 무엇을 어떻게 했다고 이런 대접을 받아야 합니까? 왕의 말씀대로 내가 왕을 섬기기 시작한 날부터 지금까지 왕께서 나의 흠을 찾지 못했는데, 어째서 내가 왕의 원수들과 싸울 수 없습니까?"

다윗이 섭섭하다고 항의하자 아기스왕이 다시 말했다.

"내가 보기에 자네는 하늘이 보낸 훌륭한 사람이오. 그러나 블레셋 지휘관들이 자네와 함께 싸우지 못하겠다니, 나도 더 이상 어쩔 수 없네. 자네는 부하들을 데리고 내일 동이 트는 대로 떠나게."

결국 다윗은 더 이상 버티지 못하고 시글락으로 돌아오고, 아기스왕이 지휘하는 블레셋 병사들은 이스라엘을 치기 위해 이스라엘을 향해 진군했다(삼상 29: 7-11).

39. 아말렉에 대한 다윗의 보복

아기스왕과 헤어진 다윗이 부하들을 이끌고 이틀 만에 시글락에 돌아 왔을 때 끔찍한 사태가 벌어졌다. 다윗이 자리를 비운 사이에 아말렉 사람들이 쳐들어와 시글락 성을 몽땅 불사르고, 그곳에 남아 있던 남자들과 여자들과 어린이들까지 모두 끌어가고 성안은 텅 비어 있었다. 다윗은 잿더미로 변한 성문 앞에서 끌려간 가족들 생각에 슬피 울었다. 다윗의 가족들 중에 아히노암과 아비가일 두 아내도 끌려갔다. 참혹한 사태 앞에 다윗은 입장이 난처했다. 가족을 잃은 부하들이 다윗을 돌로 쳐 죽일 기세로 대들었다. 그러나 하나님을 의지한 다윗은 아비아달 제사장에게 지시했다.

"당장 에봇을 가져 오시오"

다윗은 부하들을 정돈시킨 다음 하나님 앞에서 자기가 해야 할 진로를 위해 기도했다.

"주님 내가 침략자들을 추격해서 잡을까요?"

주님께서 대답하셨다.

"좋다 당장 그들을 추격하라. 네가 빼앗긴 모든 것을 도로 찾을 것이다."

다윗은 즉시 하나님 분부에 따라 6백 명의 부하를 이끌고 아말렉 추격에 나섰다. 며칠째 굶주린 부하들 중에 2백 명은 힘이 없어 브솔(Besor)시내를 건네지 못했다. 다윗은 2백 명을 남겨두고 4백 명만 이끌고 추격에 나섰다. 얼마쯤 추격하던 중에 부하들이 이집트 청년 한 명을 데려 왔다. 이집트 청년은 3일 동안 물 한 모금 마지지 못해 기진맥진한 상태였다. 다윗이 부관(부라)을 시켜 빵과 물을 먹여준 다음 무화과 한 뭉치와 건포도 두 덩이를 주었다. 음식을 먹은 청년은 곧 힘을 얻고 정신을 차렸다. 이집트 청년이 정신을 차렸을 때 다윗이 직접 신분과 사연을 물어보았다.

"너는 어디서 온 누구냐?"

"예, 저는 이집트 사람으로 아말렉 사람의 종이었습니다. 그런데 내가 병들자 주인이 3일 전에 저를 버리고 떠났습니다. 그 동안 우리는 네겝에 있는 그렛(Kerethites)사람의 땅과 유다 남쪽지방의 갈렙 사람의 땅을 침략한 다음 시글락을 불태웠습니다."

이집트 청년은 그간의 경위를 소상하게 말했다.

"그러면 지금 그들이 어디에 있는지 나에게 말해 줄 수 있겠느냐?"

다윗이 정색을 하자 그는 쉽게 대답했다.

"만일 당신이 나를 죽이거나 내 주인에게 다시 넘겨주지 않겠다고 하나님의 이름으로 맹세하시면 그들이 있는 곳으로 인도하겠습니다."

다윗은 이집트 청년의 요구를 들어준 다음 그 청년을 앞세워 아말렉군 진지로 향했다.

다윗이 그들의 행선지를 따라 잡았을 때 아말렉 군은 사방에 흩어져서 약탈해 간 전리품으로 먹고 마시고 춤추는 등 마냥 즐기고 있었다(삼상 30:1-15).

40. 전리품을 공정하게 분배하는 법을 전통화하다

아말렉 병사들이 술에 취해 놀아날 때 다윗이 부하들을 이끌고 일시에 습격했다. 공격은 다음날 저녁까지 계속되었다. 낙타를 타고 멀리 도망친 400명의 청년들 외에는 한 명도 남기지 않고 전멸시켰다. 다윗은 아말렉이 시글락 성에서 약탈해간 물품을 모두 되찾고, 두 아내도 되찾았다. 물론 다윗의 부하들도 잃어버린 가족과 소유물을 다시 찾았다. 다윗의 병사들이 약탈당한 소와 양떼를 몰고 오면서 "이것은 다윗의 전리품이다!" 하고 외쳤다.

승리를 거둔 4백 명의 병사들이 브솔 시내에 이르자 출정하지 못하고 그곳에 남아 있던 2백 명의 병사들은 다윗이 돌아오기만을 기다리고 있었다. 그들은 다윗이 승리하고 돌아오자 열렬히 환영했다. 다윗은 출정하지 못한 그들을 따뜻하게 맞았다. 그러나 다윗과 함께 참전한 400명중에 일부 건달들이 다윗에게 심술을 부리며 항의했다.

"저들은 우리와 함께 출정하지 않았습니다. 저들은 전리품을 가질 자격이 없습니다. 저들에게는 처자들만 되돌려 주고 따로 떠나게 합시다."

참전한 사람들이 항의하자 다윗이 말했다.

"내 형제들아, 그건 절대로 안 된다. 주님께서 우리를 안전하게 지켜주시고 우리를 도와 원수들을 쳐부수게 하셨다. 너희가 그런 말을 한다고 들어 줄 사람이 있겠느냐? 전쟁터에 나가 싸운 사람이나 여기 남아서 소유물을 지킨 사람이나 전리품을 똑같이 나누어야 한다."

다윗이 이때 자기가 한 말을 엄격하게 법으로 정해 준수했는데 그것이 전통화되어 훗날 이스라엘의 국법이 되었다. 시글락에 돌아온 다윗은 전리품의 일부를 장로들에게 보내면서 말했다.

"이것은 내가 원수들에게서 뺏은 전리품인데 여러분께 선물로 드립니다."

다윗이 전리품을 선사하자 선물을 받은 장로들은 그것을 또 다른 지역의 여러 장로들에게 나누어 주었다. 그런데 선물을 받은 지방은 주로 다윗이 부하들과 왕래하던 곳이었다. 전리품을 선물로 받은 사람들이 늘어나면서 다윗의 전승 소식은 더 널리 알려졌다(삼상 30:16-31).

41. 블레셋의 대공세와 사울왕의 패배와 최후

다윗이 골리앗을 죽인 후 한동안 잠잠하던 블레셋과의 평화는 오래 가지 않았다. 시일이 지나면서 블레셋은 다시 전열을 가다듬어 이스라엘을 상대로 대 공세를 취하기 시작했다. 오랫동안 기회를 엿보던 블레셋이 대대적인 공세를 취했다. 사방에서 블레셋의 공세가 강화되면서 이스라엘 전역에서 싸움이 벌어졌다는 나팔소리가 전국에 진하게 울리면서 전운이 감돌았다.

여호수아 시대부터 블레셋은 이스라엘을 상대로 싸움이 하루도 그칠 날 없이 계속되었지만 그들의 공세는 번번이 실패로 끝났지 이스라엘의 숨통을 조이지는 못했다. 그런데 이번에는 공격의 타깃을 사울왕에게 맞춰 전례 없이 강력한 전력을 가다듬어 결전에 임했다.

저들은 이스라엘의 중부 지역으로 진격해왔다. 나사렛(Nazareth)과 제닌(Djenin)의 중간 지점에 위치한 일명 소헤르몬(Petit Hermon)산의 경사면이 끝나는 수넴(Sunem) 지역에 진을 쳤다.

사울왕이 왕위에 오른 후 블레셋이 이스라엘의 내륙 깊숙이 쳐들어 온 적은 일찍이 없던 일이었다. 사울왕은 이스라엘의 청장년을 총 동원하여 길보아(Gelboe=현재 Djelbon)에 포진하였다. 사울왕이 이끄는 이스라엘의 병사들은 요나단과 아비나답과 말기-수아 세 아들이 진두지휘했다. 그러나 병사들은 사기가 떨어진데다 전략마저 허술했다.

사울왕이 이끄는 병사들은 길보아(Gilboa)산기슭의 경사진 곳에 진을 치고 있었다. 그런데 사울왕이 자리 잡은 진지는 비스듬히 경사진 구릉지라 블레셋의 전차가 공격하기에 좋은 입지였다. 이미 싸움이 벌어지기도 전에 사울왕의 진지는 지리적으로 불리했다. 물론 지형을 잘못 택한 것부터가 사울왕이 얼마나 작전을 모르는 사람인가를 알 수 있었다. 이윽고 블레셋의 전차들이 공격을 가하자 사울왕의 진지는 곧 무너지고 병사들은 도망치기 시작했다. 진두지휘하던 요나단과 아비나답과 말기수아 세 왕자도 맥없이 무너지면서 블레셋 군은 화력을 다해 사울왕을 육박해왔다. 그러나 초전에 화살을 맞아 중상을 입은 사울왕은 운신이 자유롭지 못해 도망칠 수도 없었다.

해가 저물어 앞이 잘 보이지 않을 무렵에야 전투가 끝났는데, 그날의 싸움이 얼마나 격렬했던지 온 벌판이 전사자들의 시체로 뒤덮였다. 그러나 시신들 중에 자살한 병사들의 최후는 하나같이 눈을 하늘을 향해 똑바로 쳐다보고 누워있었기 때문에 쉽게 구별할 수 있었다. 그런데 뜻밖에 사울왕과 두 왕자의 시신도 하늘을 행해 반듯이 누워 있었다. 그들은 모두 자살한 것이 분명했다(삼상 31:1-13).

한편 사울왕이 전사했다는 소식을 전해들은 야베스의 3부족이 지난날 자신들을 위기에서 구원해준 은혜를 잊지 않고 용감하고 힘깨나 쓰는 장정들을 모아 결사대를 조직하여 야밤에 벳산에 잠입해서 성벽에 효시(梟示)된 사울왕의 시신을 거두어다 화장한 다음 유골을 야베스에 있는 상수리나무 밑에 묻고 이레 동안 애도했다고 한다.11) 사울왕은 제위 40년을 전쟁으로 보내다 결국 길보아 전투를 끝으로 왕위를 계승시키지 못한 채 일생을 마쳤는데 이때가 기원전 1005년이었다.

◆ **사울왕의 최후는 자결인가, 전사인가?**

사울왕의 최후는 자살이라고 속단하기 어렵다. 왜냐하면, 사무엘서 상권 31장과 사무엘서 하권 1장에 의하면 사울왕의 최후는 상반된 내용이 언급되어 있다. 전설에 의하면 사울왕의 최후는 이러하다. 이스라엘이 블레셋과의 싸움에서 패하자 사울왕이 무기당번 병사에게 "내 칼을 뽑아 나를 찔러라. 저 할례 받지 않은 이방인들이 나를 찌르고 능욕하지 못하도록 얼른 나를 찔러라." 하고 명령했다. 그러나 무기당번 병이 겁을 먹고 찌르지 못하자, 사울왕 자신이 칼을 뽑아 자루를 땅에 세우고 배를 칼날에 대고 그 위에 엎어져 자결을 시도하자 곁에서 지켜보던 무기 당번병도 칼을 뽑아 스스로 사울왕과 함께 죽었다고 한다.

싸움이 끝난 다음날 블레셋 병사들이 죽은 이스라엘 병사들의 옷가지를 약탈했다 고한다.

---

11) 화장(火葬)은 모세의 율법에 맞지 않는 장사 방법이었다. 그러나 이 때 사울왕의 시신을 화장한 것은 시신을 블레셋 사람들에게 다시 빼앗기는 수모를 당할지도 모르기 때문에 부득불 화장이라는 편법으로 장사를 꾀했다고 한다.

> 그런데 블레셋 병사들이 사울왕과 두 왕자의 시신을 발견한 블레셋의 병사들이 사울왕과 그의 두 아들의 갑옷을 벗겨 그들의 신전에 보관하고, 머리를 잘라 많은 사람들이 볼 수 있도록 벳산(Beth-Shan)성벽(돌담)에 매달아 놓고 사방에 전갈을 띄워 승리를 알리는 한편 큰 축제를 열었다고 한다.

42. 사울왕의 죽음을 방조한 아말렉 사람

한편 사울왕이 길보아에서 전사할 때 다윗은 아말렉 군을 무찌르고 시글락으로 되돌아 온지 이틀 째 되는 날이었다. 갑자기 이스라엘 진지에서 병사 한 명이 허겁지겁 달려와 입고 있던 옷을 찢고 머리에 먼지를 끼얹은 다음 다윗 앞에 엎드려 울먹였다. 낯선 병사의 행동을 눈여겨본 다윗이 물었다.

"너는 어디서 온 누구냐?"

"저는 이스라엘 진지에서 도망쳐왔습니다. 이스라엘은 패하고 사울왕과 요나단도 돌아가셨습니다."

"그들이 죽은 것을 네가 어떻게 아느냐?"

"저는 우연히 길보아(Gilboa)산에 올라갔습니다. 그 때 사울왕이 창으로 자기 몸을 겨우 지탱하고 있는 것을 보았습니다. 바로 그때 적의 병거와 기병대가 사울왕을 뒤쫓고 있었습니다. 뒤쫓는 적을 돌아본 사울왕이 마침 곁에 있는 저를 불렀습니다. 제가 왜, 그러시느냐고 대답했더니 저에게 누구냐고 물으셨습니다. 제가 아말렉 사람이라고 대답하자, 왕은 저더러 어서 와서 자기를 죽여 달라고 하셨습니다. 목숨만 붙어 있었을 뿐 더 이상 버틸 수 없다고 했습니다. 제가 보기에도 다시 일어나실 것 같지 않았습니다. 그래서 제가 다가가서 그의 목숨을 끊어 드렸습니다. 그리고 머리에 썼던 왕관과 팔에 끼었던 팔찌를 벗겨서 이렇게 가지고 왔습니다."

아말렉 청년은 사울왕이 죽은 사실을 이렇게 보고했다. 다윗은 옷을 찢으며 비통에 잠겼다. 곁에 있던 다윗의 부하들도 옷을 찢고 사울왕과 아들 요나단의 죽음을 슬퍼했다. 다윗은 하나님의 백성과 이스라엘을 생각하며 하루 종일 슬픔에 젖어 금식했다. 다윗은 사울왕이 죽었다는 소식을 전한 청년에게 크게 꾸짖었다.

"네 놈이 어쩌자고 겁도 없이 주님께서 세우신 왕의 목숨을 함부로 끊었단 말이냐? 너는 네 입으로 주님께서 기름 부어 세우신 왕을 죽였노라고 증언하였으니 너는 죽어 마땅하다."

그리고 병사 한 명을 불러들여 명령했다.

"이 자를 죽여라!"

다윗의 명령이 떨어지자 근위병은 아말렉 청년을 단칼로 쳐 죽였다. 다윗은 죽은 아말렉 청년을 향해 말했다.

"너는 네 죄 값으로 죽어 마땅하다. 이것은 네가 스스로 하나님이 세우신 왕을 죽였다고 고백했기 때문이다."

결국 비보를 전한 청년을 사형에 처단한 다윗은 이 날부터 국왕에 버금가는 권위를 누리기 시작했다.

한편 요단강 오른쪽 유역에 살던 이스라엘 백성은 사울왕의 전사 소식을 전해 듣고 모두 성읍을 버리고 도망쳤다. 그리하여 블레셋은 이스라엘의 도성을 쉽게 점령했다.

요나단이 죽었다는 소식에 접한 다윗은 하루 종일 식음을 끊고 슬픔에 잠겨 운신을 하지 않았다. 슬픔에 휩싸인 다윗은 요나단을 위해 다음과 같은 애가(哀歌)를 지어 '활의 노래'라는 제목을 붙여 이스라엘 백성들에게 길이 가르치라고 했다(삼하 1:18-19).

◈ **사울왕의 이모저모**

베냐민 지파의 출신 기스의 아들 사울왕은 용맹스러운 전사로 길르앗 야벳의 이스라엘 백성을 암몬의 손아귀에서 구출하면서 초대 왕권을 다졌다. 그러나 끊임없는 블레셋과의 전투로

문화적인 면에서는 백성을 돌볼 겨를이 없었다. 초기에는 전투마다 승리를 거두는 등 무왕으로서 상당한 공적을 쌓았다. 그러나 성격이 조급하고, 변덕스러운데다 조직력이 부족한 것이 그의 결정적인 결함이었다.

사울왕은 성격이 성급한 나머지 맹세를 쉽게 해 자기 아들 요나단을 죽일 뻔 했고, 궁중 악사이며 무기 당번병인 다윗을 지나치게 시기, 질투하여 쓸데없는 싸움으로 정력을 소모했고, 제사장이 아니면서 제사를 지내는 실수 범하고, 주님께서 아말렉을 완전히 멸절하라고 명하셨음에도 짐승들과 아각왕을 살려둠으로서 하나님의 눈 밖에 나면서 그의 왕권은 운명을 다한다. 사울왕은 이스라엘의 초대 임금으로 추대되었지만 실상 국왕으로서의 권한은 제대로 누려보지 못했다. 궁궐은 물론 왕후도 왕좌도 없이 매일 블레셋과의 싸움에 몰두하다 결국 싸움터에서 최후를 맞은 비극의 무왕이었다.

43. 요나단에 대한 다윗의 애도 '활의 노래'

"이스라엘아, 너의 영광이 살해되어 언덕 위에 누워 있구나.
어쩌다 용사들이 쓰러졌는가?
이 소식을 갓에 알리지 말고
아스클론(Ashkelon)거리에 전하지 마라.
팔레스티아인들의 딸들이 기뻐하고
할례 받지 않은 자들의 딸들이 좋아 날뛸라.
길보아의 산들아
너희 위에, 그 비옥한 밭에
이슬도 비도 내리지 마라.
거기에서 용사들의 방패가 더럽혀지고
사울의 방패가 기름칠도 않은 채 버려졌다.
요나단의 활은
살해된 자들의 피와 용사들의 굳기름을 묻히지 않고서는
돌아온 적이 없고

사울의 칼은
허공을 치고 되돌아온 적이 없었네.
사울과 요나단은 살아 있을 때에도
서로 사랑하며 다정하더니
죽어서도 떨어지지 않았구나.
그들은 독수리보다 날래고
사자보다 힘이 세었지.
이스라엘의 딸들아
사울을 생각하며 울어라.
그는 너희에게 장식 달린 진홍색 옷을 입혀 주고
너희 예복에 금붙이를 달아 주었다.
어쩌다 용사들이 싸움터 한복판에서 쓰러졌는가?
요나단이 네 산 위에서 살해되다니!
나의 형 요나단
형 때문에 내 마음이 아프오.
형은 나에게 그토록 소중하였고
나에 대한 형의 사랑은
여인의 사랑보다 아름다웠소.
어쩌다 용사들이 쓰러지고
무기들이 사라졌는가?'(삼상 2:19-27)

제 4 부 다윗의 통일 왕국시대

제1장 다윗이 이스라엘 왕위에 오른 이야기

1. 다윗이 난세(亂世)에 왕위에 오르다

사울왕이 전사한 후 이스라엘은 혼란에 빠졌다. 일부 백성들이 패를 갈라 사울왕과 요나단의 죽음을 슬퍼하고 있을 때 다윗이 주님께 향후 진로를 위해 기도했다.

"내가 다시 유다로 돌아가도 됩니까?"

다윗이 기도하자 주님께서 "올라가도 좋다, 어서 올라 가거라."

그러나 마음이 내키지 않는 다윗이 길을 떠나기 전에 다시 기도했다.

"그러면 제가 어느 성으로 가야 합니까?" 하고 가야할 방향을 위해 기도하자 주님께서 "헤브론으로 가거라." 하고 계시하셨다.

다윗은 그 길로 유랑 생활을 접고 부하들과 아히노암과 아비가일 두 아내를 대리고 오랜만에 고향 헤브론으로 돌아갔다. 헤브론 사람들은 유랑 끝에 귀향한 다윗을 열렬히 환영한 다음 다윗의 머리에 기름을 붓고 왕으로 추대했다. 그러나 유다지파만을 위한 왕위 추대일 뿐 이스라엘 12지파를 대표하는 국왕은 아니었다. 명실공히 이스라엘의 왕이 되기 위해서는 나머지 11지파의 동의를 받아야 했다.

그러나 다윗에게 시급한 문제는 무엇보다도 죽은 사울왕에 대한 사후 처리였다.

그런데 일찍이 사울왕의 은혜를 입은 바 있는 길르앗 야베스의 용사들이 사울왕의 시신을 거두어다가 장사지냈다는 말을 전해들은 다윗은 그들에게 사신을 보내 이렇게 치하했다.

"여러분이 죽은 사울왕의 시신을 거두어다 장사 지냈으니 여러분이 행한 갸륵한 일에는 주님께서 보답해 주실 것입니다. 이제 여러분은 강하고 담대하십시오. 여러분의 사울왕이 죽었음으로 유다사람들이 나를 자신들의 왕으로 삼았습니다." 하고 특별히 유다지파를 부상시켰다(삼하 2:1-7).

2. 사울왕의 막내아들 이스보셋이 왕위에 오르다

한편 죽은 사울왕에게는 이스보셋(Ishbosheth)이라는 또 다른 막내아들이 한 명 살아 있었다. 그는 사울왕이 전사하자 즉시 아브넬 사령관의 후원으로 마하나임에서 베냐민 지파의 추대로 왕위에 올랐다. 이스보셋은 40세로 다윗보다 10여 세나 연상이었다. 그러나 이스보셋의 왕위 계승 역시 베냐민 지파만의 독단적인 결정일 뿐 이스라엘 12지파의 합의를 얻은 이스라엘의 국왕은 아니었다. 다만 길르앗, 아술, 에브라임과 베냐민지파와 그밖에 이스라엘 땅에 사는 일부 백성들로부터 지지를 받았을 뿐이었다. 따라서 지리적으로 이스보셋이 지배할 수 있는 영역은 팔레스타인의 일부지역이었다.

이스보셋은 요단강 서편과 갈릴리와 사마리아 산지에 있는 베냐민 지파만을 통치할 수 있었다. 결국 다윗과 이스보셋의 등장은 하나의 이스라엘의 국력을 분열시켰다. 유다지파는 다윗이라야 혼란에 빠진 이스라엘을 이끌어 갈 수 있다고 주장한 반면, 베냐민 지파는 사울왕의 후손이라야 한다고 주장했다.

한 나라에 두 명의 왕이 탄생하는 상황이 벌어지면서 다윗을 지지하는 유다지파의 세력과 이스보셋을 지지하는 베냐민 세력 간에 내전으로 번졌다. 그런데 마침 사울왕의 군사령관이었던 아브넬이 이스보셋을 지지하면서 이스보셋은 다윗을 따돌리고 2년간 그런대로 왕위를 유지할 수 있었다. 그러나 12지파를 통합하지 못한 반쪽의 국왕이었다. 그리하여 이스라엘 백성은 결국 다윗의 세력과 이스보셋의 세력 간에 충돌이 잦았다. 유다지파의 지지를 받는 다윗은 이스보셋을 지지하는 아브넬 장군의 강력한 도전을 받았다. 어느 날 아브넬 장군이 마하나임에서 이스보셋의 일부 병력을 데리고 기브온으로 갔다. 그러자 다윗 휘하의 요압 장군도 일부 병력을 이끌고 기브온 연못가에 이르러 아브넬과 마주했다. 두 장군은 연못을 사이에 두고 양편에서 서로 마주보고 앉아 기 싸움을 벌였다. 그 때 아브넬이 요압 장군에게 "양편에서 젊은 병사들을 뽑아 칼싸움을 시켜보는 것이 어떻겠느냐?"고 도전장을 던졌다.

아브넬이 결투를 청하자 요압이 기꺼이 승낙하였다. 양편에서 각각 12명씩의 투사를 뽑아 싸움을 시켰다. 이들은 서로 상대방의 머리를 움켜잡고 옆구리를 찔러 쌍방 모두 그 자리에 쓰러짐으로서 승자도 패자도 없이 아수라장이 되었다. 결투가 끝나자 양편에서 지켜보던 병사들이 들고일어나 치열한 싸움이 벌어졌다(삼하 2:8-16).

3. 사울왕 집안과 다윗 지지자 간의 잦은 싸움

기브온 연못가의 싸움은 도전자인 아브넬 편이 다윗의 요압 장군의 병사들에게 패했다. 싸움에 패한 아브넬이 도망치자 다윗의 부하이며 요압 장군의 형제인 아비새(Abishai)와 아사헬(Asahel)이 노루처럼 빠르게 아브넬을 추격했다. 추격당한 아브넬이 뒤돌아보고 숨을 몰아쉬며 물었다.

"네가 요압의 동생 아사헬이 아니냐?"

"그렇다, 내가 바로 아사헬이다."

"그렇다면 나를 추격하지 말고 다른 사람이나 추격해라. 그들이 가진 것이나 빼앗아라."

아사헬은 들은 체도 않고 계속 달려들었다. 다급해진 아브넬이 말했다.

"너는 왜, 내가 하필 너를 죽이게끔 하느냐? 나를 쫓지 말고 돌아가거라. 내가 만일 너를 죽인다면 내가 어떻게 너의 형 요압 장군과 대면할 수 있겠느냐?" 하고 싸움을 피했다. 그러나 아사헬은 들은 척도 하지 않았다. 그러자 아브넬이 창날을 뒤쫓는 쪽의 수평으로 눕힌 다음 말의 속력을 갑자기 멈추자 창의 끝날이 전속력으로 달려들던 아사헬의 배를 푹 찔렀다. 달려드는 타력에 의해 창날이 아사헬의 등을 뚫어 그 자리에서 숨을 거두었다.

아사헬이 죽자 이번에는 요압 장군과 아비새가 아브넬을 잡기 위해 추격에 나섰다. 기브온 광야로 나가는 길의 맞은편 암마(Ammah)산에 이르렀을 때 해가 저물었다. 베냐민 지파의 아브넬은 쫓기는 패잔병들을 이끌고 암마산 꼭대기로 몰려가 조용히 숨어 있었다. 그 때 요압 장군이 다가가자 아브넬이 외쳤다.

"우리가 계속 칼을 들어 서로 죽여야 하겠느냐? 당신은 어째서 당신 동생의 비참한 결과를 보지 못하느냐? 우리는 다 같은 동족이다. 당신은 언제쯤 부하들에게 더 이상 망명 생활을 하지 못하도록 명령하겠느냐?"하고 투항을 외치자 요압 장군이 큰 소리로 맞섰다.

"내가 살아계신 하나님 앞에서 맹세하지만 당신이 싸움을 걸지 않았다면 우리는 오늘 아침에 이미 돌아갔을 것이다. 물론 당신을 추격하지도 않았을 것이다."

요압 장군은 아브넬에게 큰 소리로 말한 다음 나팔을 불었다. 그러자 추격하던 병사들이 추격을 멈추었고, 싸움은 승부가 나지 않은 채 일단 휴전에 들어갔다. 아브넬과 그의 부하들은 그날 밤 요단강을 건너 밤새도록 행군 끝에 다음날 아침에 마하나임에 도착했다.

한편 추격을 중단하고 진지로 돌아온 요압 장군은 부하들의 피해를 점검한 결과 희생자는 아사헬 외에 19명이었으나, 베냐민 지파의 아브넬의 병사는 360명이나 전사했다. 이 싸움이 있은 후 사울왕의 집안을 지지하는 백성들과 다윗을 지지하는 백성들 사이의 싸움은 계속되었다. 그러나 다윗의 세력은 점점 강해지는 데 반해 사울왕의 집안은 점점 기울었다(삼하 2:17-32).

4. 다윗과 합세한 아브넬

사울왕 일가를 지지하는 세력과 다윗을 추종하는 양대 세력이 자웅을 겨루는 가운데 아브넬이 야심을 품고 사울왕가 내에서 자기 세력을 따로 확보했다. 아브넬이 어느 정도 기반을 조성한 다음 죽은 사울왕의 첩(후궁) 중에 리스바(Rizpah)를 범했다. 아브넬과 리스바의 간통 사실을 확인한 이스보셋이 격노했다. 아브넬이 감히 자기 아버지의 후궁을 범했다는 사실을 확인한 이스보셋이 큰 소리로 힐책했다. 그러자 화가 치민 아브넬이 대들었다.

"나를 개 대가리로 아시오. 나는 오늘까지 당신의 선친 사울왕의 왕실과 그 동기간들에게 충성을 다했고, 당신을 다윗의 손에서 건져내 주지 않았소. 그런데 당신은 그까짓 여자 문제로 나를 책망한단 말이오? 주님께서는 이미 사울왕과 그 후손들에게서 나라를 빼앗아 다윗에게 주겠다고 약속하셨소. 이제 이 나라는 다윗에게 넘겨주는 도리밖에 없소. 단에서 브엘사바에 이르기까지 유다와 전 이스라엘을 다스리도록 다윗을 왕으로 받드는 길밖에 없소"하고 대들었다. 뜻밖에 아브넬이 결별을 선언하고 나섰다. 하지만 겁먹은 이스보셋은 한 마디도 하지 못했다. 사울왕 집안과의 결별을 선언한 아브넬은 그 길로 다윗에게 전갈을 보냈다.

"이 땅은 내 것이 아니고 누구의 것입니까? 나와 당장 협상합시다. 온 이스라엘이 당신에게 넘어 갈 수 있도록 내가 당신을 돕겠습니다."

아브넬의 전갈을 받은 다윗은 쾌히 응낙했다.

"좋소. 그대와 계약을 맺겠소. 그 대신 내가 그대에게 한 가지만 요구하겠소. 그대가 나를 보러 올 때 사울의 딸 미갈을 데려오시오. 그래야만 그대는 나를 만날 것이오."

지난날 빼앗긴 사울왕의 공주 미갈을 찾아오라고 통고했다(삼하 3:1-13).

5. 다윗이 미갈을 되찾다

"내 아내 미갈을 돌려보내 주십시오. 내가 그녀와 결혼하기 위해 블레셋 사람의 포피(남근) 100개를 잘라 상납하고 힘들게 얻은 아내요."

다윗의 전갈을 받은 이스보셋은 즉시 아브넬에게 "얼른 미갈의 남편 발디엘(Paltiel)에게 찾아가서 당장 데려오시오."하고 명령했다. 아브넬이 발디엘을 찾아가 그의 아내가 된 미갈을 강제로 빼앗았다. 아브넬이 미갈을 데리고 떠나자 남편 발디엘이 아내를 빼앗기지 않으려고 바후림(Bahurim)까지 따라오면서 애걸했다. 발디엘이 계속 따라오자 아브넬이 "당장 집으로 돌아가라" 하고 위협하자 그는 눈물을 머금고 돌아갔다.

한편 아브넬은 이스라엘의 장로들을 한자리에 모아 놓고 언젠가 그들이 다윗을 자신들의 왕을 삼고자 했던 사실을 상기시켰다.

"당신들은 오래 전부터 다윗을 왕으로 모시자고 여러 차례 말한 적이 있는데 이제 그 때가 왔습니다. 주님께서 '내가 다윗을 통해서 블레셋 사람과 다른 대적들에게서 이스라엘을 구하겠다.'라고 하신 말씀을 기억하시기 바랍니다."

아브넬이 장로들의 협조를 구한 다음 베냐민 지파의 정치 상황을 다윗에게 보고하기 위해 20명의 부하를 거느리고 헤브론으로 향했다. 아브넬이 헤브론에 도착하자 다윗은 큰 잔치를 베풀고 열렬히 환영했다. 아브넬은 헤브론에서 성대한 환영을 받고 다시 떠나면서 다윗에게 말했다.

"내가 돌아가면 이스라엘 백성들을 모두 불러 놓고 그들로 하여금 다윗을 우리 이스라엘의 왕으로 모실 수 있도록 조약을 체결하겠습니다. 그렇게 되면 당신은 원하던 것을 다 얻게 될 것이며, 이 나라 전체를 다스리게 될 것입니다." 하고 장담하자 다윗은 아브넬의 결단을 높이 치하하고 안전하게 돌아 갈 수 있도록 주선했다(삼하 3:14-21).

6. 요압이 아브넬을 살해하다

한편 아브넬이 다윗과 합세하기 위해 헤브론에 갔을 때 요압은 마침 헤브론에 없었다. 아브넬이 다윗을 위해 베냐민 지파와 합병을 주선할 때 요압은 부하들을 거느리고 외지에 나가 주변의 적을 평정하고 재물을 약탈하여 많은 전리품을 가지고 돌아오는 길이었다. 요압이 헤브론에 이르렀을 때 다윗이 아브넬을 열렬히 환영한 다음 안전하게 돌려보냈다는 사실을 전해들은 요압은 다윗을 찾아가 거칠게 항의했다.

"어떻게 이럴 수가 있습니까? 제 발로 걸어 들어온 아브넬을 어째서 그냥 안전하게 돌려 보내셨습니까? 왕께서도 잘 아시겠지만 그 자가 여기까지 온 것은 왕을 속이고 우리의 동태를 살피기 위해서 온 것입니다." 하고 항의한 다음 그는 다윗의 허락 없이 병사들을 출동시켰다. 당장 아브넬을 뒤쫓아 가서 다시 데려오라고 했다. 요압의 지시를 받은 병사들이 시라(Sira)우물가에 이르러 아브넬을 만나 다시 헤브론으로 데려왔다. 그러나 다윗은 그 사실을 전혀 모르고 있었다.

아브넬이 다시 헤브론에 이르렀을 때 요압은 개인적인 문제를 이야기할 것처럼 그를 성문 곁으로 유인해서 갑자기 몸에 품고 간 칼을 뽑아 아브넬의 배를 찔러 죽였다. 완전한 살인사건이었다. 요압이 이처럼 아브넬을 비겁하게 죽인 것은 기브온 전쟁 때 자기 동생 아사헬을 죽인데 대한 앙갚음이었다. 그러나 요압이 저지른 사건은 다윗을 매우 난처하게 만들었다. 왜냐하면, 아브넬에 대한 백성들의 존경심이 깊었기 때문에 만일 다윗이 아브넬을 죽였다고 오해하는 경우 다윗의 입장은 난처할 수밖에 없었다. 그러나 전후 사실을 전해들은 다윗은 분을 사기지 못하고 이렇게 말했다.

"아브넬이 피살당한 사건에 대해 나와 내 백성은 조금도 관여하지 않았다. 우리는 죄가 없다는 사실을 주님께서 아신다. 그러나 아브넬을 죽인 자에 대한 죄는 그의 가족에게 돌아갈 것이다. 요압의 자손들은 성병이나 문둥병에 걸리거나 지팡이를 짚고 다니는 불구자가 되거나 굶어 죽거나 전쟁터에서 죽기 바란다."고 저주했다(삼하 3:22-29).

7. 아브넬을 위한 다윗의 애가

요압에 대한 분을 좀처럼 삭이지 못한 다윗왕은 요압과 그가 거느리는 군사들에게 일렀다.12)

"너희는 모두 옷을 찢고 자루옷(상복)을 입고 아브넬의 죽음을 애도하여라." 하고 명령한 다음 다윗왕 자신이 아브넬의 상여를 따라가면서 슬피 울자 모든 군사들도 울었다. 아브넬의 장사를 성대하게 치른 다윗왕은 그를 위해 애가(哀歌)를 지어 읊었다.

"어리석은 자가 죽듯이
아브넬이 그렇게 죽어야 했더란 말이냐?
그대의 손이 묶이지도 않았고
그대의 발이 쇠고랑에 차이지도 않았는데
불의한 자들에게 맞아 쓰러지듯이 쓰러졌구나"(삼하 3:34-35).

다윗왕이 시가를 지어 읊자 백성들도 덩달아 아브넬의 죽음을 슬퍼했다. 다윗왕은 아브넬을 장사지내기까지 식음을 전폐하고 슬픔에 잠겼다. 백성들이 다윗왕을

---

12) 다윗왕은 사촌 동생이며 장군인 요압을 함부로 다루지 못했는데 그것이 관례가 되어 훗날 압살롬이 이복형 암논을 살해했을 때에도 처벌하지 못했다. 그 뿐만 아니라 압살롬이 반란을 일으켰을 때에도 다윗왕은 출정하는 요압에게 가능한 압살롬을 죽이지 말라고 했다. 그럼에도 요압은 압살롬을 살해했다.

찾아와 음식을 권했지만 다윗왕은 해가 지기 전에는 아무것도 먹지 않겠다고 하나님께 맹세하고 식음을 거부했다. 백성들은 그제야 다윗왕이 슬퍼하는 이유를 알게 되었고, 아브넬의 죽음에 다윗왕이 개입되지 않았다는 사실을 확신하고, 그에 대한 의심을 풀었다. 그때부터 백성들은 다윗왕이 하는 일이라면 무엇이나 공정하다고 믿고 기쁘게 받아 들였다.

다윗왕의 행동을 처음부터 지켜본 이스라엘 백성들은 아브넬을 살해한 사건에 다윗왕은 조금도 관련되지 않았다는 결백이 밝혀지면서 다윗왕에 대한 신뢰는 한층 더 두터워졌다. 이 사건 후 다윗왕에 대한 이야기가 사람들의 입에서 귀로, 귀에서 입으로 전 이스라엘 백성들에게 전해지면서 다윗왕의 결백만큼 그에 대한 인기는 높아졌다.

한편 아브넬에 대한 장례를 무사히 치른 후 다윗왕이 신하들에게 말했다.

"오늘 이스라엘에서 위대한 지도자가 죽은 것을 그대들은 바로 알아야하오. 내가 비록 하나님이 세운 이스라엘의 왕이지만 아직은 내 힘이 약해서, 다루기 벅찬 스루야의 두 아들 요압과 아비새를 어떻게 처리해야 할지 모르겠구려. 아무튼 주님께서 악한 자들에게는 악한 행위를 저지를 만큼 벌 받기를 원할 뿐이오." 하고 아직 왕권이 미처 확립되지 않은 어려움을 실토했다(삼하 3:30-39).

8. 이스보셋을 부하가 살해하다

한편 이스보셋의 세력은 날로 기울었다. 아브넬이 헤브론에서 요압에 의해 살해당한 후 베냐민지파의 사람들은 완전히 기가 꺾였다. 그러던 어느 날 여름밤이었다. 이스보셋에게 레갑(Rechab)과 바아나(Baanah)라는 두 명의 지휘관이 있었다. 그들은 형제들로 이스보셋이 이끄는 특공대의 장교들이었다. 어느 날 정오쯤 그들이 이스보셋을 찾아갔다. 이스보셋이 사는 집(궁정)에 당도했을 때 마침 이스보셋이 낮잠을 자고 있었다. 레갑과 바아나는 경비병들에게 밀을 가지러 왔다고 속이고 왕의 침실로 들어가 잠든 이스보셋을 찔러 죽였다. 그리고 그의 목을 잘라 부대에 담아가지고 밤새도록 헤브론으로 달려가 다윗왕 앞에 이스보셋의 머리를 담은 보자기를 풀어놓고 말하며 충성을 맹세했다.

> ◈ 살인자를 처벌하지 못한 영웅
>
> 다윗왕은 살인을 범한 요압을 즉시 처벌하지 않았다. 아니 처벌을 하지 못했다. 물론 그 이유는 여러 가지로 추측할 수 있다. 얼마 전 다윗왕은 사울왕의 아들 이스보셋을 살해하고 목을 바친 두 사람을 살인범으로 처벌하였고, 그때 누구든지 법을 어기면 지위 고하를 막론하고 처벌할 것이라고 선언했음에도 유독 아브넬을 살해한 요압에 대해서는 아무런 문책도 하지 않았다. 그러나 다윗왕의 마음속에는 늘 아브넬이 억울하게 죽은 문제로 그에 대한 복수심이 남아 있었다. 그래서 훗날 정권을 아들 솔로몬에게 넘겨줄 때 요압에게 복수할 것을 유언으로 지시했고, 솔로몬은 아버지의 유언에 따라 요압을 가차 없이 처단했다.

"보십시오! 다윗왕을 죽이려던 원수 사울의 아들 이스보셋의 머리가 여기 있습니다. 오늘 주님께서 왕의 원수를 갚았습니다."

그러나 피범벅이 된 이스보셋의 머리를 보는 순간 다윗왕은 상기된 표정으로 레갑과 그의 동생 바아나에게 말했다.

"너희들은 큰 상을 받고 싶을 것이다. 그러나 너희들은 큰 과오를 저질렀다. 내가 사지에 빠졌을 때마다 내 목숨을 구해주신 주님의 이름으로 맹세한다. 전에 내가 시글락에 있을 때 어떤 사람이 나에게 좋은 소식이 되는 줄 알고 '사울왕이 죽었습니다.' 하고 비참한 소식을 전해준 아말렉 사람이 있었다. 그는 자기가 좋은 소식을 전한 다고 생각하고 나를 급히 찾아왔었다. 그러나 나는 그가 사울왕의 자살을 도와준 사실을 알고 그를 처형한 바 있다. 그것이 바로 그들이 나에게 전해준 소식의 보답이었다. 그런데 하물며 침실에서 잠든 사람을 함부로 죽인 고약한 짓을 저지른 사람을 내가 어떻게 죽이지 않겠느냐? 내가 네놈들의 손에 억울하게 죽은 이스보셋의 원수를 갚아 주겠다. 너희 같은 놈들은 이 땅에 씨도 남기지 않겠다."

다윗왕은 경비병을 불러 들여 레갑과 바아나를 당장 처형하라고 명령했다. 경비병들이 레갑과 바아나를 단칼에 처형한 다음 그의 머리를 헤브론 연못가에 매달았다. 그리고 이스보셋의 머리를 잘 거두어 헤브론에 있는 아브넬 무덤 곁에 장사지냈다(삼하 4:1-12).

9. 다윗왕이 통일 이스라엘의 국왕이 되다

아브넬에 이어 이스보셋마저 죽으면서 베냐민 지파의 중심 세력이 무너지고 사울왕조를 지지하던 베냐민 지파의 대표들이 헤브론의 다윗왕을 찾아와 지지하고 나섰다.

"우리는 왕과 한 핏줄의 형제들입니다. 옛날 사울왕이 우리의 왕이었을 때에도 이스라엘 병사들을 거느리고 승리로 이끄신 분이 바로 다윗왕이셨습니다. 이미 주님께서 '너는 내 백성의 목자로서 이스라엘의 영도자가 될 것이라' 고 말씀하시지 않으셨습니까? 그러니 오늘부터 우리를 다스리는 국왕이 되겠다고 주님 앞에 서약해 주십시오."

베냐민지파의 원로들이 정식으로 자신들의 왕이 되어 줄 것을 간청하였다. 그 외에도 합법적인 왕위 계승 절차를 갖추지 못한 북쪽의 11지파 역시 베냐민 지파와 더불어 다윗왕이 이스라엘의 왕이 되는 것을 찬성했다. 마침내 다윗왕은 12지파의 요구를 받아들이고, 이스라엘의 모든 장로들을 헤브론에 불러 놓고, 그들이 증인으로 지켜보는 앞에서 기름부어 이스라엘의 국왕이 되었다고, 하나님 앞에 선언했다. 그러자 이스라엘 12지파의 원로들이 다윗왕의 머리에 기름 붓고 하나님의 이름으로 축복함으로써 명실상부 다윗왕이 이스라엘의 국왕이 되었는데 이때 다윗왕의 나이 30세였다. 이렇게 다윗이 서른 살에 이스라엘의 왕위에 올라 40년간 다스리면서 이스라엘 역사상 가장 용맹스럽고 존경받는 국왕이 되었는데 이때가 기원전 1010년이었다(삼하 5:1-5).

10. 예루살렘을 이스라엘의 수도로 정한 요인

다윗이 이스라엘의 제2대 통일 왕국의 국왕이 되었지만 계속되는 전쟁으로 인해 이스라엘은 제대로 모양을 갖춘 수도(首都)가 없었다. 다윗왕은 새로 수도를 정하기 위해 여러 도성을 물색한 끝에 튼튼한 성벽으로 둘러싸인 여부스(Jebusite)가 가장 이상적인 적지라고 점찍었다. 다윗왕이 여부스를 수도의 적임지로 정한 데는 여러 가지 장점이 있었다. 우선 지리적으로 이스라엘 12지파 중에 어느 지파에도 속하지 않은 완충지로 사방이 약 2천6백 피트나 되는 높은 산으로 둘러싸인 곳으로 전략상으로 외세를 방어하는데 천혜의 여건을 갖춘 곳이었다. 또한 요단강 어구에 자리 잡은 여부스는 서쪽에 유다 산맥이 솟아 있고, 남쪽 끝에서 에브라임 산맥 북쪽 경사지에 위치한 곳으로 팔레스타인의 심장이었다. 헤브론에서 뻗어나간 도로는 여부스를 거쳐 북으로 이어져, 가자, 자파, 페드론 3개의 대로에 이르고, 다시 여기서 지중해 연안의 기름진 평야로 통하는 곳이었다. 평평한 석회암으로 이룩된 산지에 자리 잡은 예루살렘13)은 전략 상 난공불락의 천혜의 위치로 이스라엘의 수도가 되기에 조건이 더없이 좋았다. 남북으로 관통된 도로의 요충지였음으로 중앙 집권 국가의 수도로 적합했다. 뿐만 아니라 물(水)이 풍부해서 비상시에는 적을 상대로 지구전을 펴기에도 좋았다. 하지만 그곳은 이미 오래전부터 여부스 족이 자리 잡고 있었다. 예로부터 자부심이 강한 여부스 사람들은 다윗왕이 등장하자 도성을 한층 더 견고하게 구축하고 한껏 자만에 차 있었음으로 다윗왕은

---

13) 예루살렘의 본래 이름은 우루살림(Urusalim)이었다. 설형문자(楔形文字)에 의해 전해오는 기록에 의하면 이곳은 본래 이집트에 예속되어 압디헤바(Abdiheba)왕이 지배하던 곳이었다. 이집트의 우리살리마(Urisalimma)왕이 지배하다가 가나안 족인 여부스 인들의 손에 들어가게 된 곳이라고 한다.

무력으로 점령하는 수밖에 없었다(삼하 5:6-7).

11. 장님이나 절뚝발이도

다윗왕이 부하들을 거느리고 우루살림으로 불리던 여부스 도성으로 다가가자 여부스 사람들은 자신들의 난공불락의 성벽만을 믿고 빈정거렸다.

"너 같은 것들이 감히 이 도성으로 쳐 들어오겠다'고, 어림도 없다. 장님이나 절뚝발이도 너희들 같은 것쯤은 막아 낼 수 있다!" 하고 장담했다. 삼면이 깊은 계곡으로 에워싸인 여부스인들의 도성은 천연적인 도랑에다 성체를 견고하게 형성하여 적을 수비하기에 더없이 유리했다. 여부스의 지도자들은 어떤 군대도 자신들의 요새를 공격하기 어려운 자연 조건을 믿고 "장님이나 앉은뱅이라도 능히 이스라엘의 군사를 막아낼 수 있다."고 장담했는데 이 말이 훗날 이스라엘의 유행어가 되었다.14) 그러나 전술에 뛰어난 다윗왕은 정예부대를 투입시키고 작전에 임하는 병사들을 지하수를 통해 도성 안으로 들여보내는 전술로 "여부스 사람이 물을 길어 올리는 바위벽을 타고 올라가서, 다윗왕이 몹시 미워하는 절름발이와 눈먼 소경들을 쳐 죽여라!" 하고 명령하여 단숨에 점령했다.

다윗왕은 견고한 여부스 도성을 단숨에 점령한 다음 그 성에 머물면서 성을 다시 쌓고 성의 이름을 '다윗왕의 성'이라고 개명하고 밀로(Millo)안쪽에 다시 이중으로 성을 둘러쌓았다. 다윗이 다윗왕성에 머물면서 도성을 축조하면서부터 세력이 점점 더 강화되었는데, 그것은 하나님께서 다윗왕과 함께 하셨기 때문에 가능했다.

다윗이 이스라엘의 국왕이 되면서 국력이 확장되자 두로(Tyro)의 히람(Hiram)왕이 사절단을 보내고, 백양목과 목수들과 석수 등 건축기술자들을 보내 왕궁을 짓는데 적극 협조했다. 다윗왕은 여부스 도성을 새 수도로 정하고 도성을 새로 축조

---

14) 여기서 눈먼 자와 다리 저는 자는 왕궁에 들어갈 수 없다는 속담이 생겼다.

한 후 비로소 주님께서 자신을 이스라엘의 왕으로 세우셨고, 국위를 선양하도록 은총을 베푸셨다는 사실을 확신했다. 다윗은 새로 단장한 여부스 도성의 이름을 예루살렘(Jerusalem)이라고 바꾸고 수도를 헤브론에서 예루살렘으로 옮기고, 예루살렘의 토목과 행정 등 모든 규모를 대대적으로 확충했다(삼하 5:8-12).

12. 다윗왕의 아내들과 아들 형제들

수도를 옮긴 다윗왕은 이스라엘 역사상 전무후무한 업적을 이룩한 위대한 국왕이 되었다. 그는 많은 업적을 쌓은 것처럼 첩(후궁)도 많았고, 여러 명의 후궁들이 낳은 왕자들도 많았다. 예를 들면 왕위에 오르기 전 헤브론에 있을 때 이미 6명의 아들이 있었다. 맏아들은 이스르엘의 여자 아히노암(Ahinoam)이 낳은 암논(Amnon)이었고, 둘째는 나발의 아내였던 아비가일을 취한 후 낳은 길르압(Chileab)이었다. 그리고 셋째는 그술(Geshur)왕 달매(Talmai)의 딸 마아가(Maacah)가 낳은 압살롬(Absalom)이었고, 넷째는 학깃이 낳은 아도니야(Adoniah)이었다. 그리고 다섯째는 아비달이 낳은 스바냐(Zephaniah)였고, 여섯째는 에글라(Eglah)가 낳은 이드랍(Jidlaph)이었다.

수도를 예루살렘으로 옮긴 후 태어난 왕자는 삼무아(Shammua), 소밥(Shobab), 나단(Nathan), 솔로몬(Solomon), 입할(Ibhalr), 엘리수아(Elishua), 네벡(Nepheg), 야비야(Japhiah), 엘리사마(Elishama), 엘랴다(Eliada), 엘리벨렛(Eliphelet) 다윗왕에게는 도합 17명의 왕자가 있었다. 그러나 이때는 다윗이 젊었기 때문에 왕자가 더 태어날 수 있었다(삼하 5:12-16).

13. 블레셋을 완전히 제압하다

다윗이 12지파를 연합하여 통일왕국의 국왕이 되면서 주변의 적들이 긴장했다. 특히 오랜 숙적인 블레셋이 힘을 가다듬어 다윗왕의 기를 꺾고 기선을 잡으려했다.

블레셋은 전술에 능한 다윗왕이 더 강해지기 전에 당장 잡아 죽여야지 그렇지 못하면 자신들의 입지가 위태롭다고 생각하고 필사적으로 도전했다. 블레셋이 침공해올 것이라는 정보에 접한 다윗왕은 즉시 작전 지휘소를 견고한 요새로 옮기고 다윗왕 자신이 앞장서지 않고 막후에서 작전을 지휘하기 시작했다. 파죽지세로 몰려온 블레셋은 르바임(Rephaim) 골짜기에 진지를 구축하고, 이스라엘 군을 위협하기 시작했다. 전황을 확인한 다윗왕은 문제가 심각하다고 판단하고 "주님, 내가 나가 블레셋과 싸울까요? 주님께서 저들을 내 손에 넘겨주시겠습니까?" 하고 기도했다. 다윗왕의 다급한 물음에 주님께서 계시하셨다.

"좋다. 나가서 싸워라. 내가 저들을 네 손에 넘겨주겠다."

주님의 응답을 받은 다윗왕은 친히 병사들을 거느리고 나가 블레셋을 바알-브라심(Baal-Perazim)에 끌어내 격전 끝에 철저히 격파했다. 주님의 도움으로 블레셋을 물리친 다윗왕이 외쳤다.

"물이 둑을 무너뜨리듯 주님께서 원수를 내 앞에서 무너뜨리셨다. 그리고 내 대적을 완전히 흩어버리셨구나!" 하고 격전지의 이름을 '바알-브라심'이라고 했다. 다윗왕은 블레셋이 도망치면서 미처 챙기지 못한 우상들을 모두 거둬 말끔히 소각시켰다. 그러나 다윗왕에게 패한 블레셋은 굴하지 않았다. 저들은 다시 전열을 가다듬어 르바임 골짜기로 잠입해와 곳곳에 포진하고 다시 공격 채비를 서둘렀다. 사태가 심각하게 돌아가자 다윗왕은 다시 주님께 어떻게 해야 좋겠느냐, 고 걱정할 때 하나님께서 "이제 너는 적과 얼굴을 맞대서는 안 된다. 저들과 정면 공격을 피하고 그들의 뒤로 돌아가 뽕나무 숲 근처에 매복한 다음 공격태세를 취하고 있다가 뽕나무 꼭대기에서 행군하는 발자국 소리가 들리거든 너는 즉시 공격을 개시하라! 이것은 주님이 너보다 한 발 앞서 가서 블레셋 군을 치겠다는 신호이다." 하고 이르셨다.

다윗왕은 주님의 지시에 따라 게바(Gibeon)에서 게셀(Gezer)에 이르기까지 쳐내려온 블레셋 군을 완전히 격퇴시켰다. 블레셋은 다윗왕을 상대로 두 번에 걸쳐 대대적인 공격을 시도했지만 완전히 패했다. 마침내 기가 꺾인 블레셋은 감히 다윗왕을 상대로 더 이상 싸움을 걸지 못했다.

한편 블레셋을 제압한 다윗왕의 명성이 국외에까지 널리 알려지고, 국력이 신장되면서 주변의 여러 나라의 왕들이 조공을 바치기 시작했다. 이스라엘의 국왕이 된 다윗왕은 국위를 대 내외에 떨치고 국내의 백성을 잘 보살피면서 국력이 신장되어 마침내 이스라엘의 국토를 동서남북으로 크게 확장시켰다(삼하 5:17-25).

14. 주변의 세력을 제압하고 종주국이 되다

다윗왕은 기회가 있을 때마다 블레셋의 진지를 초토화시키고 이스라엘 서쪽에 자리 잡은 변방의 적들을 완전히 석권했다. 서쪽을 완전히 제압한 다음 다시 병력을 동쪽으로 출전시켜 에돔과 모압과 소바(Zobah)까지 합병시켰다. 싸움에 임할 때마다 요압과 아비새 등을 거느리고 작전을 수행했다. 다윗왕은 작전을 명령할 때는 참모들과 긴밀히 협조하여 작전계획을 치밀하게 수립한 다음 장졸들에게 하명하는 민주적인 방법으로 군을 통솔했다. 그리하여 다윗왕의 작전은 언제나 장졸들과 혼연일체를 이루었기 때문에 실패하지 않았다. 다윗왕의 뛰어난 전술은 암몬과 아람의 연합군까지 거뜬히 해치울 수 있었다. 다윗왕이 서쪽의 블레셋을 비롯한 동쪽의 암몬 등 주변의 모든 적을 제압하면서 그의 명성이 하늘에 미쳤고, 이스라엘은 계절마다 여러 변방으로부터 조공을 받는 종주국이 되었다.

15. 하나님의 법궤를 수도로 옮기다

한편 다윗왕이 수도를 예루살렘으로 옮기기 전에는 헤브론을 수도로 한 유다지파의 지지를 받았다. 그러다가 수도를 예루살렘으로 옮기고 12지파로부터 통치권을 부여받아 연합 왕조의 국왕이 된 후에는 북쪽의 10지파를 각별히 배려했다.

그들의 입장을 수시로 보살피기 위해 늘 관심을 기울였다. 그런가 하면 옛 수도 헤브론도 수시로 찾아가 친화를 도모함으로써 정치적으로 12지파에 대한 배려를 고르게 이끌었다.

다윗왕은 수도를 지리적으로 완충지에 정한 다윗왕은 예루살렘을 대제국의 수도답게 면모를 새로 갖추었다. 우선 예루살렘 도성의 면모를 바꾼 다음 3만 명의 특수 부대를 상주시켜 수도의 안전을 꾀했다. 수도의 보안을 강화한 다윗왕은 그 동안 변방에 방치되었던 법궤를 아비나답(Abinadab)에서 예루살렘으로 옮겼다. 다윗왕이 법궤를 예루살렘으로 옮긴 데는 정치적인 계산이 깔려있었다. 예루살렘은 이스라엘의 정치적 중심지 일 뿐만 아니라 종교적 메카를 조성하여 왕조의 위상을 강화하고, 각 지파의 제사장들을 직접 통제하려는 목적에 천도(遷都)의 복안이 깔려있었다(삼하 6:1-2).

16. 법궤를 성막에 보관하다

다윗왕은 법궤를 옮기기 위해 특수부대원 3만 명을 바알레(Baalah)로 출동시켰다. 산간지대에 자리 잡은 아비나답(Abinadab)의 집에 있던 법궤를 수레에 싣고 예루살렘으로 이동시켰다. 법궤를 운반할 때 아비나답의 아들 웃사(Uzzah)와 아효(Ahio)가 수레를 몰았다. 법궤를 옮길 때 예루살렘의 전 시민들이 거리로 몰려 나와 잣나무 가지를 손에 잡고 열렬히 흔들고, 수금, 비파, 소고, 양금, 제금 등 각종 악기를 연주하고, 노래와 춤으로 주님을 찬양했다. 이날은 다윗왕까지도 법복을 벗고, 간소한 제사장의 차림으로 법궤를 실은 마차 뒤를 따라 언덕을 올라가며 잣나무 가지를 꺾어 흔들었다. 그때 웃사가 흔들리는 법궤를 함부로 잡았다가 급사했다. 웃사의 급사를 지켜본 다윗왕은 법궤를 궁전으로 직접 옮기지 않고 일단 오벧-에돔의 집에 임시로 비치했다. 예루살렘에는 하나님의 변변한 성전이 없었기 때문에 법궤를 새 성전을 세울 때까지 일단 성막에 모셨다.

그러다가 다윗왕은 법궤를 예루살렘으로 옮긴 날을 역사적인 평화의 나팔을 불었다. 예루살렘 도성에 우렁찬 평화의 나팔소리가 번지는 가운데, 법궤를 옮긴 날을 기념하여 축제를 베풀었다. 예루살렘의 전 백성들이 다윗왕을 본받아 하나님을 섬기고 율법을 지키면서 다윗왕이 이끄는 이스라엘 왕국은 명실 공히 하나님을 경외하는 '하나님 나라'가 되었다. 그 동안 서로 등을 돌리고 소원했던 12지파가 하나로 똘똘 뭉쳐 암몬, 시리아, 모압까지 제압하면서 이스라엘은 마침내 중동에서 가장 강대한 나라가 되었다. 이때부터는 각 변방에서 일어나는 전투는 요압 장군이 처리하고, 다윗왕은 더 이상 싸움터에는 직접 나서지 않았다. 요압 장군을 앞세워 블레셋을 비롯한 변방의 적을 점차 하나하나 합병해 나아갔다(삼하 6:3-15).

17. 다윗왕의 성전 계획과 하나님의 약속

마침내 강대한 제국이 된 이스라엘의 다윗왕은 계절마다 변방으로부터 조공을 받는 종주국이 되었다. 창고마다 전리품과 조공이 가득 찼고, 외국에서 잡아온 사람들을 노예로 부리면서 다윗왕은 마음만 먹으면 못할 것이 없는 제왕이 되었다. 국가의 재정이 넉넉하고, 인구가 크게 불어나자 다윗왕은 획기적인 결단을 내렸다. 다윗왕 자신은 주님의 은덕으로 궁궐에서 호화스럽게 살면서 하나님의 법궤를 성막에 모셔 놓은 것이 마음에 걸렸다. 가능하면 자신의 궁전보다 더 훌륭한 성전을 건축하여 하나님의 법궤를 보란 듯이 모시는 것이 도리였다. 하나님의 성전을 세우기로 결정한 다윗왕은 성전의 장소와 건축 자재에 대한 계획까지 세밀하게 세운 다음 평소 친분이 두터운 나단(Nathan) 예언자를 불러 말했다.

"보십시오. 나는 이렇게 좋은 백양목 궁전에 살면서 주님의 법궤를 천막에 모셔야 되겠소."

나단은 즉석에서 적극 찬성했다.

"주님께서 폐하와 늘 함께 하시니 폐하의 뜻대로 하십시오. 저도 폐하의 뜻에 찬성합니다."

그러나 그 날 밤 나단이 잠들었을 때 주님께서 분부하셨다.

"나단아, 너는 다윗왕에게 전하라. '너는 내 성전을 지을 자가 아니다. 나는 너

◆ 미갈이 다윗의 손을 낳지 못한 연유

다윗에게 다시 돌아온 미갈은 자식을 한 명도 낳지 못했는데,,,그것은 다윗이 훗날 이스라엘 12지파를 통합한 통일 국가를 이룩한 다음 법궤를 예루살렘으로 옮길 때 감격에 겨운 다윗이 시민들과 더불어 노래하고 춤추는 등 국왕의 체통을 저버리고 즐거워할 때 마침 미갈이 창 밖의 다윗의 모습을 보고 "오늘은 어쩌면 이스라엘의 왕이 그처럼 영광스럽게 보이십니까? 천한 사람들이 부끄러운 줄도 모르고 함부로 자기 몸을 드러내는 것처럼 왕은 오늘 신하들의 하녀들 앞에서 몸을 다 드러냈습니다." 하고 빈정거렸다. 그러자 다윗이 "나는 주님 앞에서 춤을 춘 것이오! 주님께서는 당신의 부친과 가족을 버리시고, 나를 택하셔서 이스라엘의 지도자로 삼으셨소. 나는 앞으로도 주님을 기쁘게 하는 일이라면 계속 춤을 줄 것이오. 이보다 더 바보 취급을 받아도 좋소. 하지만 당신이 말한 그 천한 하녀들에게 나는 존경을 받을 것이오." 하고 면박을 주었는데, 다윗은 그 때 미갈의 경멸이 앙금이 되어 가까이 할 수 없게 만들었다.

희들을 이집트에서 인도 해낸 후 지금까지 한 번도 성전에 있어 본적이 없었다. 내가 너희들과 함께한 나는 너희들이 어디로 옮겨 다니든지 나는 내 백성의 지도자들에게 어째서 나에게 백양목 성전을 지어주지 않느냐?'라고 말한 적이 한 번도 없었다. 그러므로 너는 내 종 다윗왕에게 찾아가 전능한 주님께서 이렇게 말하더라고 일러주어라. '나는 목동이었던 너를 택해 이스라엘의 통치자로 세웠다. 그리고 네가 어디에 가든지 네 앞의 적을 모두 파멸시켜 주었다. 앞으로 나는 네 이름을 세상에서 가장 유명한 사람으로 높여 주겠다.

그리고 내가 이스라엘 백성의 정착지를 마련해 주었으므로 다시는 옮겨 다니지 않아도 될 것이다. 너희들을 사사들이 다스리던 시대부터 악한 외적의 침략을 받았으나 이제 다시는 그런 일이 없을 것이다. 너는 전쟁이 없는 태평시대를 누리게 될 것이고, 네 자손들이 계속 이스라엘을 다스리게 될 것이다. 네가 죽은 후에도 네 아들 중의 하나가 왕이 되어 나라를 다스릴 것인데 그가 바로 내 성전을 건축

할 것이다. 그리고 나는 네 자손이 다스리는 나라가 영원히 지속되게 할 것이다. 그러나 만일 네 자손이 범죄 하면 나는 막대기와 채찍을 사용하여 그를 벌할 것이다. 그러나 내가 비록 네 앞에서 사울왕에게서 내 사랑을 거두었지만 네 집안과 네 왕조는 끊어지지 않고 영원히 지속될 것이다."

하나님은 다윗왕의 성전계획을 허락하지 않았다. 하나님의 계시를 받은 나단은 그 길로 다윗왕을 찾아가 주님의 계시를 전했다. 그러자 하나님의 계시를 전해들은 다윗왕은 불평 없이 순종했다. 그러나 하나님은 비록 다윗에게 성전건축은 허락하지 않았지만 하나님의 뜻에 순종하는 다윗왕의 믿음은 인정을 받았다. 나단으로부터 하나님의 분부를 전해들은 다윗왕은 성막에 들어가 기도했다(삼하 7:1-16).

18. 다윗왕의 감사기도

다윗왕이 주님 앞에 나아가 앉아 아뢰었다.

"주 하나님, 제가 누구이기에, 또 제 집안이 무엇이기에, 당신께서 저를 여기까지 데려오셨습니까? 주 하나님, 당신 눈에는 이것도 부족하게 보이셨는지, 당신 종의 집안에 일어날 먼 장래의 일까지도 일러 주셨습니다. 주 하나님, 이 또한 사람들을 위한 가르침이 되기를 바랍니다. 이 다윗이 당신께 무슨 말씀을 더 드릴 수 있겠습니까? 주 하나님, 당신께서는 당신 종을 알고 계십니다. 당신께서 이 위대한 일을 모두 이루시고 그것을 당신 종에게 알려 주신 것은, 당신의 말씀 때문이며 또 그것은 당신의 뜻이었습니다. 그러므로 주 하나님, 당신께서는 위대하시고 당신 같으신 분은 없습니다. 당신 말고는 다른 하나님이 없습니다. 이 세상 어느 민족이 당신 백성 이스라엘과 같겠습니까? 하나님께서 그들을 찾아가 건져 내시어, 당신 백성으로 삼으시고 그들에게 이름을 주셨습니다. 또한 당신께서는 이집트에서 손수 건져 내신 당신 백성 앞에서 다른 민족들과 그 신들을 몰아내시려고, 위대한 일과 무서운 일들을 행하셨습니다. 또한 당신을 위하여 당신 백성 이스라엘을 영원히 당신의 백성으로 튼튼하게 하시고, 주님께서 친히 그들의 하나님이 되셨습니다.

그러니 이제 주 하나님, 당신 종과 그 집안을 두고 하신 말씀을 영원히 변치 않게 하시고, 친히 말씀하신 대로 이루어 주십시오. 그러면 당신의 이름이 영원히 위대하게 되고, 사람들이 만군의 주님께서 스라엘의 하나님이시다.' 하고 말할 것입니다. 또한 당신 종 다윗의 집안도 당신 앞에서 튼튼해질 것입니다. 만군의 주 이스라엘의 하느님이신 당신께서는 당신 종의 귀를 열어 주시며, '내가 너에게서 한 집안을 세워 주겠다.' 고 말씀하셨습니다. 그래서 당신 종은 이런 기도를 당신께 드릴 용기를 얻게 되었습니다. 이제 주 하나님, 당신은 하나님이시며 당신의 말씀은 참되십니다. 당신 종에게 이 좋은 일을 일러 주셨으니, 이제 당신 종의 집안에 기꺼이 복을 내리시어, 당신 앞에서 영원히 있게 해 주십시오. 주 하나님, 당신께서 말씀하셨으니 당신 종의 집안은 영원히 당신의 복을 받을 것입니다"(삼하 7:18-29).

19. 다윗왕의 승리와 전쟁기록

팔레스타인 일원을 석권한 다윗왕은 다시 지중해 연안으로 밀려난 블레셋을 공격하여 저들의 제일 큰 도성인 가드를 점령하고 항복을 받았다. 그 다음에는 모압을 제압하고 반항하는 사람들을 모두 죽였다. 살아남은 사람들은 이스라엘에 조공을 바치도록 굴복시켰다. 멀리 유프라테스강의 상류까지 장악한 다윗왕은 많은 기마병과 보병과 전차 등을 전리품으로 수거하고, 살아남은 말은 모두 발의 힘줄을 끊어 힘을 못 쓰게 만들었다. 다윗왕은 거기서 멈추지 않았다.

다마스커스의 시리아 군을 쳐부수고 그곳에 상비군을 주둔시켰다. 시리아의 하닷에셀(Hadadezer)왕의 신하들이 사용하던 금 방패를 빼앗아 예루살렘으로 가져오고, 하달에셀 왕이 통치하던 베다(Betah)와 베로데(Berothai)성에서 많은 놋쇠를 빼앗아 예루살렘으로 옮겨왔다.

다윗왕의 통치 영역은 나일강에서 유프라테스강까지 중동 일대의 넓은 땅을 석권함으로 시리아, 모압, 암몬, 블레셋, 아말렉, 소바로부터 계절마다 조공을 받아들였고, 그들로부터 빼앗은 전리품(금 은 보화)으로 예루살렘의 창고는 차고 넘쳤다. 그 외에도 항상 말썽을 부리던 일명 '소금 골짜기'에 자리잡은 에돔을 정벌하고 그들을 종으로 삼고, 그곳에는 상비군을 주둔시켰다. 이렇게 국가의 위상을 한껏 드높인 다윗왕은 이스라엘 12지파의 백성을 공정하게 다스렸는데 당시 다윗왕을 보필한 인물은 다음과 같다.

이스라엘군 총사령관에 스루야의 아들 요압장군이었고, 역사관에는 아힐룻(Ahilud)의 아들 여호사밧(Jehoshaphat)이었고, 제사장에 아히둡(Ahitub)의 아들 사독(Zadok)과 아비아달의 아들 아히멜렉이었다. 그리고 궁중 서기관은 스라야(Seraiah)이었고, 경호 대장은 여호야다의 아들 브나야(Benaiah)이었고, 궁중 자문관에는 다윗왕의 아들들이 맡았다(삼하 8:1-18).

20. 다윗왕이 사울왕의 핏줄 므비보셋(Mephibosheth)을 찾다

하나님의 아낌없는 은총에 힘입은 다윗왕은 국토를 신장하고 국력을 증진함으로써 이스라엘 역사상 위대한 국가를 이룩했다. 심성이 착하고 곧은 다윗왕은 지난날 절친했던 친구 요나단과의 우정이 그리웠다. 전쟁터에서 비명에 간 요나단의 죽음을 늘 안쓰러워한 다윗왕은 혹시 사울왕의 자손 중에 살아 있는 남자가 있을지도 모른다는 생각이 떠올랐다. 지난날 길보아 전선에서 덧없이 죽어간 요나단을 위해 자기가 할 수 있는 것은 사울왕의 자손에게 은혜를 베푸는 것이라고 생각하고 혹시 그의 자손이 살아 있는지를 조사했다. 그런데 마침 사울왕의 시종 중에 시바(Ziba)라는 사람이 살아있다는 말을 듣고 그를 불러 들였다.

"네가 사울왕의 시종 시바냐?"

"예, 제가 바로 시바입니다."

"사울왕의 집안에 혹시 살아남은 사람이 없느냐?"

"요나단의 아들 중에 절뚝발이 아들 하나가 살아 있습니다."

"그의 이름이 무엇이며 지금 그가 어디에 있느냐?"

"그의 이름은 므비보셋15)입니다. 그는 지금 로-데발(Lo-Debar)에 있는 아미엘(Ammiel)의 아들 마길(Makir)의 집에 있습니다. 다윗왕은 즉시 신하를 보내 사울왕의 손자이며 요나단의 아들 므비보셋을 데려 왔다. 다윗왕 앞에 불려온 므비보셋이 잔뜩 겁을 먹고 벌벌 떨면서 절을 한 다음 선처를 구하자 다윗왕이 "두려워 말라. 내가 너의 아버지 요나단을 생각하여 너에게 은혜를 베풀고자 한다. 내가 너의 할아버지 사울왕이 소유했던 땅을 모두 되돌려주고, 내가 너를 항상 내 식탁에서 먹고 지내도록 하겠다."

다윗왕의 말을 듣고서야 므비보셋이 머리를 조아리고 말했다.

"대왕께서는 무엇 때문에 죽은 개와 같은 저에게 이런 친절을 베푸십니까?"

므비보셋이 의구심을 드러내자 다윗왕이 시바를 불러 말했다.

"내가 사울왕과 그 가족이 소유했던 모든 것을 네 주인의 손자에게 주었다. 그러므로 너와 네 아들과 네 종은 므비보셋을 위해 농사를 지어 그의 가족에게 양식을 공급하라. 그러나 므비보셋은 항상 왕궁에 살면서 나와 함께 식사할 것이다." 하고 므비보셋을 양자로 입적시켰다. 다윗왕의 말을 듣고 난 시바는 감격해서 "그렇게 하겠습니다." 하고 물러 나왔다. 그 후 두발을 저는 므비보셋은 항상 다윗왕의 식탁에서 왕과 함께 음식을 먹으며 예루살렘의 다윗 왕궁에서 살았다. 그러자 다윗왕이 요나단과의 우정을 저버리지 않은 어진 덕성이 세상에 알려지면서 백성들은 다윗왕을 한층 더 경외했다(삼하 9:1-13).

---

15) 므비세붓이 다섯 살이었을 때 할아버지 사울왕과 아버지 요나단이 블레셋과 싸우러 이스르엘로 출전했다. 그 때 요나단이 전사했다는 소식에 접한 유모가 그를 안고 급히 도망치다가 땅에 떨어뜨리는 바람에 절뚝발이가 되었다고 한다.

21. 사악한 욕정에 사로잡힌 다윗왕

다윗은 왕위에 오른 후 12지파로 구성된 이스라엘왕국을 덕스럽게 다스렸다. 그러나 단 한 가지 자기 자신은 올바로 다스리지 못했다. 다윗왕은 이스라엘 역사상 전무후무한 영웅으로 많은 업적을 쌓았지만 여성에 대해서는 한낱 속인이었다.

다윗왕이 수도를 예루살렘으로 옮긴 이듬해 봄이었다. 이스라엘과 암몬사이에 큰 싸움이 벌어졌다. 다윗왕은 요압장군을 전투지구로 출정시켰다. 요압 장군은 병사들을 이끌고 랍바(Rabbah)에서 암몬 군과 싸우고 있었다. 병사들을 출정시킨 다윗왕은 전황이 어떻게 돌아가는지 궁금한 나머지 밤잠을 설쳤다. 한 밤에 잠자리에서 일어난 다윗왕이 옥상을 거닐고 있을 때 마침 옆집 내실에서 한 여인이 올을 벗고 목욕하는 풍경이 눈에 들어왔다.

"원, 저렇게 아름다운 여인이 있을까?"

다윗왕은 눈을 의심했다. 아름다움에 매혹 당한 다윗왕이 사람을 보내 그녀가 누구인지 알아보았다. 다윗왕이 한눈에 반한 여인은 엘리암(Eliam)의 딸 밧세바(Bathsheba)라는 유부녀였다. 그녀의 남편은 헷(Heth)족의 자손으로 우리아(Uriah)장군인데 마침 요압 장군을 따라 출정 중이었다.

밧세바의 요염한 자태에 반한 다윗왕은 밧세바를 왕궁으로 불러들여 정을 통했다. 사악한 짓을 저지른 다윗왕은 부정한 몸을 씻은 후 밧세바를 그녀의 집으로 돌려보냈다. 그런데 얼마 후 밧세바가 임신했다는 뜻밖의 소식을 전해 왔다. 간음죄를 범한 다윗왕은 비겁하게 자기의 책임을 전가시키기 위해 진중에 나가 적과 싸우고 있는 요압 장군에게 전문을 보냈다.

"밧세바의 남편 우리아 장군을 당장 왕궁으로 돌려보내라."

국왕의 전문을 받은 우리아 장군이 전선에서 돌아오자 다윗왕은 능청스럽게 이런저런 전황을 물어 보았다.

"요압 장군과 병사들의 사기는 어떠하냐? 전세는 어떻게 돌아가느냐?"

다윗왕은 우리아 장군에게 선물을 주고 집으로 돌아가 아내와 쉬도록 했다. 우리아의 아내와 간통으로 인한 임신을 은폐시키려 했다(삼하 11:1-5).

22. 충직한 우리아를 죽인 다윗왕의 흉계

그러나 충직한 우리아 장군은 왕궁 문간에서 경비병들과 함께 밤을 지새우고, 집으로 돌아가기를 거부했다. 다윗왕이 다시 우리아 장군을 불러 아내 곁으로 돌아가지 않는 이유를 물어 보았다.

"무슨 일이냐? 너는 오랫동안 아내와 헤어져 있었는데, 어째서 집으로 돌아가지 않느냐?" 하고 집에 돌아가서 아내와 푹 쉴 것을 권했다. 그러나 우리아는 겸손하게 사양했다.

"폐하께서 저를 생각해 주시는 것은 고맙습니다. 그러나 지금 병사들이 전쟁터에서 적과 대치한 상태이고, 요압 장군께서도 야영 중입니다. 그리고 하나님의 법궤도 천막에 있는 판에 제가 어떻게 집에서 아내와 먹고 마시고 편히 쉴 수 있겠습니까? 저는 그런 일은 하지 않겠습니다."

"그러면 오늘밤은 여기서 머물러라. 내일은 내가 너를 다시 전쟁터로 돌려 보내주마."

그날 밤 우리아를 저녁 식사에 초대하여 취하도록 잔뜩 먹고 마셨다. 하지만 우리아는 여전히 집에 돌아가지 않고 궁전 경비실에서 경비병들과 함께 보냈다. 다윗왕은 충직한 우리아를 다음날 아침 요압 사령관에게 편지를 보내 우리아 장군을 위험한 최전방 격전지에 배치토록 지시했다. 그리고 격렬하게 싸울 때 우리아 장군만 남겨놓고 다른 병사들은 모두 철수시키라고 했다. 다윗왕의 하명을 받은 요압 사령관은 적의 반격이 치열한 지구에 우리아를 배치했다. 그러자 마침 성안에서 뛰쳐나온 병사들이 요압이 거느린 병사들과 격렬하게 싸울 때 우리아 장군만 남겨놓고 모두 철수했다. 그러자 우리아 장군은 적의 반격을 맞아 고군분투하다 결국 전사했다.

충직한 우리아 장군은 이렇게 다윗왕의 비겁한 방법으로 억울한 죽음을 당했다. 자신의 간음 사실을 교묘한 수단으로 은폐하고 우리아의 아내를 후궁으로 취하기 위해 비겁한 수단을 취한 다윗왕은 우리아의 전사를 기화로 밧세바로 하여금 남편의 죽음을 애도하도록 모든 편의를 제공했다. 밧세바가 죽은 남편의 뒤처리를 마치자 전격적으로 후궁으로 맞아 들였다. 다윗왕의 비겁한 행위와 억울하게 죽은 우리아 장군의 억울함을 아는 사람도 영혼을 위로하는 사람은 세상에 아무도 없었다. 그러나 하나님은 모든 사실을 알고 계셨다(삼하 11:6-26).

23. 나단 예언자의 직언

밧세바를 후궁으로 들어앉힌 다윗왕은 모든 것이 자기의 뜻대로 되었다고 만족했다. 그런데 어느 날 나단 예언자가 찾아와 우회적으로 말했다.

"어떤 성안에 두 사람이 살고 있었습니다. 그런데 한 사람은 상당히 부자였고, 다른 한 사람은 가난했습니다. 부자는 양과 소가 많았지만 가난한 사람은 겨우 새끼암양 한 마리밖에 없었습니다. 그래서 새끼 양을 자식처럼 사랑한 나머지 음식도 양과 한 그릇에서 먹었고, 잘 때에는 품에 안고 잘 만큼 귀여워했습니다. 그런데 마침 그 부잣집에 손님 한 분이 찾아왔습니다. 그러자 부자는 손님을 대접하기 위해 자기 양을 잡으려니 아까운 생각이 들었습니다. 그래서 이웃에 사는 가난한 사람의 한 마리밖에 없는 새끼 양을 빼앗아 요리를 만들어 손님을 대접했습니다."

나단 예언자의 이야기를 듣고 있던 다윗왕이 더 못 듣겠다는 듯이 버럭 소리쳤다.

"아니 대체 그런 죽일 놈이 다 있나! 세상에 어떻게 그럴 수가 있단 말이냐?

내가 하나님의 이름으로 맹세하지만 그런 놈은 당장 죽어 마땅하다. 그렇게도 양심이 없는 놈이 어떻게 살아남는 단 말이냐? 가난한 사람을 불쌍히 여기지 않고 오히려 그런 짓을 하다니, 그런 놈은 내가 새끼 양 한 마리 빼앗은 벌로 네 배로 갚아주도록 벌하겠다."

다윗왕이 비문강개(悲憤慷慨)하자 나단이 정색을 하고 말했다.

"폐하! 그게 누구인지 아십니까? 폐하가 바로 그 부자와 같은 사람입니다. 이스라엘의 주 하나님 께서 폐하에게 이렇게 말했습니다.

'나는 너를 이스라엘의 왕으로 삼고 사울왕의 손에서 너를 구출해 냈으며, 아쉬운 것이 없도록 모든 것을 넉넉히 베풀었다. 그리고 이스라엘을 너에게 맡겨 다스리게 하였다. 그런데 너는 무엇이 부족해 주님의 율법을 무시하고 그런 끔찍한 짓을 했느냐? 우리아의 아내 밧세바를 빼앗아 네 아내로 삼았을 뿐만 아니라 우리아를 암몬의 칼을 맞아 죽게 한 것이 바로 네가 아니더냐? 이제부터 네 집안에는 평화가 없을 것이며, 너도 네 아내를 다른 사람들에게 빼앗길 날이 있을 것이다. 너는 아무도 모르게 남의 아내를 비겁한 방법으로 빼앗은 못된 짓을 저질렀지만 나는 전 백성들이 지켜보는 앞에서 네 집안에서 그런 재앙을 내릴 것이다.'하고 경고했다"(삼하 12:1-12).

24. 다윗왕에 대한 하나님의 징계

나단 예언자는 주님의 분부를 거침없이 전하고 자기 집으로 돌아갔다. 그는 이 사건을 아무에게도 입 밖에 내지 않았다. 하지만 그 내용은 전방에 있는 병사들을 비롯해 예루살렘에 살고 있는 모든 사람들이 다 알게 되면서 신망이 떨어진 다윗왕을 경원(敬遠)하게 되었다. 백성들의 여론이 들끓는 가운데 우리아의 처 밧세바와 다윗왕의 불륜을 통해 태어난 아기가 심장병으로 죽게 되었다. 뒤늦게 자신의 불찰을 깨달은 다윗왕은 자기 방에 들어가 죄를 뉘우치고 아기를 살려 달라고 몸부림쳤다. 다윗왕은 밤을 지새워 금식 기도를 했다. 밤새도록 방바닥에 엎드려 일어나지 않았다. 나이 많은 신하들이 찾아와 이제 그만 일어나 식사하라고 권했지만 다윗왕은 거절했다. 열심히 기도했지만 아기는 낳은 지 7일째 되는 날 결국 죽었다. 아기가 죽었지만 신하들은 다윗왕의 상심을 생각해 차마 알리지 못하고 수군거렸다.

"아이가 살아 있을 때에도 우리말을 듣지 않을 정도로 상심에 빠지신 폐하에게 어떻게 아기가 죽었다는 말을 할 수가 있습니까?"

부하들이 수군거릴 때 아기가 죽은 것을 눈치 챈 다윗왕이 말했다.

"아이가 죽었느냐?"

"예, 죽었습니다."

다윗왕은 그제야 자리에서 일어나 목욕을 하고 머리를 빗고, 옷을 갈아입고, 성막에 들어가 주님께 경배하고 궁으로 돌아와 음식을 먹었다. 다윗왕이 제자리로 돌아와 앉자 신하들이 물었다.

"우리는 폐하를 이해할 수 없습니다. 아기가 살아 있을 때에는 자리에서 꼼짝도 않고 금식하시더, 왜 아기가 죽은 후 자리에서 일어나 음식을 드시는 것입니까?"

"아기가 살아 있을 때 내가 금식하고 운 것은 주님께서 나를 불쌍히 여겨 혹시 아기를 살려 주실 지도 모른다고 생각했기 때문이다. 그러나 이미 아기가 죽었는데 내가 무엇 때문에 금식하겠느냐? 내가 아기를 다시 살릴 수 있겠느냐? 언젠가 나도 아기 곁으로 가겠지만 아기는 영영 나에게 돌아오지 않을 것이다."

다윗은 이렇게 대답한 다음 잘못을 뉘우치는 사죄의 시(詩)를 읊었다.

"하나님, 선한 신이여, 나를 불쌍히 여기소서.
어지신 분이여, 내 죄를 없애 주소서.
허물을 말끔히 씻어 주소서.
내 죄 내가 알고 있사오며 내 잘못 항상 눈앞에 아른거립니다.

당신께, 오로지 당신께만 죄를 얻은 몸,
당신 눈에 거슬리는 일을 한 이 몸,
벌을 내리신들 할 말이 있으리까."

다윗왕이 밧세바를 후궁으로 맞아들인 후에 낳은 첫 아들은 7일 만에 죽었고, 얼마 후 다시 아들을 낳았는데 그가 바로 솔로몬(Solomon)이다(삼하 12:13-25).

제2장 왕자의 반란과 다윗왕의 수난

1. 암논에게 성폭행 당한 다말

본래 다윗왕은 여러 명의 아내를 거느렸기 때문에 자녀들이 많았다. 그러나 왕자들 중에 특별히 마아가(Maacah)부인이 낳은 셋째 아들 압살롬(Absalom)을 사랑했다. 압살롬은 사내답게 잘 생긴데다 성격이 정열적이었고, 그의 몸은 머리끝에서 발끝까지 흠잡을 데 없는 미남이었다. 본래 무인(武人)이었던 다윗왕은 왕자들 중에 제일 잘 생긴 압살롬을 사랑했다. 다윗왕은 국위를 만방에 떨칠 만큼 나라를 잘 다스렸지만 수신제가(修身齊家)는 제대로 이루지 못했다. 다윗왕은 잘 생긴 압살롬의 겉모습만을 보았지 그 자식이 어떤 생각을 하는지 마음은 알지 못했다.

그런데 다윗왕의 큰아들 암논(Amon)이 엉뚱하게 이복 여동생이며 압살롬의 친여동생 다말(Tamar)을 짝사랑했다.16) 그러나 다말이 원체 정숙한 처녀였기 때문에 좀처럼 접근할 수가 없었다. 다말을 짝사랑하던 암논은 사랑에 지쳐 시름시름 앓았다.

---

16) 당시 이스라엘 풍속에는 근친혼이 가능했다.

그런데 암논의 사촌으로 간교한 친구가 있었는데 그는 다윗왕의 형 시므아(Shimeah)의 아들 요나답(Jonadab)이었다. 하루는 요나답이 암논을 찾아가 사악한 짓을 부추겼다.

"자네 같은 왕자가 무엇 때문에 수심에 잠겨 있나?"

"내 이복 여동생 다말에 대한 애정 때문일세."

"그렇다면 좋은 수가 있네. 자네는 내가 시키는 대로하게. 일단 침대에 누워 병든 척 하고 있다가 아버지께서 문병 오시거든 누이동생 다말이 보고 싶다고 하게. 그리고 다말이 자네 앞에서 음식을 만들게 해 달라고 말씀 드리게. 그리고 다말이 음식을 만들어 직접 먹여 주면 아픈 몸이 나을 것 같다고 말씀 드리게…"(삼하 13:1-5).

2. 근친간의 성폭력

요나답의 말대로 암논이 침대에 누워 중병에 걸린 사람처럼 일어나지 않았다. 그러자 아버지가 문병 차 들렸을 때 요나답이 시키는 대로 했다.

"아버지! 다말이 와서 음식을 만들어 먹여 주라고 하십시오. 그러면 제 병이 낫겠습니다."

다윗왕은 그 길로 사람을 보내 다말로 하여금 암논의 집에 가서 음식을 만들어 먹여 주라고 지시했다. 다말이 암논의 집에 들어가자 그는 침대에 누워 죽는 시늉을 했다. 다말이 밀가루로 반죽을 만들어 암논이 보는 앞에서 과자를 화덕 불에 구웠다. 다말이 과자 그릇을 암논 앞에 갖다 놓았지만 그는 먹을 생각을 하지 않고 주변의 모든 사람들을 밖으로 나가라고 소리 쳤다. 하인들이 모두 밖으로 나가자 암논이 말했다.

"자, 이제 그 음식을 가지고 침실로 들어와서 직접 먹여다오."

다말이 과자 그릇을 들고 침실로 들어가 음식을 먹여 주려고 할 때 암논이 강제로 잠자리에 끌어들였다. 다말이 기겁을 하고 거절했다.

"오빠, 도대체 이게 무슨 짓입니까? 제발 이러지 마십시오. 이런 일은 이스라엘에 있을 수 없는 일입니다. 내가 수치를 당한다면 오빠가 어떻게 머리를 들고 다닐 수 있겠습니까? 이러시면 오빠도 이스라엘에서 가장 어리석은 사람이 될 것입니다. 만일 저를 그렇게 사랑하신다면 아버지에게 말씀 드리십시오. 그러면 아버지께서도 내가 오빠와 결혼하는 것을 말리지 않으실 겁니다."

다말이 애걸했지만 암논은 막무가내였다. 억센 힘으로 다말의 몸을 덮쳐 강제로 욕을 보였다. 강제로 성욕을 채운 암논은 즉시 태도가 돌변했다. 평소에 그토록 사모하던 다말을 눕히고 성욕을 채운 암논은 증오심이 폭발했다. 암논이 다말을 향해 소리 쳤다.

"어서 이 방에서 썩 물러나가라!"

"이러시면 안 됩니다. 저를 내쫓는 것은 나를 욕보인 것보다도 더 큰 죄악입니다."

다말이 암논의 소맷자락을 잡고 울부짖었다. 그러나 암논은 들은 척도 안하고 하인을 불러들여 소리쳤다.

"이 계집을 당장 집밖으로 끌어내고 문을 닫아걸어라."

하인들이 달려들어 다말을 문밖으로 끌어낸 다음 문을 닫아걸었다. 다말은 시집 가지 않은 처녀가 입는 소매 달린 긴 옷을 입었는데 이때 밖으로 끌려나온 다말은 평소의 긴 옷이 찢기고 머리에 재를 뒤집어쓰고 손으로 얼굴을 가리고 엉엉 울면서 집으로 돌아갔다. 다말의 행색을 보고 놀란 친 오빠 압살롬이 다그쳐 물었다.

"너를 욕보인 놈이 암논이냐? 너는 죄가 없으니 너무 상심하지 말라. 그리고 이 사건은 우리 집안의 일이니 아무에게도 말하지 말고 조용히 있어라. 나도 생각이 있다."

다말을 위로한 압살롬의 눈에 살기가 감돌았다. 이날부터 다말은 압살롬의 집에서 수심에 잠겼고 압살롬은 암논을 미워한 나머지 서로 만나도 아는 척도 하지 않았다. 얼마 후 사건의 전말을 전해들은 다윗왕은 노발대발했다(삼하 13:6-22).

3. 압살롬이 복수의 칼을 갈다

다윗왕은 암논이 저지른 사건을 보고 받고 격노했을 뿐 법적으로 아무런 문책도 취하지 않았다. 이때 다윗왕은 집안의 기강을 위해 암논에 대한 죄를 물었어야 했다. 그러나 어찌된 일인지 다윗왕은 암논을 문책하지 않았다. 그리하여 다윗왕의 가문은 여기서부터 또 다른 불씨를 낳았다. 물론 암논은 다윗왕의 장남으로 장차 국왕이 될 세자(世子)였지만 어물어물 덮어둔 것은 큰 실수였다. 이 사건이 있은 후 압살롬은 억울한 다말을 위해 복수의 칼을 갈았다.

그 일이 있은 후 2년이 지난 어느 날이었다. 압살롬은 예루살렘에서 남쪽으로 약간 떨어진 에브라임 지방의 바알-하솔(Baal-Hazor)에 목장을 가지고 있었다. 그 목장에서는 해마다 양털을 깎을 때 잔치를 베푸는 풍속이 있었다. 압살롬도 양털을 깎는 날을 기해 큰 잔치를 베풀고 왕자들을 한 자리에 초청했다. 물론 아버지 다윗왕도 초청했다.

"아버님, 양털을 깎기 위해 저의 목장에서 잔치를 베푸는데 아버님도 참석해 주십시오."

"아니다, 만일 우리가 모두 가게 되면 너무 큰 부담이 된다."

다윗왕은 초대에 응하지 않았다. 그 대신 암논을 비롯해 다른 왕자들이 모두 참석하도록 허락했다. 그리하여 잔치에 참석한 형제들이 즐겁게 먹고 마시고 한창 흥에 취했을 때 압살롬이 심복 부하들에게 지령을 내렸다.

"너희는 암논이 술에 취할 때까지 기다렸다가 내가 신호하거든 암논을 단칼에 죽여라! 너희는 두려워 할 것 없다. 이 명령을 내리는 자가 바로 내가 아니냐? 용기를 내서 당당히 해치워라"(삼하 13:23-28).

4. 압살롬이 형 암논을 죽이다

잔치에 참석한 손님들이 술에 취해 흥에 겨웠을 때 압살롬의 신호를 받은 부하들이 암논을 단칼에 찔러 죽였다. 그러자 겁먹은 다른 왕자들은 말을 타고 예루살렘으로 황급히 달아났다. 왕자들이 말을 타고 예루살렘으로 돌아가는 도중에 압살롬이 왕자들을 모두 죽였다는 소문이 다윗왕의 귀에 들어갔다. 깜짝 놀란 다윗왕이 자리에서 벌떡 일어나 입은 옷을 찢고 땅에 엎드렸다. 그러자 신하들까지 모두 다윗왕을 따라 옷을 찢었을 때 시므아의 아들 요나답이 달려와 상심한 다윗왕을 진정시켰다.

"왕이시여, 왕자들이 다 죽은 것이 아니라 암논만 죽었습니다. 압살롬이 자기 동생 다말을 욕보인 암논을 죽이려고 벼르고 있었습니다."

한편 예루살렘의 망루에서 사방을 두루 지켜보던 파수꾼 눈에 뒷산 언덕길에서 여러 사람이 떼를 지어 달려오는 것이 눈에 들어 왔다. 파수병이 다윗왕에게 보고하자 곁에 있던 요나답이 말했다.

"보십시오! 제가 말씀드린 대로 왕자들이 돌아오지 않습니까?"

잠시 후 허겁지겁 돌아 온 왕자들이 대성통곡하자 다윗왕과 신하들도 슬피 울었다. 그러나 암논을 살해한 압살롬은 예루살렘으로 돌아가지 않고 그 길로 어머니의 친척들이 사는 아람(Aram)으로 도망가서 3년 동안 예루살렘에는 얼씬도 하지 않았다.

한편 이 사건 후 "다윗왕의 집안에 피 흘림이 있을 것"이란 나단의 예언이 사실로 드러나기 시작했다. 시간이 흐르면서 압살롬에 대한 다윗왕의 노여움이 어느 정도 삭으러들었을 때, 요압 장군이 중재에 나섰다. 요압의 주선으로 아람에 있던 압살롬이 다시 예루살렘으로 돌아왔다. 그러나 압살롬은 아버지(다윗왕)를 직접 대면하지 못했다. 다윗왕은 압살롬으로 하여금 따로 떨어져 살게 하고, 왕궁에는 접근하지 못하도록 지시했다.

압살롬은 예루살렘에 돌아온 후 2년이 지나도 아버지를 한 번도 보지 못했다. 과연 아버지가 자신을 용서한 것인지, 아니면 처벌할 것인지 몹시 답답했다. 압살롬은 자신을 불러들인 요압 장군을 내세워 아버지에게 중재를 해달라고 부탁하기 위해 그를 만나려고 했지만 요압장군 역시 만날 수가 없었다(삼하 13:29-38).

5. 압살롬의 지략

요압장군을 만나려고 여러 차례 시도했지만 번번이 만나지 못한 압살롬이 하인들에게 지시를 내렸다.

"너희들은 당장 내 밭 곁에 있는 요압의 보리밭에다 불을 질러라."

압살롬의 하인들이 요압장군의 보리밭에 불을 지르자 요압이 나타나 사건의 진상을 따졌다.

"당신은 어째서 하인들을 시켜 내 보리 밭에 불을 질렀습니까?"

요압장군이 분개하자 압살롬이 기다렸다는 듯이 대답했다.

"내가 하인들을 시켜 불을 지른 것은 당신을 한 번 만나기 위한 것이었소. 내가 당신을 만나려는 것은 당신을 통해 내 아버지의 뜻을 확인하려는 목적이었소. 아버지께서 나를 만날 생각이 없다면 무엇 때문에 나를 데려 왔는지, 한 번 물어봐 주시오. 내가 이렇게 지낼 바엔 차라리 그곳에 머물러 있었더라면 좋았을 것이오. 제발 아버님을 만날 수 있게 주선해 주시오. 아니면 죄를 물으시어 죽이라고 하시오."

압살롬의 말을 들은 요압이 어렵사리 다윗왕에게 압살롬의 입장을 전했다. 그러자 다윗왕은 사람을 보내 압살롬을 왕궁으로 불러 들였다. 요압 장군의 안내로 국왕 앞에 나간 압살롬은 얼굴이 땅에 닿도록 큰절을 했다. 압살롬이 면목이 없어 고개를 들지 못하고 안절부절 할 때 다윗왕이 압살롬의 볼에 입맞춤으로서 오랜만에 부자간의 화해가 이루어 졌다. 압살롬은 뜨거운 사막에서 태어난 탓으로 혈기 왕성하고 매사에 진취적이었다. 그런가 하면 날이 갈수록 권위를 앞세운 다윗왕의 횡포는 심했고, 백성들은 과다한 세금에 눌려 허덕여야 했다.

　왕궁에서 물러 나온 압살롬은 예루살렘 주변에 머물면서 그곳 사람들과 친밀하게 지냈다. 그러자 그곳 사람들은 압살롬의 수려한 용모에 호감을 가졌다. 특히 목까지 내려오는 압살롬의 갈색 머리카락은 매력적이었다. 누가 보아도 호감이 넘치는 압살롬은 많은 사람들의 사랑을 받았다. 특히 가난과 억압에 눌린 백성들이 압살롬을 찾아왔다. 주로 억울한 사정을 해결하지 못한 사람들은 압살롬을 찾아와 자신들의 억울함을 호소했다. 그렇게 호소하는 사람들의 수효가 날이 갈수록 불어났다. 그런 와중에 압살롬은 아무도 모르게 50명의 호위병과 50마리의 말과 전차를 거느리고 있었는데 그것이 다윗왕에게 화근이 될 줄은 아무도 몰랐다(삼하 15:1-4).

6. 압살롬의 음모

　압살롬은 아침 일찍 성문을 지키고 있다가 재판을 받으러 다윗왕을 찾아오는 사람들을 세워 놓고 사건의 전말을 일일이 물어 보았다. "당신은 어느 지파의 사람이며' 소청하는 고충이 무엇이냐?"는 등 백성들의 민원을 직접 들추어냈다. 압살롬이 사연을 물을 때마다 사람들의 대답은 하나같이 현명한 재판을 받고 싶다는 것이었다. 압살롬은 은근히 그들의 불평을 자기가 수용할 것처럼 부추겼다.

　"이 문제는 분명히 당신이 옳지만 유감스럽게도 당신의 입장을 들어 줄 왕을 아직 세우지 않았습니다. 내가 만일 재판장이 된다면 얼마나 좋겠습니까! 그러면 송사가 있는 사람은 누구든지 나에게 직접 찾아올 수 있고, 나는 문제를 공정하게 해결해 줄 터인데."

　압살롬은 소송문제로 찾아오는 백성들의 불평을 은근이 부추겼다.

압살롬은 다윗왕을 우회적으로 비난하는 한편 자기가 도와주고 싶다는 등 감언이설로 불만에 찬 사람들을 회유했다. 그러자 많은 사람들이 압살롬의 사려 깊은 태도에 현혹되어 그의 발 앞에 엎드려 절을 했다. 압살롬은 자기 앞에 절하는 사람들의 손을 꼭 잡고 달콤한 말로 환심을 샀다. 압살롬은 만나는 사람들마다 친절을 베풀고, 환심을 사면서 압살롬을 맹목적으로 좋아하는 사람들이 날로 불어났. 그로부터 4년이 지났지만 다윗왕의 국정은 하나도 변하지 않았다. 그리하여 백성들의 불만이 팽배한 어느 날이었다. 압살롬이 아버지 다윗왕을 찾아가서 "아버님 제가 주님께 서약한 것이 있습니다. 지금 헤브론으로 가서 그 서약을 지킬 수 있게 저를 보내 주십시오. 제가 "그술(Geshur)" 에 있을 때 주님께서 저를 예루살렘으로 다시 돌아가게 해 주시면 주님께 제물을 드리겠다고 서약한바 있습니다."

압살롬은 예루살렘을 떠나겠노라고 했다.(삼하 5-8)

7. 압살롬의 반란

"좋다. 가서 너의 서약을 지켜라."

압살롬의 청원에 다윗왕은 즉석에서 허락했다. 그러나 다윗왕은 압살롬이 딴 짓을 하리라고는 생각하지 못했다. 더욱이 왕위를 넘보려는 줄은 전혀 눈치 채지 못했다. 그러나 압살롬은 예루살렘에서 2백 명의 병사를 데리고 떠났다. 물론 압살롬을 따라나선 병사들 역시 자신들이 반란군이 되리라고는 생각하지 못했다. 그런데 헤브론에 도착한 압살롬은 열두 지파에 밀사를 보내 자신의 야망을 통고하는 한편 "너희들은 나팔 소리가 들리거든 일제히 들고일어나'압살롬이 헤브론의 왕이다.'라고 외치라고 지시했다.

압살롬은 예루살렘에서 데려온 2백 명의 병사들에게 반란에 가담하도록 강요하는 한편 자기를 지지하는 헤브론 사람들을 추려서 새로운 군대를 조직했다. 이렇게 시작된 압살롬의 음모는 마침내 엄청난 세력으로 불어났다. 압살롬의 선동은 그동안 다윗왕에게 불만을 품은 백성들에게 반기를 들 수 있는 계기가 되었다. 평소 다윗왕에게 불만을 품은 사람들과 고충 문제를 해결하지 못한 사람들로부터 압살롬의 반역은 폭발적인 지지를 받았다.

한편 다윗왕의 이미지는 날이 갈수록 땅에 떨어졌다. 처음 다윗왕의 이미지는 블레셋의 골리앗을 죽인 영웅의 모습이었으나, 세월이 지나면서 그의 이미지는 부하의 아내를 빼앗기 위해 충직한 부하를 살해한 극악한 정치배의 모습으로 비쳐졌다. 결국 다윗왕에 대한 불만은 압살롬의 반란음모에 불씨가 되었다. 반기를 든 사람들 중에는 길로(Gilonite)의 사람 아히도벨(Ahithophel)이란 다윗왕의 심복 자문관까지 반란군에 가담했다. 압살롬의 반란을 지지하는 사람들이 날로 불어나면서 나라 전체가 두 무리로 갈라졌다(삼하 15:9-12).

8. 다윗왕이 예루살렘에서 도망가다

압살롬이 이끄는 반란군의 규모는 예루살렘의 다윗왕을 상대할 만큼 불어난 세력을 갖춘 다음 출정 준비가 완료되었을 때 한 전령이 다윗왕에게 달려가 말했다.

"이스라엘 백성들의 마음이 모두 압살롬에게 돌아가고 있습니다."

반란 세력이 헤브론에서 공격태세를 갖추었다는 긴박한 사실을 보고 받은 다윗왕은 큰 충격을 받았다. 설마 압살롬이 반란을 주도할 줄은 몰랐다. 그렇다고 그냥 내버려 둘 수도 없었지만 생명을 걸고 싸울 수도 없었다. 그러나 반란을 그냥 내버려두면 백성들에게 큰 재앙이 닥쳐 올 판이었다. 이럴 수도 저럴 수도 없어 우왕좌왕하던 차에 전황이 불리하게 돌아가자 다윗왕은 결단을 내렸다. 일단 자신이 예루살렘을 비워주고 떠나야 한다고 생각했다. '백성들의 피해를 막는 길은 일단 예루살렘을 반란군에게 넘겨주고 떠나는 길밖에 없다'고 결론 내렸다. 다윗왕은 신하들에게 떠날 채비를 서두르라고 명령했다.

"우리는 도망가야 한다. 그렇지 않으면 압살롬의 손에 한 사람도 살아남지 못한다. 어서, 빨리 서둘러라! 우물쭈물하다가는 급습당하면 예루살렘의 주민은 다 죽는다."

다윗왕이 예루살렘을 비워 주겠다고 하자 신하들이 동의했다.

"왕이시여, 우리는 왕께서 무엇을 하시든지 따르겠습니다."

다윗왕은 법궤를 지키는 제사장들과 왕가를 지키는 10명의 후궁들만 남겨 놓고 6백 명의 병사를 앞세우고 예루살렘을 떠났다. 만일 하나님께서 함께 하신다면 다시 돌아올 것이고, 만일 돌아오지 못할 경우에도 법궤만은 잘 보전하기 위해 성막에 그냥 남겨 놓고 예루살렘 동편의 기드론강을 건너 마하나임(Mahanaim)광야를 향해 길을 나섰다(삼하 15:13-15).

9. 위기에 처할수록 겸허한 다윗왕

다윗왕이 길을 나서자 얼마 전에 다윗왕의 품에 돌아와 살겠다고 멀리서 찾아온 가드(Gittie)의 잇대(Ittai)라는 사람이 함께 따라 나섰다. 다윗왕은 패자의 신세로 경황없이 도망 길에 나선 자신을 따라나선 잇대에게 말했다.

"네가 무엇 때문에 우리와 함께 가려고 하느냐? 너는 예루살렘으로 돌아가서 새 왕과 함께 머물러 있어라. 너는 망명한 외국인이 아니냐. 이제 우리는 어디로 가야 할지도 모르는 판인데 내가 어떻게 어제 온 너를 우리를 따라 유랑의 길을 함께 떠나자고 할 수 있겠느냐? 그러니 너는 네 동족들을 데리고 돌아가거라. 주님께서 은혜를 베푸시기를 원한다."

다윗왕이 돌아가라고 하자 잇대가 대답했다.

"내가 살아 계신 주님 앞에 목숨을 걸고 맹세하지만, 죽든지 살든지 왕께서 가시는 곳이면 어디든지 따라가겠습니다."

잇대가 충성을 고백하자 다윗왕이 다시 말했다.

"그렇다면 좋다. 우리와 함께 가자."

다윗왕은 자기를 따라나선 잇대를 데리고 길을 떠났다. 다윗왕 일행이 지나가는 곳마다 몰려나온 사람들이 소리 높여 슬피 울었다. 다윗왕 일행은 기드론 시내를 건너 광야로 들어섰다. 다윗왕이 예루살렘 도성을 경황없이 빠져 나왔을 때 레위 사람들이 법궤를 메고 나와 다윗왕을 기다리고 있었다. 다윗왕이 제사장을 대표한 사독에게 말했다.

"하나님의 법궤를 다시 성안으로 메고 가시오. 만일 내가 주님의 은총을 입는다면 언젠가 나를 다시 돌아오게 하실 테니 그때 법궤와 그 처소를 다시 볼 수 있을 것이오. 그러나 만일 주님께서 나를 기쁘게 여기지 않으시면 그분이 좋으실 대로하도록 그냥 내버려두시오."

다윗왕은 주님의 뜻을 따르겠다고 사독 제사장에게 말했다.

"당신은 주님의 예언자가 아니오? 당신의 아들 아히마아스(Ahimaaz)와 아비아달(Abiathar)의 아들 요나단을 데리고 어서 성안으로 돌아가시오. 내가 요단강 나루터에서 당신의 소식을 기다리겠소. 당신은 내가 광야로 들어가기 전에 예루살렘에서 일어나는 정보를 나에게 알려 주시오."

그래서 사독과 아비아달은 하나님의 궤를 예루살렘에 다시 메어다 놓고 그곳에 머물렀다. 다윗왕은 맨발로 감람산을 오르면서 슬피 울었다.

"주님이시여! 나를 괴롭히는 자 왜 이리 많습니까? 나를 넘어뜨리려는 자 왜 이리 많습니까? 너 따위는 하늘마저 버렸다고 빈정대는 자 왜 이리도 많습니까? 그러나 주님이시어! 당신은 나의 방패, 나의 영광이십니다. 내 머리를 들어주십니다. 주님이시여, 승리는 당신께 있사옵니다. 당신 백성에게 복을 내리소서."

다윗왕이 어쩌다 자신의 처지가 이 꼴이 되었느냐고 한탄하자 함께 따라나선 백성들도 머리를 풀고 슬피 울었다. 감란산에 오른 다윗왕은 자신의 처지를 하나님께 간절히 기도했다. 다윗왕이 하나님께 기도할 때 많은 사람들이 빵과 포도주를 바쳤다.

한편 다윗왕이 감람산에 이르렀을 때 평소 다윗왕의 군사 자문관 이었던 아히도벨(Ahithopel)이 압살롬 반역에 가담했다는 정보에 다윗왕은 큰 충격을 받았다. 아히도벨은 다윗왕의 작전을 자문해온 사람이었음으로 그가 반란에 가담함으로써 다윗왕에게 큰 타격을 미칠 수 있었다. 다윗왕은 아히도벨을 잘 알고 있을 뿐만 아니라 그의 뛰어난 능력을 알고 있는 터라 큰 충격을 받았다. 아히도벨의 반역 소식을 들은 다윗왕이 기도했다(삼하 15:16-31).

"주님이시여, 아히도벨이 압살롬에게 주는 조언이 어리석은 말이 되게 하소서."

10. 다윗왕을 위한 역정보

아히도벨이 반역에 가담한데 대한 배신감에 울분을 참지 못한 다윗왕은 걱정스러운 표정으로 감란산 꼭대기에 이르렀을 때 마침 다윗왕의 신실한 친구이며 자문관의 한 사람인 후새(Husai)가 먼저 와있었다. 그는 옷을 찢고 머리에 재를 뒤집어쓰고 다윗왕을 기다리고 있었다. 다윗왕이 후새에게 말했다.

"자네가 나와 함께 가는 것은 오히려 나에게 짐이 될 뿐일세. 그러니 자네는 예루살렘으로 돌아가서 압살롬에게 이렇게 말하게 "압살롬 왕이여, 내가 왕의 부친께 충성한 것처럼 새 왕을 충성스럽게 모시겠습니다." 하고 말하게. 그러면 자네가 아히도벨의 계략을 꺾을 수 있네. 그것이야말로 자네가 나를 돕는 길일세. 지금 제사장 사독과 아비아달도 거기에 가 있네. 자네도 거기에 가서 왕궁에서 일어나는 일을 모조리 그들에게 말해 주게. 그러면 그는 자기 아들 아히마아스와 요나단을 나에게 보내 그 곳의 정보를 전해 줄 걸세."

다윗왕은 아히도벨의 전략을 무력화시키기 위해 후새를 내세워 고도의 정보전을 시도했다.

한편 다윗왕이 예루살렘을 떠났다는 정보를 입수한 압살롬이 반란군을 이끌고 헤브론을 떠나 단숨에 예루살렘으로 쳐들어왔다. 반란군을 이끌고 예루살렘에 입성하자 거리에 몰려나온 백성들이 압살롬의 개선을 외쳤다(삼하 15:32-37).

"임금님 만세! 임금님 만세!"

11. 몽진(蒙塵)에 나선 다윗왕을 저주하는 사람들

다윗왕이 압살롬이 이끄는 반란군에게 쫓겨 몽진 길에 나서자 평소 다윗에 대한 속내(민심)가 드러났다. 다윗왕이 예루살렘을 떠나자 충성을 다지는 사람들이 있는가하면, 돌을 던지고 저주하는 사람들도 있었다. 그러나 다윗왕은 돌을 던지는 사람들의 행동에 개의치 않았다. 그런데 평소 인간됨을 드러낸 대표적인 사례가 시므이(Shimei)라는 사람이었다.

다윗왕 일행이 감람산에 머물렀다가 다시 길을 떠나 산마루를 넘자 갑자기 므비보셋의 하인 시바(Ziphah)가 두 마리의 나귀에다 빵 200개와 건포도 1백송이 와 여름 과일 1백 개와 포도주 한 가죽부대를 마차에 싣고 다윗왕을 뒤쫓아 왔다. 두 마리의 말에 등짐을 싣고 따라 온 시바에게 다윗왕이 물었다.

"이것이 웬 것이냐?"

"이 나귀는 폐하의 가족들이 타시고, 빵과 과일은 폐하와 함께 길을 나선 사람들이 먹고, 포도주는 광야에서 지칠 때 마시라고 마련한 것입니다."

"네가 섬기는 주인 므비보셋은 지금 어디 있느냐?"

"지금 예루살렘에 머물러 있습니다. 그는 이번에 이스라엘 가문이 자기 할아버지 사울왕의 왕권을 자기에게 돌려 줄 것으로 알고 계십니다."

그러나 그의 말은 거짓이었다. 시바는 다윗왕의 환심을 사는 척 하고 거짓말을 했다. 므비보셋을 따돌리고 그의 재산을 독차지하려는 계산이었다. 사울왕의 왕권이란 말에 격분한 다윗왕이 말했다.

"그렇다면 므비보셋에게 속한 재산은 모두 너에게 주겠다."

"은혜가 망극합니다. 아무쪼록 제가 폐하 앞에서 은총을 입게 하소서."

가져온 물자를 되돌려 받은 시바가 자리를 떴다(삼하 16:1-4).

12. 민심을 천심으로 받아들인 다윗왕

다윗왕 일행이 감람산을 떠나 바후림(Bahurim)에 이르렀을 때 사울왕의 친척 중의 한 사람이 뛰쳐나와 다윗을 보고 입에 담을 수 없는 욕설을 퍼부었다. 베냐민 지파의 자손 중에 게라(Gera)의 아들 시므이(Shimei)가 다윗왕과 전후좌우에 배열한 지휘관들에게 돌팔매질을 하며 욕설을 퍼부었다.

"꺼져라! 이 살인마야, 이 불한당 같은 놈아, 사울왕 일가를 죽이고 나라를 도둑질한 놈, 그 원수를 갚으시려고 주님께서 나라를 네 놈의 손에서 빼앗아 네 아들 놈 손에 넘겨주셨다. 이 살인마 놈아! 네가 죄 없는 사람을 죽인 죄로 이제 벌을 톡톡히 받는 줄 알아라."

곁에서 듣고 있던 스루야(Zeruiah)의 아들 아비새(Abishai)가 다윗왕에게 말했다.

"저 죽은 개만도 못한 놈이 무엄하게도 함부로 폐하를 모욕하는데 그냥 내버려 두시겠습니까? 제가 당장 건너가 목을 치겠습니다."

곁에 있던 참모들이 비분강개했다. 하지만 다윗왕은 조용히 일렀다.

"이건 자네들이 상관할 일이 아니다. 주님께서 나를 저주하라고 말씀하셨기 때문에 저자가 나를 저주하는 것이다. 심지어 내 몸에서 나온 내 친자식마저 나를 죽이려고 날뛰는 판인데, 하물며 베냐민 지파의 사람이야 더 말해 무엇 하겠느냐? 이것은 주님께서 나에게 이렇게 욕하라고 시킨 일이니 그냥 내버려두어라. 혹시 주님께서 지금 내가 당하고 있는 이 비참한 꼴을 지켜보시고, 오늘 내가 받은 이 저주 대신 축복을 내려 주실 지 누가 알겠느냐?"

다윗왕의 말을 듣고 난 신하들은 아무 말 못하고 길을 걸었다. 그러나 시므이는 계속해서 다윗왕이 가는 비탈길을 따라오면서 입에 담을 수 없는 욕을 퍼붓고, 손으로 돌을 들어 던지고, 심지어 재를 뒤집어 씌우려고 바람에 재를 날려 보냈다. 그러나 다윗왕은 묵묵히 참고 요단강에 이르러 지친 몸을 쉬었다(삼하 16:5-14).

13. 근친상간을 부추겨 부자간을 이간시키다

압살롬이 파죽지세로 예루살렘에 입성하자 다윗왕을 배신하고 반란군에 가담한 아히도벨이 압살롬을 따라 입성했다. 그 때 마침 다윗왕의 친구 후새(Hushai) 역시 미리 예루살렘에 들어와 있었다. 후새가 입성하는 압살롬에게 다가가 "대왕 만세! 대왕 만세!"하고 큰 소리로 외쳤다. 그러자 압살롬이 환영하는 후새의 태도를 의심하여 물었다.

"이것이 당신 친구에 대한 우정이오? 어째서 당신은 친구를 따라가지 않았소?"

후새가 대답했다.

"지당하신 말씀이오나 소인은 주님께서 뽑으시고 백성과 이스라엘이 택하여 세운 분을 왕으로 모시기로 했습니다. 그 동안 내가 정성을 다해 섬겨 온 분의 아드님 말고 소인이 누구를 섬기겠습니까? 그러니 이제 소인은 대왕을 이 나라의 새로운 왕으로 섬기겠습니다."

압살롬이 이번에는 아히도벨에게 물었다.

"그러면 아히도벨 당신 생각에 이럴 경우 내가 어떻게 하면 좋겠소?"

압살롬의 물음에 아히도벨이 대답했다.

"왕의 아버지가 궁궐을 지키기 위해 여기 남겨두고 간 후궁들이 있습니다. 왕은 그들을 데려다 동침하십시오. 그러면 왕의 부친이신 다윗왕이 왕을 원수로 여길 겁니다. 그러면 왕께서 친아버지마저 욕을 보인 무서운 분이라는 소문이 전 이스라엘 백성들에게 퍼질 것입니다. 그러면 겁먹은 백성들은 새 왕을 지지하게 될 것이며 왕명에 한결 힘을 더하게 될 것입니다."

아히도벨은 압살롬에게 근친 간을 범하도록 부추겼다. 압살롬의 패륜으로 부자간을 이간시킴으로써 다윗왕조의 몰락을 유도하려는 계산이었다.17) 아히도벨의 말을 들은 압살롬은 즉시 부하들을 시켜 궁전 옥상에 신방용 천막을 치고 후궁들을 차례로 불러들여 백성들이 지켜보는 앞에서 차례로 욕보였다.

아히도벨은 이스라엘에서 다윗왕에게 신임 받던 자문관으로 그의 말이라면 하나님의 말처럼 권위가 있었다. 따라서 압살롬도 아히도벨의 말이라면 무조건 믿고 실행했다. 압살롬은 후궁들을 겁탈한 후 아히도벨을 한층 더 신임했다. 압살롬의 신임을 받은 아히도벨이 자신만만한 태도로 이번에는 자기가 직접 상왕 다윗왕을 체포하러 가겠다고 나섰다(삼하 16:15-23).

14. 상반된 역정보에 넘어간 압살롬

"나에게 병력 1만2천 명만 주십시오. 그러면 내가 오늘 밤 다윗왕을 추격하겠습니다. 지금쯤 다윗왕은 지쳐서 더 도망치지 못하고 피곤한 몸을 쉬고 있을 겁니다.

---

17) 다윗왕이 밧세바를 범했을 때 나단 예언자의 예언이 사실로 실현되었다(삼하 2:1-12).

이럴 때 내가 기습하면 그의 병사들은 공포에 질려 모두 도망칠 것입니다. 이제 다윗왕만 죽이고 나면, 그 외에 모든 백성은 자연히 왕에게 돌아올 것입니다."

압살롬은 아히도벨의 제의를 고맙게 생각하고 그 내용을 이스라엘을 대표하는 장로들에게 알리고, 가부를 물은 결과 장로들 역시 찬성했다. 그런데 마침 후새도 그곳에 와있다는 말을 듣고 아히도벨 못지않게 신망이 두터운 후새의 의견도 들어보기로 했다. 압살롬이 후새를 불러들여 아히도벨의 의견을 설명한 다음 "어떻게 생각하느냐?"고 물었다.

"후새! 당신의 생각은 어떻소? 아히도벨의 생각이 틀렸다면 당신의 의견을 말해보시오."

결정적인 기회를 맞은 후새가 아히도벨의 말을 뒤집었다.

"이번에는 아히도벨이 생각을 잘못한 것 같습니다. 왕께서도 잘 아시다시피 왕의 부친과 그가 거느리는 병사들은 용감합니다. 그들은 지금 마치 새끼를 빼앗긴 곰처럼 화가 나있을 겁니다. 왕의 부친은 전쟁 경험이 많은 분이기 때문에 밤에는 병사들과 함께 자지 않고 지금쯤 동굴이나 다른 안전한 곳에 숨어 있을 것입니다. 만일 섣불리 건드렸다간 용감한 다윗왕의 병사들이 벌떼 같이 달려들어 역공을 해올 겁니다. 특히 다윗왕은 전쟁 영웅이며 그의 병사들도 모두 용감한 것은 누구나 다 아는 사실입니다. 그러니 제 생각에는 왕께서는 시간적 여유를 가지십시오. 그런 다음 단에서 브엘사바에 이르기까지 폭넓은 백성들의 힘을 모아 막강한 군대를 조직한 다음 왕께서 직접 지휘하시는 것이 좋을 것입니다. 그러면 우리가 그 때 가서 다윗왕이 있는 곳을 찾아내 기습하여 그의 군대를 모조리 죽일 수 있습니다. 만일 그때 가서 다윗왕이 어느 도성으로 도망치면 백성들이 들고 일어나 다윗왕이 숨어 있는 성의 돌 하나 남기지 않고 무너뜨릴 것입니다."

후새의 말을 조용히 듣고 난 압살롬과 그의 참모들이 머리를 맞대고 숙의한 결과 아히도벨의 의견보다 후새의 의견이 났다고 결론을 내렸다. 그러나 이때 후새의 의견이 채택된 것은 하나님께서 다윗왕을 아직도 버리지 않았다는 증거였다. 아히도벨의 의견이 탈락한 것은 우연히 아니라 주님께서 압살롬으로 하여금 큰 재난을 당하도록 유도하기 위해 아히도벨의 좋은 전략을 좌절시키고 후새의 의견을 따르게 한 것이다(삼하 17:1-14).

15. 다윗왕에게 정보를 제공한 후새

후새는 압살롬이 아히도벨의 건의를 묵살하고 자기의 의견을 받아들이자 즉시 사독(Zadok)제사장에게 찾아가 그간의 경위를 설명하고, 자기가 압살롬에게 건의한 내용과 아히도벨이 제시한 내용을 자세히 들려 준 다음 빨리 다윗왕에게 전해 달라고 했다.

"당신은 빨리 다윗왕에게 사람을 보내 오늘 밤 요단 강 나루터에서 자지 말고 강을 건너 광야로 들어가라고 전하시오. 만일 그렇지 않으면 일행이 모두 전멸 당할 것이라고 전하시오."

사독이 후새의 말을 들었을 때 마침 다윗왕의 명령으로 정보를 수집하기 위해 그곳에 나와 있던 요나단과 아히마아스(Ahimaaz)가 예루살렘 도성에 들어가지 못하고 예루살렘 변두리의 엔-로겔(En-Rogel)이란 샘 주위에 머물러 있었다. 그들은 어떤 여종을 통해 수집한 정보를 다윗왕에게 전하기 위해 압살롬의 수색대를 피해 우물 속에 숨어 있었다. 압살롬의 수색대를 피해 다윗왕에게 달려가 후새가 보낸 정보를 전했다.

"오늘 밤 서둘러 요단강을 건너가십시오. 아히도벨이 폐하를 죽일 계략을 꾸미고 있습니다."

위험에 처한 다윗왕은 비록 쫓기는 몸이었지만 전술에 뛰어난 무인으로 후새가 보낸 정보의 덕으로 위기를 모면하기 위해 그 날 밤 새벽이 오기 전에 요단강을 건넜다(삼하 17:15-22).

16. 배반자의 말로와 다윗왕의 태도

한편 아히도벨은 자신의 제안이 좌절되자 나귀를 타고 고향으로 돌아가 집을 정리한 다음 목을 매달아 자살했다. 그리고 밤사이에 요단강을 건넌 다윗왕은 곧 마나하임에 이르렀고, 압살롬이 그 뒤를 따라 대군을 이끌고 요단강을 건너기 시작했다. 요단강을 건너 다윗왕을 추격하던 압살롬은 우두머리들과 전열을 가다듬은 다음 다윗왕을 추격하기 위한 참모회의를 열었다. 압살롬은 군사령관에 요압 대신 아마사(Amasa)를 임명했다. 압살롬과 아마샤가 이끄는 이스라엘 군은 추격 끝에 길르앗 땅에 도착해서 진을 쳤다.

다윗왕은 쫓기는 처지였지만 자식을 상대로 싸우고 싶지 않았지만 반란을 수습하기 위해서는 어쩔 수 없었다. 더 큰 화를 모면하기 위해 밤사이에 요단강을 건너 마하나임(Mahanaim)으로 옮겨간 다윗왕은 전열을 재정비했다. 다행히 그곳 사람들은 다윗왕을 지지하고 나섰다. 마하나임 사람들은 다윗왕이 광야를 걸어오느라고 지친 몸을 쉬도록 침구와 취사도구를 비롯해 밀, 보리, 밀가루, 치즈 등 식량을 아낌없이 바쳤다(삼하 17:23-29).

제3장 다윗왕의 승리와 압살롬의 죽음

1. 다윗왕이 전열을 재정비하다

다윗왕은 마하나임의 병사들을 끌어 모아 편대를 재조직한 다음 병사들 중에 전술에 뛰어난 사람을 뽑아 천부장과 백부장으로 임명했다. 특히 전쟁 경험이 풍부한 병사들을 중심으로 편성해서 제1편대는 요압이 지휘했고, 제2편대는 아비새가 지휘했다. 그리고 제3편대는 다윗왕을 돕겠다고 자원한 잇대(Ittai)가 맡았다.

위기에 처한 다윗왕은 자신이 직접 진두지휘하기 위해 "모두 나를 따르라. 내가 앞장서겠다." 하고 나섰다. 그러나 백성들은 다윗왕의 지시에 동의하지 않았다.

"폐하께서 직접 싸움터에 나가서는 안 됩니다. 만일 우리가 도망하거나 우리 중에 절반이 죽는다 해도 적은 우리에게 관심이 없습니다. 그들의 관심은 오직 폐하를 찾아 제거하는데 있습니다. 폐하는 우리 1만 명보다 더 소중하십니다. 그러니 폐하께서는 성에 남아 계시다가 우리가 어려울 때 도와주시는 것이 더 나은 결과를 가져올 수 있습니다."

"여러분이 최선이라고 하면 나도 따르겠소."

다윗왕은 신하들의 충정을 받아들여 성문에서 출정하는 병사들에게 동의했다. 병사들은 다윗왕을 에워싸고 충성을 맹세했다. 다윗왕이 지켜보는 가운데 요압과 아비새가 이끄는 병사들이 출전했다. 다윗왕은 요압과 아비새와 잇대에게 압살롬을 죽이지는 말고 생포하라고 당부했다.

"최선을 다하라. 그러나 나를 보아 가능하면 어린 압살롬을 죽이지 말고 너그럽게 대하라."

비록 압살롬이 반란을 일으켰지만 다윗왕은 아들을 용서하고자 했다. 다윗왕의 격려를 받고 출정한 병사들은 압살롬의 반란군과 에브라임 산기슭의 숲 속에서 맞붙었다. 그러나 압살롬이 이끄는 반란군 병사들은 전쟁 경험이 없는 오합지졸이었지만 요압 장군이 이끄는 병사들은 전쟁경험이 풍부한 병사들이 많았다. 양편에서 맞붙어 싸운 결과 압살롬의 반군이 완전히 패했다. 수천 명이 단숨에 전사하고 수천 명이 길을 잃었다. 한판의 싸움에서 압살롬의 병사 2만 명이 목숨을 잃었는데 실상 칼에 맞아 죽은 병사들 보다 숲에 막혀 길을 잃고 헤매다 죽은 병사들이 훨씬 더 많았다(삼하 18:1-5).

2. 압살롬의 머리 자락이 나뭇가지에 걸리다

본래 압살롬은 허영심이 많고 과장하기를 좋아했다. 그는 전쟁터에서도 평소에 멋 부리던 차림 그대로 긴 머리를 자르지 않고 싸움에 임했다. 일차 싸움에 패한 압살롬이 흐트러진 병사들을 끌어 모아 마지막 공격을 시도했지만 역시 패하고 살아남은 병사들은 뿔뿔이 흩어졌다.

싸움에 패한 압살롬이 다윗왕의 병사들과 마주치자 말을 타고 숲속을 필사적으로 달릴 때 그의 긴 머리카락이 상수리 나뭇가지에 걸러 몸이 공중에 덜렁 매달리고, 말은 나무사이를 빠져나갔다. 추격하던 다윗왕의 병사들이 나무에 매달린 사람이 압살롬임을 확인하고 요압 장군에게 보고했다.

"압살롬이 상수리나무 가지에 걸려 꼼짝 못하고 있는 것을 보았습니다."

"뭐라고! 압살롬을 보았다고? 그렇다면 어째서 그를 죽이지 않았느냐? 네가 그를 죽였다면 은화 10냥을 상금으로 받고 일 계급 특진과 훈장도 받았을 터인데…"

요압 장군이 버럭 소리치자 병사가 대답했다.

"저는 은 천 냥을 준다고 해도 압살롬을 죽일 수는 없습니다. 우리는 폐하께서 장군들에게 '나를 생각해서라도 가능한 압살롬을 해치지 말라'고 당부하시는 말씀을 들었습니다. 제가 만일 폐하의 명령을 어기고 압살롬을 죽였다면 폐하께서는 분명히 누가 그랬는지 밝혀낼 것이며, 아마 그렇게 되면 장군께서도 저를 변호하지 못하실 것입니다."

압살롬을 죽이지 않은 이유를 듣고 있던 요압 장군이 버럭 소리쳤다.

"나는 더 이상 네 놈과 시간 낭비할 때가 아니다."

요압 장군은 즉시 창 3개를 들고 압살롬이 매달려있는 상수리나무 밑으로 달려가 나무 가지에 매달린 압살롬의 심장을 단칼에 찔러 죽였다. 그리고 무기를 들고 부근에서 배회하는 패잔병 10여 명까지 모두 죽인 다음 승리의 나팔을 불었다. 그러자 도망치던 압살롬의 패잔병들이 전쟁이 끝났음을 알고 모두 되돌아섰다. 되돌아온 압살롬의 병사들이 나무에 걸려 있는 압살롬의 시체를 내려 동굴에 넣고 흙으로 입구를 막은 뒤 그 위에 돌을 높이 쌓았다. 그리고 그 자리에 기념비를 세우고 그의 이름을 따서 '압살롬의 기념비'라고 불렀는데 지금도 그렇게 불리고 있다 (삼하 18:6-18).

3. 승전보를 서로 먼저 전하려는 충정

요압장군이 압살롬의 반란을 제압하고 싸움을 끝냈을 때 사독의 아들 아히마아스(Ahimaaz)가 요압 장군을 찾아가 말했다.

"제가 얼른 폐하에게 달려가 주님께서 원수를 갚아 주신 승전소식을 전하겠습니다."

그러나 요압 장군이 단호하게 거절했다.

"오늘은 안 된다. 비록 좋은 소식이지만 오늘은 네가 전할 처지가 아니다. 왜냐하면, 왕자가 죽었다는 것은 왕에게 좋은 소식이 못되었기 때문이다. 너는 다른 날 그 소식을 전해라."

요압 장군은 아히마아스의 요구를 거절한 다음 에티오피아의 흑인 노예 한 명을 불러 "네가 가서 본 대로 폐하에게 아뢰라."고 보냈다. 그러자 아히마아스가 다시 "나도 가게 해 주십시오." 하고 다시 요구했다. 그러자 요압 장군이 "네가 무엇 때문에 꼭 가려고 하느냐? 너는 소식을 전해도 상을 받지 못할 것이다." 하고 또 거절했다. 요압 장군은 승리의 소식을 전해 보았자 왕자가 전사했기 때문에 다윗왕이 별로 반갑게 생각할 리가 없기 때문이었다. 그러나 아히마아스가 자신을 보내 달라며 끈질기게 나서자 "정, 그렇다면 좋다. 너도 가거라." 하고 허락했다.

요압 장군은 마지못해 아히마아스도 떠나보냈다. 그러자 승전 소식을 빨리 알리고 싶은 아히마아스가 질러가는 길을 통해 에티오피아의 흑인 병사보다 앞질러 달려갔다(삼하 18:19-23).

4. 승전소식 속에 묻어온 슬픔

한편 다윗왕은 병사들을 싸움터로 보내고 하루 종일 전황의 결과를 기다리고 있었다. 바로 그 때 성문 망루에서 사방을 지켜보던 파수꾼이 다윗왕에게 병사 한 명이 싸움터에서 달려온다고 보고했다. 그러자 다윗왕이 근심어린 표정으로 "그가 혼자 소식을 전하러 온다면 좋은 소식이 분명할 것이다." 하고 말했다. 잠시 후 파수꾼이 "또한 사람이 달려옵니다." 하고 보고하자 다윗왕은 여전히 "그도 또한 좋은 소식을 전하는 사람일 거다." 하고 말했다. 그 때 망루에서 또 다른 병사가 달려와 먼저 오는 자가 사독의 아들 아히마아스 같다고 보고했다.

역시 앞질러온 사람은 아히마아스였다. 아히마아스가 다윗왕에게 말했다.

"폐하, 주 하나님을 찬양합니다. 하나님께서 반란자들을 물리쳐 주셨습니다."

그러나 아히마아스는 차마 왕자가 죽었다는 말은 하지 못했다. 그러자 다윗왕이 다급하게 물었다.

"그래 내 어린 압살롬은 어떻게 되었느냐?"

"요압 장군이 저를 보낼 때 크게 떠드는 소동이 벌어졌는데 저는 그 내막을 잘 모르겠습니다."

어정쩡하게 대답하고 한 발 물러섰다. 그때 마침 에티오피아의 흑인 병사가 뒤따라와서 다윗왕 앞에 다가섰다.

"폐하께 좋은 소식을 전합니다. 오늘 주님께서 폐하를 배반한 반역자들을 모두 벌하셨습니다."

아히마아스가 옆으로 비켜서서 가슴을 조이고 서 있는 가운데 에티오피아 병사 역시 왕자가 전사했다고 사실대로 보고하지 못했다.

"그럼 압살롬은?"

"이스라엘의 국왕을 해치려는 사람은 모두 죽었습니다."

에티오피아의 병사가 압살롬의 전사를 우회적으로 시인했다(삼하 18:24-33).

5. 아버지의 마음

에티오피아의 병사가 압살롬의 전사를 간접적으로 시인하자 다윗왕은 비로소 왕자가 죽었음을 확인하고 성문 누각에 올리가 절절히 슬퍼했다.

"내 아들 압살롬아, 내 아들 압살롬아, 내가 너를 대신해서 죽었더라면 좋았을 걸! 압살롬 내 아들아…"

요압 장군이 이끄는 병사들이 승리를 안겼지만 다윗왕은 승리의 기쁨보다 아들을 잃은 슬픔이 더 컸다. 다윗왕은 밤잠을 이루지 못하고 서성거리며 슬픔에 잠겨 손을 놓고 있었다. 무모한 압살롬의 반란은 일장춘몽으로 끝났지만 다윗왕의 슬픔은 좀처럼 가시지 않았다. 슬픔에 잠긴 다윗왕이 며칠째 식음을 폐하고 슬피 울었다(삼하 19:1-5).

"내 아들 압살롬아! 내 아들 압살롬아! 너 대신 내가 먼저 죽었어야 했는데 네가 먼저 죽다니, 내 아들 압살롬아!"

6. 요압 장군의 항의

다윗왕이 압살롬 때문에 목 놓아 운다는 소문이 병사들에게 전해지자 목숨을 걸고 승리를 거둔 병사들은 마치 싸움에 패하고 도망쳐 나온 패잔병의 기분이었다. 싸움터에서 돌아온 병사들이 승리의 깃발을 높이 들고 성안으로 들어왔지만 다윗왕은 여전히 두 손으로 얼굴을 가리고 "내 아들 압살롬아, 내 아들 압살롬아!" 하고 계속 슬피 울었다. 슬픔에 잠긴 다윗왕이 슬픔을 거두지 않고 울기만 하자 요압이 찾아가 항의했다.

"왕이시여, 우리는 오늘 폐하와 폐하의 자녀들과 왕비와 후궁들의 목숨을 건졌습니다. 그런데 폐하께서는 오히려 우리를 부끄럽게 하셨습니다. 어찌하여 폐하께서는 폐하를 대적한 자들을 사랑하시고 폐하를 위해 목숨을 바쳐 싸운 저희들은 내치시니 결국 우리는 폐하에게 아무 가치도 없는 존재가 되었습니다. 만일 반역자 압살롬이 살고 우리가 모두 죽었더라면 폐하께서는 오히려 더 기뻐하셨을 뻔했습니다. 이제 어서 일어나 밖으로 나가셔서 승리하고 돌아온 병사들을 격려해 주십시오. 제가 주님의 이름으로 맹세하지만 만일 폐하께서 그렇게 해주시지 않는다면 오늘 밤 폐하와 함께 이 성에 머물러 있을 이유가 없습니다. 병사들은 하나도 없이 사라질 것입니다. 만일 그렇게 되면 폐하께서는 지금까지 당하신 그 어떤 불행보다도 더 큰 불행을 당하시게 될 것입니다."

요압 장군은 강한 어조로 직언을 서슴지 않았다. 그제야 정신을 가다듬은 다윗왕은 울음을 거두고 자리에서 일어나 성문 곁으로 나갔다. 다윗왕이 병사들 앞에 나서자 요압 장군이 참모들을 시켜 병사들에게 말했다.

"다윗왕께서 여러분을 환영하기 위해 성문 앞에 나오신다."

왕께서 승리의 기쁨을 병사들과 함께 나누려 한다는 말에 사기가 떨어졌던 병사들의 기가 되살아나 다윗왕과 더불어 승리의 축제를 한껏 즐겼다(삼하 19:6-8).

7. 반란의 사후수습

한편 반란에 가담했던 병사들은 모두 각자의 집으로 돌아가도록 했다. 그러자 그들은 각처에서 자기들끼리 모여 이렇게 말했다.

"다윗왕은 우리를 원수들에게서 구원하시고 또 우리를 블레셋 사람들의 손에서 구출하셨다. 그러나 지금은 압살롬을 피해 예루살렘을 떠나 계시고, 우리가 왕으로 세웠던 압살롬은 전사했다. 그런데도 어째서 우리가 다윗왕을 다시 왕으로 모시겠다는 말이 없단 말이냐?"

반란에 가담했던 병사들이 다윗왕에게 귀순할 뜻을 비쳤다. 그 때 마침 다윗왕이 제사장 사독과 아비아달을 유다지파의 장로들에게 보내 이렇게 말했다.

"당신들은 내 뜻을 이렇게 전하시오. '온 이스라엘이 왕을 다시 예루살렘의 궁으로 모시자고 야단인데 어째서 당신들은 아무 말이 없는 거요? 당신들은 나와 같은 한 지파요, 살과 피를 함께 나눈 나의 형제들이 아니오?' 그리고 당신들은 아마사에게 이렇게 전하시오. '너는 나와 살과 피를 나눈 친척이 아니냐? 내가 요압 대신 너를 내 군대의 총사령관으로 임명하겠다. 내가 만일 그렇게 하지 않으면 하나님이 나에게 벌을 내리시길 원한다.'라고…"

유다지파의 장로들에게 전갈을 통보하자 그들은 다윗왕에게 화답했다.

"왕께서는 신하들을 모두 데리고 우리에게 어서 돌아오십시오. 영접하겠습니다."

유다지파의 뜻을 확인한 다윗왕은 예루살렘을 향해 출발했다. 길을 나선 다윗왕이 요단강가에 이르렀을 때 유다지파의 사람들이 다윗왕을 모셔 가려고 길갈로 마중 나와 있었다.

8. 다윗왕과 시므이

그때 바후림(Bahurim)에 있는 베냐민 지파의 게라의 아들 시므이[18]가 다윗왕을 영접하려고 유다 사람들과 함께 급히 강가로 나와 기다리고 있었다. 시므이는 베냐민 지파의 사람들 1천 명을 이끌고 나와 다윗왕을 영접했다. 그들 가운데는 사울왕의 신하 시바와 그의 아들 15명과 20명의 종들도 포함돼있었다. 이들 일행은 다윗왕보다 먼저 요단강에 도착하여 다윗왕의 가족을 배에 실어 나르는 등 다윗왕의 귀환 길을 돕기 위해 강을 건너와 있었다. 다윗왕은 압살롬의 반란에 가담했던 자들과, 자기가 예루살렘을 떠나 있을 때 섭섭하게 한 사람들을 모두 용서했다(삼하 19:9-23).

9. 다윗왕의 아량과 이스라엘의 재결속

다윗왕이 요단강을 건너려 할 때 미리 와서 대기 중이던 시므이가 다윗왕 앞에 나와 땅에 엎드려 살려 달라고 애걸했다.

"내 주 왕이시여, 저를 용서해 주십시오. 폐하께서 예루살렘을 떠나실 때 제가 저지른 무례한 행동을 용서하시고, 그 때의 일은 기억하지 마소서. 제가 죽을죄를 지은 것을 알기 때문에 폐하를 영접하려고 요셉 지파의 사람들 보다 먼저 여기에 내려왔습니다."

시므이가 살려달라고 애걸하자 스루야의 아들 아비새가 나섰다.

---

[18] 시므이는 다윗왕이 압살롬의 공격을 피해 도망 갈 때 다윗왕을 모욕한 사람이다.

"시므이는 주님께서 세우신 왕을 저주한 죄인이니 당연히 죽여야 하지 않습니까?"

그러나 다윗왕이 단호하게 반대하며 시므이를 불러 죽이지 않을 터이니 안심하라고 일렀다.

"이것은 어디까지나 내일이다. 당신들 스루야의 아들이 이 일에 무슨 상관이 있다고 끼어들어 내 뜻을 막으려 하느냐? 나는 이제야 비로소 이스라엘의 왕이 된 것 같다. 그런데 오늘 같은 날 이스라엘 사람은 한 명이라도 죽어서야 되겠느냐?"

그 때 마침 예루살렘에서 사울왕의 손자 므비보셋이 다윗왕을 맞으러 나왔다. 므비보셋은 다윗왕이 예루살렘을 떠나 망명길에 오른 날부터 발을 씻지 않았고, 옷도 빨아 입지 않고, 수염도 깎지 않고 오직 수도하는 자세로 다윗왕을 염려한 지순한 사람이었다.19) 그 므비보셋이 나타나자 다윗왕이 물었다.

"너는 내가 예루살렘을 떠날 때 왜, 나를 따르지 않았느냐?"

"내 주 왕이시어, 폐하께서도 아시다시피 저는 다리를 제대로 못 쓰는 절뚝발이 입니다. 그래서 제가 폐하와 함께 가려고 내종 시바에게 나귀 안장을 나귀등에 얹으라고 했으나, 그가 나를 배신하고 거짓말로 폐하에게 가서 저를 무모한 말로 모함했습니다.

하지만 폐하께서는 하나님의 천사와 같은 분이라고 생각했습니다. 폐하의 처분대로 하십시오. 나와 내 친척들은 폐하의 손에 죽어도 마땅한 사람들입니다. 그럼에도 폐하께서는 오히려 이 종에게 폐하의 식탁에서 함께 먹을 수 있는 영광을 베풀어 주셨습니다. 그런데 제가 무슨 염치로 폐하에게 살려달라고 하겠습니까?"

---

19) 다윗왕이 몽진할 때 시바가 므비보셋이 다윗왕을 저주하고 사울왕의 왕권을 회복하려 한다고 보고했다.

므비보셋으로부터 그간의 경위를 듣고 난 다윗왕이 말했다.

"잘 알았다. 내가 사울왕의 밭을 너와 시바에게 똑같이 나누어주겠다."

"그 땅을 전부 저의 종 시바에게 주십시오. 저는 폐하께서 다시 돌아오신 것으로 만족합니다."

다윗왕이 반역자들을 용서하듯이 므비보셋도 시바의 허물을 덮어 주었다. 다윗왕은 이들 외에도 망명생활 중에 도움을 준 사람들에게 일일이 감사하고, 그 중 일부는 예루살렘으로 데려왔다(삼하 19:24-30).

10. 참모들의 암투와 세바의 반란

다윗왕은 백전백승의 영웅으로 이스라엘을 통치하는 국왕 자리로 복귀했지만 압살롬의 반역 이후 각 지파 간에는 마음에 잠겨있던 불평이 여기저기서 동시 다발로 터져 나왔다. 그 중에도 전 왕 사울왕이 속한 베냐민지파가 다윗왕이 속한 유다지파에 대한 불만이 많았다. 다윗왕이 압살롬의 반란을 평정하고 길갈로 떠날 때 유다지파의 병사들과 다른 지파에 속하는 병사들 중에 절반 이상이 다윗왕을 따라 나섰다. 그러자 유다지파가 아닌 다른 지파의 병사들이 다윗왕에게 항의하고 나섰다.

"유다지파 사람들과 우리는 같은 겨레가 아닙니까? 그런데 왜 유다지파만 폐하와 폐하의 왕실을 모시고 요단강을 건너갑니까?" 하고 항의하자 유다지파 사람들이 대답했다.

"폐하께서 우리 유다지파에 속하기 때문에 그렇게 했을 뿐이다. 그런데 이런 일을 가지고 왜 이렇게 화를 내느냐? 우리가 왕으로부터 무엇을 얻어먹기라도 했단 말이냐? 아니면 우리가 왕으로부터 무슨 선물이라도 받았단 말이냐?"

그러자 이번에는 또 다른 지파의 사람들이 가세했다.

"비록 폐하께서 당신들 지파에 속하지만 우리는 열 지파나 됩니다. 우리는 폐하에게 주장할 수 있는 권리가 당신들보다 열 배나 더 많습니다. 그런데 어째서 유다 지파가 우리를 무시하는 겁니까? 당신들이 폐하를 모셔오기 전에 우리와 상의했어야 하지 않습니까?"

사실상 이 주장은 너무나 당연한 항의였다. 그러나 유다지파는 다른 이스라엘 열 지파 앞에서 자신들의 고집을 조금도 굽히지 않았다. 그러자 열 지파의 불만이 좀처럼 해소되지 않았다. 유다지파를 둘러싼 각 지파 간의 내분이 심화되었을 때 베냐민 지파의 한사람이 반기를 들었다. 길갈에 사는 비그리(Bicri)라는 사람의 아들 세바(Sheba)가 갑자기 나타나 나팔을 불고 외쳤다.

"이제 우리가 다윗에게서 얻을 몫도 없고, 이새의 아들에게서 물려받을 유산도 없다. 자! 이스라엘 사람들아, 저마다 각자의 집으로 돌아가자! 다윗왕은 우리의 왕이 아니다!"

북쪽 지방의 이스라엘 열 지파를 선동하여 남쪽 유다지파와 결별하고 자신들만의 결속을 시도했다. 세바가 이렇게 불만을 외치자 그동안 불만을 참고 있던 사람들이 다윗왕을 떠나 세바를 따라 나섰다. 그리고 유다지파에 속한 사람들만은 그대로 남아 다윗왕을 따라 요단강에서 예루살렘까지 다윗왕과 행동을 함께 했다. 압살롬의 반란은 평정되었지만 그동안 각 지파간에 쌓였던 불만이 터져 나오는 등 다윗왕은 새로운 시련에 직면했다. 다윗왕은 우선 등을 돌린 북쪽의 열 지파를 끌어안아야 할 막중한 과제에 직면했다(삼하 20:1-3).

11. 다윗왕의 사생활과 국정

예루살렘에 귀환한 다윗왕은 예루살렘을 비우고 떠날 때 왕궁을 지키기 위해 남겨 두었던 10명의 후궁들을 모두 잡아다 별실에 감금하고, 매일 생활필수품만을 공급해주고 일체 잠자리를 함께 하지 않았다.[20] 그래서 그들은 죽는 날까지 생과부로 살았다. 다윗왕은 예루살렘에 돌아온 즉시 흐트러진 왕권을 확립하기 위해 주변을 정비하기 시작했다. 우선 아마사를 군의 새로운 지휘관으로 임명하여 유다지파의 사람들을 3일 이내로 자기 앞에 대령시키라고 명령했다. 그러나 아마사는 유다지파를 소집하러 떠난 후 3일이 지나도 돌아오지 않았다. 다윗왕은 돌아와야 할 기한이 지나도 돌아오지 않는 아마사를 무시하고 다시 아비새에게 명령했다.

"세바는 압살롬보다 더 위험한 인물이다. 자네는 당장 궁중의 경호원들을 데리고 나가 빨리 세바를 추적해서 제압하라. 그러지 않으면 그놈은 우리가 함부로 칠 수 없는 성안에 들어가 계속 저항할 놈이다."

왕명을 받은 아비새와 요압이 경호병들을 이끌고 세바를 추적하기 시작했다. 기브온에 이르러 큰 바위로 둘러싸인 곳에 이르렀을 때 우연히 아마사와 마주치게 되었다. 아마사는 나름대로 병사들을 모집해서 출전하고 있었다. 마침 군복 차림의 요압은 몰래 칼을 몸에 품고 아마사에게 다가갔다. 아마사는 요압의 음흉한 속셈을 눈치 채지 못했다. 요압이 다가가면서 반갑게 인사를 청했다.

"아마사, 동생 잘 있었나?"

반갑게 입 맞추려는 자세로 다가간 요압이 아마사와 얼굴을 맞대는 순간 오른손으로 아마사의 수염을 잡고 다른 한 손으로 칼을 뽑아 아마사의 배를 찔렀다. 아마사는 비명 소리와 동시에 창자가 밖으로 쏟아져 나와 그 자리에서 비참하게 숨을 거두었다. 아마사가 숨을 거두자 곁에 있던 요압의 부하가 소리쳤다.[21]

---

20) 압살롬이 범한 후궁들이다.
21) 결국 이 사건은 다윗왕이 아마사를 총애하는데 불만을 품은 요압의 시기에서 비롯되었다. 그

"요압과 다윗왕을 지지하는 사람은 모두 이리 와서 요압장군을 따르라."

> ◈ 다윗왕의 인맥
>
> 아마사는 이스마엘 지파의 이드라와 다윗왕의 의붓 누이 아비갈 사이에 태어난 사람이었다. 그러므로 다윗왕의 조카이며 압살롬과는 사촌 간이었다. 그런데 반란을 일으킨 압살롬이 아마사를 군사령관에 임명하여 다윗왕의 군과 대결시켰던 것이다. 당시 다윗왕의 군사령관은 요압장군이었다. 그리고 아마사의 어머니 아비가일은 요압장군의 어머니 스루야의 친동생이었으므로 이들은 이종사촌 간이기도 했다. 그런데 다윗왕의 병사들이 압살롬의 반란군과 맞붙었을 때 다윗왕은 요압장군에게 가능한 압살롬만은 죽이지 말도록 신신 당부했음에도 요압은 그 명령을 어기고 압살롬이 도망치다 나뭇가지에 걸려 꼼짝 못하는 것을 창으로 찔러 죽였던 것이다. 그때부터 다윗왕의 마음에는 압살롬을 살해한 요압장군에게 감정이 좋지 않았던 것이다. 다윗왕은 흐트러진 유다지파의 통합을 시도하기 위해 정책을 수립할 때 요압장군 대신 한때 반역에 가담했던 아마사를 군사령관에 임명하여 유다지파를 한데 묶으려고 시도했던 것이다. 결국 다윗왕은 자기 아들 압살롬을 죽인 요압에 대한 노여움이 사실로 드러났다.

요압이 아마사를 죽이고 그가 거느리던 병사들에게 모두 뒤 따르라고 명령하자 아마사를 따르던 병사들이 요압을 따라 세바를 추적하는데 참가했다(삼하 20:4-13).

12. 분열을 획책하는 세력을 꺾다

한편 세바는 북쪽의 여러 지파가 살고 있는 지역을 순회하면서 다윗왕과의 분열을 획책했다. 그러다가 아벨-벧 마아가(Abel-Beth Maach)에 이르렀을 때 비그리 집안 사람들이 세바를 지지하고 나섰다. 그리하여 세바는 그들을 따라 성안으로 들어갔다.

한편 추격전에 나선 요압은 아마샤를 죽이고, 계속 추격 끝에 세바가 비그리 집

러나 다윗왕은 요압이 저지른 살인사건을 결코 잊지 않았다. 다윗왕은 훗날 죽기 전 솔로몬에게 유언을 할 때 아마사의 죽음을 상기시켰다. 그리하여 솔로몬이 왕위에 오르려 할 때 아도니야가 반기를 들었는데 그 때 요압도 아도니야에게 가담한 혐의로 솔로몬에 의해 죽임을 당했다.

안 사람들과 성에 들어갔다는 말을 듣고 그 성을 완전히 포위한 다음 성벽을 허물기 시작했다. 병사들이 성벽 밑의 흙을 파내는 한편 성벽 앞쪽에 언덕을 쌓아 토성을 만들고 성을 함락시키기 위해 총력전을 폈다. 작전이 한창 진행될 때 성안에 지혜가 있는 한 여걸이 나타났다. 그녀는 용기를 내서 요압 장군을 만나겠다고 소리쳤다.

"내가 요압 장군에게 할 말이 있으니 앞으로 나오라고 하시오."

별안간 성안에서 한 여인이 나타나 요압 장군을 만나게 해달라고 요구하자 요압 장군이 여인에게 다가가자 여인이 말했다.

"당신이 요압 장군이오?"

"그렇소."

"내 말을 좀 들어보세요."

"어디 한 번 들어 볼 테니 말해 보시오."

"예로부터 사람은 해결할 문제를 하나님께 여쭈어 보려면 우선 아벨에게 가보라는 말이 있지 않습니까? 지금 우리는 평화를 사랑하고, 이스라엘을 위해 충성을 다하는 사람들입니다. 그런데 장군께서는 이스라엘의 어미 같은 이 성을 무조건 무너뜨리려 하시니 주님의 소유를 몽땅 집어삼킬 작정입니까?"

여인이 고사(故事)를 들어 목멘 소리로 호소하자 요압이 대답했다.

"천만에, 나는 이 성을 집어 삼키려는 것이 아니요. 에브라임 산악지대에서 이리로 잠입한 비그리의 아들 세바라는 자가 다윗왕에게 반기를 들고 잠입했기 때문이오. 만일 당신들이 그 반역자만 내주면 나는 당장 말없이 물러날 것이오."

"좋습니다. 그렇다면 세바의 머리를 성 밖으로 던지겠습니다"(삼하 20:14-21).

13. 반란자의 목을 자른 여인과 다윗왕의 왕권 재건

요압 장군을 만나고 돌아간 여인은 성안에 사는 주민들을 좋은 말로 설득했다. 그래서 성안의 주민들 스스로 세바의 목을 잘라 성 밖의 요압 장군에게 던져 주었다. 세바의 주검을 확인한 요압 장군은 승리의 긴 나팔을 불고, 성벽을 허물던 병사들을 철수시켰다.

세바의 목을 거둬들임으로써 일단 목적을 달성한 요압 장군은 각처에서 동원한 병사들은 모두 각자의 집으로 돌려보내고 세바의 목을 가지고 예루살렘으로 돌아왔다. 요압 장군은 다시 이스라엘 군사령관에 임명되었고, 여호야다의 아들 브나야(Benaiah)는 다윗왕의 경호대장이 되었고, 아도람(Adoniram)은 사역군(Force Labor)의 총감독이 되었고, 아힐룻(Ahilud)의 아들 여호바밧은 역사관이 되었다. 그리고 스와(Sheva)는 서기관이 되었고, 사독과 아비아달은 계속 제사장이 되었다. 그 외에 야일(Jairite)의 사람 이라(Ira)는 다윗왕의 보좌관이 되었다. 한때 반역무리에 의해 흔들렸던 다윗 왕조는 다시 튼튼해졌다. 다윗 왕조는 다시 그 위용을 드러내기 시작했는데 이때가 기원전 1003년 경이었다(삼하 20:22-26).

14. 다윗왕의 시련과 후속 조치

다윗왕은 예루살렘에 환도한 한 후 우여곡절이 많았다. 그 중에 두드러진 사건이 두 번 있었는데 하나는 3년 동안 가뭄이 들어 이스라엘 전역에 흉년이 들었다. 가뭄이 계속 되자 다윗왕이 비를 내려 달라고 기도하자 주님께서 가뭄이 든 이유를 계시하셨다.

"이 흉년은 사울왕과 그 집안 사람들이 기브온 사람들을 죽인 탓으로 그 피가 그의 집안에 머물러 있다."

가뭄의 원인이 지난날 사울왕의 살인 사건 때문이라고 하자 다윗왕은 그 사실 여부를 조사하여 그 내용을 밝혔다(삼하 21:1-3).

15. 기브온 사람들의 원한을 풀어 주다

오래 전 모세의 후계자 여호수아가 가나안의 여러 도성을 정복할 때 기브온(Gibeon)사람들은 이스라엘과 서로 싸우지 않겠다고 우호조약을 체결한 바 있었다. 기브온 사람들은 본래 이스라엘 백성이 아니라 아모리 족의 잔류 부족이었다. 그런데 훗날 사울왕이 왕위에 오른 후 민족 감정에 사로잡혀 지난날 여호수아가 기브온 사람들과 맺은 약속을 깨고 그들을 마구 죽였다. 그 때 사울왕이 저지른 벌을 완전히 치를 때까지 이스라엘 전역에 흉년이 들 것이라고 했다. 가뭄이 든 이유를 확인한 다윗왕은 기브온 사람들의 억울한 호소를 들어주기로 결정하고 기브온 사람들의 대표를 불러들여 화해의 조건을 물었다.

"내가 당신들의 억울한 사정을 확인했소. 그러니 내가 어떻게 해야 당신들의 억울한 한을 풀어 줄 수 있겠소?"

기브온 대표가 그 동안의 한을 털어놓았다.

"사울왕의 집안과 우리 기브온 사람들 간의 일은 금이나 은, 혹은 그 어떤 물질적인 것으로는 우리의 아픈 마음을 해결할 수 없습니다. 그렇다고 우리가 이스라엘 사람을 한 명이라도 죽이도록 넘겨 달라고 할 수도 없는 일입니다. 사울왕은 이스라엘 땅에 사는 우리를 한 명도 남겨 두지 않고 모두 죽이려 했다."

모든 얘기를 듣고 난 다윗왕이 다시 물었다.

"그래서 내가 당신들에게 무엇을 해주어야 하겠는지 말해 보시오."

재차 조건을 대라고 하자 그들은 이렇게 요구했다.

"우리를 멸종시키고, 이스라엘 영토에 한 발도 못 들어오게 하려던 사람들이 있었습니다. 그의 후손 중 일곱 사람만 넘겨주십시오. 그러면 우리는 그들을 기브온에 있는 주님의 산에 끌어다 주님 앞에서 그들을 제물로 매달겠습니다. 그러면 우리의 마음이 풀리겠습니다."

지난 날 사울왕의 피붙이를 넘겨 달라고 하니 다윗 왕으로서는 기가 찬 요구였다. 하지만 별 다른 도리가 없었다.

"좋다. 내가 너희들이 원하는 대로 일곱 명을 넘겨주겠다."

다윗왕이 즉시 사울왕의 후손들 중에 대속 죄인이 될 사람을 선별했다. 우선 다윗왕의 친구였던 요나단의 아들 므비보셋의 자손은 빼고, 사울왕의 또 다른 두 아들의 자손과 사울왕의 후처 리스바(Rizpah)가 낳은 딸 알모니(Armoi)의 자손과 또 다른 딸 메랍과 결혼한 므비보셋(Mephibosheth)의 손자 5명 등 7명을 얽어 기브온 사람들에게 넘겨주었다. 기브온 사람들은 추수할 때 다윗 왕으로부터 7명의 대속인을 넘겨받았다. 기브온 사람들은 7명을 주님의 산에 끌어다 한꺼번에 나무에 매달아 죽였다. 두 아들이 한꺼번에 참혹하게 죽어 가는 광경을 지켜본 리스바는 굵은 삼베로 만든 상복을 가져다 바위 위에 펼쳐 놓고 추수가 끝날 때까지 시신 곁에서 주야로 들짐승이 시신을 뜯어먹지 못하도록 밤낮으로 지켰다. 그녀는 가뭄이 든 땅에서 빗방울이 내릴 때까지 꼼짝하지 않고 하늘을 우러러 보았다. 낮에는 독수리가 내려앉는 것을 막았고, 밤에는 맹수가 달려들지 못하게 지켰다. 리스바의 갸륵한 모성애를 전해들은 다윗왕은 큰 감명을 받았다. 다윗왕은 리스바의 아름다운 마음씨를 높이 치하하는 한편 대속물이 된 7명의 시신과 오래 전에 전사한 사울왕과 요나단의 유골을 거둬 셀라(Zela)의 집안사람들이 묻혀있는 무덤에 장사지내 주었다(삼하 21:3-14).

16. 다윗왕의 인구조사와 흑사병

그 다음 또 다른 재앙이 있었는데 그것은 다윗왕으로 인한 재앙이었다. 다윗왕은 왕위에 오른 후 싸움에 임할 수 있는 남자의 수를 확인하기 위해 인구 조사를 실시한 적이 있었다. 다윗왕이 요압 장군에게 "단에서부터 브엘사바에 이르기까지 전 부족의 병적(兵籍)을 조사해 오시오. 민병대가 얼마나 되는지 확인해야 되겠소." 하고 명령했다. 그러나 요압장군이 인구조사의 부당함을 지적하며 반대했다.

"주 하나님께서 이 백성의 수를 지금보다 백 배나 더 많게 하시고, 또 왕께서 그 날까지 사시기 바랍니다. 그런데 왕은 어째서 이런 일을 하시려고 합니까?"

그러나 다윗왕의 결정을 번복시키지 못했다. 결국 요압 장군은 다윗왕의 명령에 따라 9개월 20일에 걸쳐 전국의 인구조사를 실시했다. 조사 결과 전쟁에 나가 싸울 수 있는 이스라엘 청년이 80만 명이었고, 유다 지파가 50만 명이었다. 요압장군이 조사결과를 보고하자 갑자기 이스라엘 전역에 무서운 전염병이 번졌다. 그제서야 다윗왕은 인구 조사가 잘못이었음을 깨달았다. 비록 백성들이 다윗왕에게 복종했지만 백성 자체는 국왕의 소유가 아니었다. 이스라엘 백성은 일찍이 모세가 하나님과 계약을 체결한 하나님의 선민으로 백성들은 모두 하나님의 소유였다. 그럼에도 다윗왕이 전쟁에 써먹으려고 백성의 수효를 함부로 헤아려, 왕권 수호의 수단으로 삼는 것은 하나님의 권위를 범한 짓이었다. 뒤늦게 잘못을 깨달은 다윗왕이 주님께 기도했다.

"주 하나님이시어! 내가 큰 죄를 범했습니다. 용서해 주소서. 내가 미련한 짓을 했습니다."

다윗왕이 밤을 지새우며 눈물로 부르짖었다. 자신의 잘못을 뉘우친 다윗왕은 지난 날 자신이 사울왕에게 쫓겨 다니던 시절부터 이바지해 온 가드 예언자를 불러들여 어떻게 해야 이 사태를 수습할 수 있는지 의논했다. 그러자 가드 예언자는 주님의 뜻을 다음과 같이 말했다.

"하나님께서 말씀하시길 다음 세 가지 재앙을 내리겠으니 그 중에 하나만 선택하라고 하셨습니다. 앞으로 이스라엘에 7년 간 흉년이 드는 것을 택하던가, 아니면 국왕 자신이 적군의 추격을 받아 3개월 동안 쫓겨 다니던가, 또는 이스라엘 전역에 흑사병이 3일간에 걸쳐 창궐하는 전염병을 택하던가, 이 세 가지 중 한 가지를 스스로 택하라고 분부하셨습니다. 잘 생각해서 결정하십시오."

가드 예언자가 하나님의 뜻을 전하자 다윗왕이 고심 끝에 대답했다.

"내 입장이 정말 난처하게 되었소. 나는 내 죄로 인해 백성들이 벌을 받게 할 수는 없소. 그러니 자비로우신 주님께서 직접 어떤 벌이던 주님의 손에 당하는 벌이 낫겠으니 주님 마음대로 내리라고 하십시오."

다윗왕의 말이 떨어지자 그날 아침부터 이스라엘 전역에 무서운 흑사병이 번졌다. 빠른 속도로 번지기 시작한 전염병은 이스라엘 전역에서 사람과 가축이 죽어갔다. 다윗왕은 자기의 잘못으로 죄 없는 사람들이 무려 7만 명이나 죽어가자 하나님께 용서를 빌었다.

"하나님, 죄를 진 것은 바로 저입니다. 당신의 백성들에게는 죄가 없습니다. 저의 집안에는 엄한 벌을 내려 주시고 백성들은 용서해 주십시오."(삼하 24:1-17).

17. 허물을 스스로 뒤집어 쓴 다윗왕

잘못을 뉘우친 다윗왕이 벌을 자청하자 하나님께서 예언자 가드를 통해 이르셨다.

"아라우나(Arauna)를 찾아가 그의 타작마당을 사들여 그 마당에 제단을 쌓고 제사를 드려라."

다윗왕은 가드 예언자가 전하는 하나님의 뜻에 따라 아라우나를 찾아가 딱한 사정을 말했다.

"너의 타작마당을 내가 사서 하나님께 단을 쌓고 제사 드려야 하겠다. 그래야만 지금 이 백성이 당하는 재앙을 그치게 할 수 있다."

아라우나가 쾌히 승낙했다.

"왕께서 원하시는 것은 무엇이든지 사용하십시오. 여기에 불로 태워 바치는 번제물이 될 소가 있고, 또 제물을 태울 땔감으로 타작하는 기구와 소의 멍에가 있습니다. 제가 제물을 모두 드리겠습니다. 아무쪼록 왕께서 드리는 제사를 주 하나님께서 기쁘게 받으시기를 원합니다."

그러나 다윗왕은 아라우나의 무상제의를 거절했다.

"아니다. 내가 그것을 거저 갖지 않고 돈을 주고 사겠다. 나는 아무 대가도 치르지 않은 번제를 주님께 드리고 싶지 않다."

다윗왕이 주인 아우라나에게 타작마당과 소의 값을 치르고 제단을 쌓고 번제와 화목제를 드렸다. 다윗왕이 주님의 분부대로 순종하자 이스라엘 전역에 창궐했던 전염병이 말끔히 가셨다. 이 사건을 통해 다윗왕은 하나님과의 관계가 새로 정립되었다. 훗날 여러 차례 반란자들의 암살 시도가 있었지만 그 때마다 하나님의 보살핌으로 위기를 무사히 모면했다(삼하 24:18-25).

18. 다윗왕의 정치력

다윗왕은 세력을 확대시키기 위해 정치적으로 세심한 배려를 했다. 그는 여러 명의 아내가 있었는데 그들까지도 정략적으로 맞았다. 예를 들면 사울왕 왕조의 협조를 얻기 위해 사울왕의 딸 미갈이 이미 남의 아내가 되어 있었지만, 아브넬이 항복을 해오자 미갈을 되돌려 오라는 조건을 달았던 것이다.

"내 아내 미갈을 나에게 돌려주시오. 내가 그녀와 결혼하기 위해서 블레셋 사람의 포피 100개를 바쳤소."

미갈은 이미 발디엘의 아내가 되어 있는 것을 아브넬이 강제로 빼앗아 다윗왕에게 데려 왔다. 그러나 다윗왕은 남편의 도리를 다하지 않았다. 그 이유는 다윗왕이 법궤를 예루살렘으로 옮길 때 법복을 벗고 춤을 추었는데 그 때 미갈이 창밖을 내다보다가 다윗왕이 주님 앞에서 뛰고 춤추는 것을 보고 속으로 업신여겼는데 그것이 원인이 되어 잠자리를 함께 하지 않았다. 그리고 사울왕의 아들 이스보셋의 목을 잘라 충성을 다한 군인을 살인범으로 처형한 점이라던가 사울왕의 손자이며 요나단의 아들인 므비보셋이 절름발이였는데 그를 양자처럼 왕궁에 데리고 산 것은 사울왕조를 지지하는 베냐민 지파를 위한 배려였다. 그리고 유다의 호족인 나발의 부인(아비아달)을 아내로 맞아들인 것 역시 정치적 계산이었다. 그리고 우리아 장군을 전선에 내몰아 죽이고 그의 아내 밧세바를 취한 것 역시 일시적 유혹이 아니라 자신의 세력을 확장하기 위한 정략적 계략이었다. 나단 예언자의 충고를 받고도 굳이 밧세바를 아내로 맞은 것은 예루살렘의 귀족들(밧세바는 귀족이었음)의 집안을 끌어 들여 세력을 신장하는데 더 목적이 있었던 것이다. 다윗왕은 전술에 능한 명장이면서 정치적 야심이 넘치는 인물이었다. 다윗왕은 이스라엘을 위대한 국가를 이룩한 전성기에 한편의 시를 읊었다.

◈ 다윗왕의 치적

다윗왕은 사울왕의 학정으로 사분오열된 이스라엘의 12지파를 하나로 통합시키고 국토를 신장했다. 이집트에서 그리스에 이르기까지 이스라엘 역사상 전무후무할 만큼 국토를 넓혔다. 다윗은 이스라엘 역사상 가장 위대한 국왕으로 이스라엘을 강력한 국가를 이룩함으로 히브리 백성들의 가능성을 입증함과 동시에 백성들로부터 깊이 존경받았다.

다윗왕은 이스라엘 영토 내에 산재해 있는 일련의 가나안 도시들을 중앙 집권 하에 병합시키는 행정체계를 갖추었다. 그리고 조바(Zobah)의 왕 하닷에셀(Hadadezer)과, 가나안에서 가장 강력했던 아람 왕, 모압, 에돔, 암몬을 굴복시키는 등 승리를 통해 이스라엘로 하여금 중 근동에서 강력한 세력을 가진 나라를 이룩했다. 에돔을 병합한 다윗왕은 그곳에 지방 관리를 두어 지배했다. 그러나 암몬만은 별개의 나라로 남겨 두었다. 이스라엘은 지리적으로 남쪽은 아가바 만에서부터 북쪽으로 홈스(Homs)지역에 이르기까지, 유프라테스 강에서부터 블레셋 땅과 이집트의 국경에 이르기까지 광대한 지역을 차지했다.

그러나 다윗왕은 전 생애를 통해 이룩하지 못한 것이 하나 있었는데 그것은 하나님의 법궤를 모시기 위한 성전이었다. 하나님은 다윗왕이 원하는 것은 모두 허락했지만 성전 건축만은 허락하지 않았다. 그 이유는 간단했다. 다윗왕은 일생 동안 전쟁을 치르느라고 피에 젖은 그의 손으로 하나님의 거룩한 성전을 이룩하는 것은 원치 않으셨던 것이다

19. 다윗왕의 승전가

주 하나님께서 다윗을 그의 모든 원수들과 사울의 손아귀에서 건져주신 날, 다윗은 이 노래로 주님께 아뢰었다.

찬양받으실 주님을 불렀을 때
나는 원수들에게서 구원 되었네
죽음의 파도가 나를 둘러싸고

멸망의 급류가 나를 둘러싸고

멸망의 급류가 나를 들이쳤으며

저승의 오랏줄이 나를 휘감고

죽음의 올가미가 나를 덮쳤네.

이 곤경 중에 내가 주님을 부르고

내 하나님을 불렀더니

당신 궁전에서 내 목소리 들으셨네.

내 부르짖음 그분 귀에 다다랐네.

이에 땅이 흔들리며 떨고

하늘의 기초도 뒤틀리며 흔들렸으니

그분께서 진노하신 까닭이네.

그분 코에서는 연기가 오르고

입에서는 삼킬 듯 불길이 치솟았으며

그분에게서 숯불이 타올랐네.

그분께서 하늘을 기울여 내려오시니

먹구름이 그분 발밑을 뒤덮었네.

그룹 위에 올라 날아가시고

바람 날개 타고 나타나셨네.

어둠을 당신 주위에 둘러치시고

시커먼 비구름과 짙은 구름을 덮개로 삼으셨네.

그분 앞의 빛에서 뿜어 나오는 것

불타는 숯덩이들이었네.

주님께서 하늘에 우레 소리 내시고

지극히 높으신 분께서 당신 소리 울려 퍼지게 하셨네

화살들을 쏘시어 그들을 흩으시고

번개로 그들을 어쩔 줄 모르게 하셨네.

바다의 밑바닥이 보이고

땅의 기초가 드러났네.

주님의 질타로,

그분 노호의 숨결로 그리 되었네

그분께서 높은 데에서 손을 뻗쳐 나를 붙잡으시고

깊은 물에서 나를 끌어내셨네

…중략…〈삼하 22 1-17〉.

20. 다윗왕의 마지막 말
이것은 다윗의 마지막 말이다.

이새의 아들 다윗의 신탁이며

높이 일으켜 세워진 사람의 말이다.

그는 야곱의 하나님의 기름부음 받은 이며

이스라엘의 노래들을 지은 이다.

주님의 영이 나를 통하여 말씀하시니

그분의 말씀이 내 혀에 담겨 있다.

이스라엘의 하나님께서 말씀하셨으며

이스라엘의 반석께서 나에게 이르셨다.

"사람을 정의롭게 다스리고

하나님을 경외하며 다스리는 이는

구름 끼지 않은 아침,

해가 떠오르는 그 아침의 햇살 같고

비 온 뒤의 찬란함, 땅에서 돋아나는 새싹과 같다"

나의 집안이 하나님 앞에서 그와 같지 않은가!

그분께서는 나와 영원한 계약을 맺으시어

모든 것을 갖추어 주시고 굳건히 하셨다.

그분께서는 나의 구원과 소망을 모두 이루어 주시지 않는가!

그러나 무뢰한들은 모두 버려진 가시덤불 같다.

아무도 그들을 손으로 쥘 수 없지 않은가!

그들을 만지려는 사람은 쇠막대나 창 자루를 마련해야 한다

그러니 그들은 그 자리에서 불타 없어지리라(삼하 23:1-7).

21. 다윗왕의 생애

    다윗왕은 이스라엘 12지파 중에 유다 지파의 후손으로 가난한 이새의 여덟 형제 중 막내아들로 베들레헴에서 태어난 양치기 목동이었다.[22] 어려서부터 시를

---

22) 이스라엘에서 목동은 아주 천한 직종이었다.

잘 짓고, 수금 연주를 잘하고, 노래를 즐겨 부르는 등 다재다능한 인물이었다. 본래 심성이 바른 다윗왕은 하나님의 보살핌으로 왕위에 올라 40년간 위대한 업적을 이룩했다. 그의 통치 기간에 블레셋을 비롯해 에돔, 모압, 암몬, 아람(시리아) 등 변방의 여러 부족을 모두 속국으로 만들어 이스라엘을 위대한 통일 국가를 이룩했다. 사실상 다윗왕의 치적은 그의 뛰어난 전술만으로 이룩된 것은 아니었다. 비록 하나님의 뜻을 거역하는 실수를 범할 때가 많았지만, 그의 겸허한 자세를 가상히 여긴 하나님이 함께 하심으로 큰 업적을 이룰 수 있었다. 그러나 다윗왕은 국위를 선양하고 국력을 신장하는 등 큰 업적을 남겼지만 자신의 자손들은 제대로 키우지 못했다. 큰아들 암논은 이복 여동생을 겁탈하고, 그의 이복동생 압살롬에 의해 살해되고, 압살롬은 반란을 일으켜 요압장군에게 전사당했다. 피로 물든 자손들 중에 다윗왕의 뒤를 이을 왕자는 사실상 마땅치 않았다.

다윗은 왕위에 오른 지 40년이 지나 자신의 시대의 종말이 임박했음을 느낀 다윗은 솔로몬 왕자에게 주 하나님께 순종할 것과, 살인을 삼가할 것과, 자신을 저주한 시므이(Shimei)에게 복수할 것과 오랜 친구 바실레(Barzillai)의 가족을 충실히 돌보아 달라고 당부하고 저물어 가는 자신의 생애를 정리하기 시작했다. 용감하고 판단력이 뛰어난 다윗왕은 신앙심이 충만했다. 하나님의 법궤를 보전하고, 제사장 제도와 레위 지파에 대한 종교적 임무를 총괄적으로 설정함으로써 모세의 종교적 이념을 뒷받침했다. 다윗왕은 시편 78편을 통해 자신의 통치 이념을 밝혔다.

22. 다윗왕의 통치 이념의 시

내 백성들아,
나의 가르침을 듣고 내가 하는 말에 귀를 기울여라.
내가 비유를 들어 옛날부터 감추어진 것을 말하겠다.

이것은 우리가 이미 들어서 알고 있는 것이며
우리 조상들이 우리에게 전해 준 것이다.
우리는 이것을 우리 자녀들에게 숨기지 말고
주님의 위대하신 행위와 그의 능력과
그가 행하신 그가 행하신 놀라운 일을
다음 세대에 전해야 할 것이다.
주님께서 이스라엘에게 율법을 주시고
우리 조상들에게 명령하셔서 그것을 그 자녀들에게
치르도록 하셨으며 그들도 역시 자기 자녀들에게
그것을 가르치게 하여 대대로 그 율법을 전함으로서
그들이 하나님을 신뢰하고 그가 행하신 일을 잊지 않으며
항상 그의 명령을 지키도록 하셨다.
이제 그들은 완고하고 거역하며 하나님을 신뢰하지 못하고
그에게 성실하지 못한 자기들의 조상들처럼 되지 않을 것이다.
에브라임 자손들은 활로 무장했으나 전쟁이 일어나자 달아나고 말았다.
그들이 하나님과 맺은 계약을 지키지 않고 그의 율법대로 살기를 거절하며
주님께서 행하신 일과 그가 보신 기적을 잊었다.
하나님이 이집트의 소안들에서 그들의 조상들이 지켜보는 가운데
기적을 행하셨으니 그가 바다를 갈라 물을 벽처럼 서게 하여
그들이 지나가게 하셨으며 낮에는 구름으로, 밤에는 불빛으로
그들을 인도하시고 광야에서 바위를 쪼개셔서 그들이 흡족하게
마실 물을 주셨으며 또 바위에서 시내가 생기게 하여
물이 강처럼 흐르게 하셨다.
그러나 그들은 계속 하나님께 범죄하고 광야에서 가장 높으신
분을 거역하였다. 그들이 자기들의 욕심대로 먹을 것을 요구하며
고의적으로 하나님을 시험하였으며 또 그들이 하나님을 대적하여
"하나님이 광야에서 음식을 제공할 수 있을까?

그가 바위를 쳐서 물이 솟아나게 하여 시내처럼 흐르게
빵과 고기까지도 주실 수 있을까?" 하였다(시 78편).

제4장 지혜와 영화, 사치와 방종의 솔로몬 이야기

1. 저무는 다윗왕조의 전성기

어느덧 세월이 흘러 다윗왕의 시대가 저물었다. 노쇠한 다윗왕의 몸은 아무리 아름다운 여인(아비삭)과 두꺼운 이불을 덮고 잠자리에 들어도 몸은 덥지 않았다. 다윗왕의 시대가 저물면서 왕실의 분위기는 어수선했다. 시도 때도 없이 왕실 주위에는 많은 사람들이 몰려와 노쇠한 영웅의 동정을 살피는 무리들이 연이어 일어났다. 어떤 사람은 무릎을 꿇고 다윗왕에게 경외(敬畏)를 표했고, 어떤 사람은 노쇠한 영웅의 건재를 빌었다.

돌이켜 보면 다윗왕은 재위 40년 동안 전쟁을 치르지 않는 날이 하루도 없었다. 그러나 그의 뛰어난 전술은 한번도 패한 적이 없었다. 기원전 1010년 왕위에 올라 기원전 971년까지 40년 동안에 다윗은 이스라엘 역사상 전무후무한 치적을 쌓았다. 처음의 통치 영역은 가나안 중에 유다지파에 속하는 헤브론 지방에만 국한되었다. 그러나 날이 갈수록 폭 넓게 확장된 다윗왕의 영토는 나일 강에서 유프라테스 강에 이르기까지 광활한 지역을 합병시킴로서 중동에서 가장 큰 제국을 이룩했다. 그러나 다윗은 전술에 능하고 정치적 수완이 뛰어난 영웅이었지만 다윗 역시 인간인지라 어느덧 나이가 들어 노쇠한 몸을 침대에 의지한 채 하루하루 힘겹게 살아가고 있었다.

2. 왕위 계승을 위한 다툼

한편 다윗왕은 여러 명의 아들이 있었지만 후계자를 제대로 키우지 못했다. 그래서 그의 병상 밖에서는 눈에 안 보이는 왕위 쟁탈전이 치열하게 전개되었다. 다윗왕에게는 무려 17명의 아들이 있었는데 그 중에 학깃(Haggith)이 낳은 세 번째 아들 아도니야(Adoniah)가 왕위를 계승하기 위해 적극적으로 나섰다. 그는 다윗왕의 오랜 심복이며 군의 지휘권을 장악한 요압 장군과 아비아달(Abiathar)제사장을 자기 편에 끌어들인 다음 왕권 장악을 위한 선무(宣撫) 공작을 폈다. 아도니야는 본래 장남이 아니었다. 본래 맏아들은 암논이었으나 그는 이복 여동생(다말)을 겁탈하고 또 다른 이복동생 압살롬에 의해 살해되었다. 그리고 다윗왕의 사랑을 독차지한 압살롬은 반란을 일으켰다 요압장군에 의해 죽었기 때문에 아도니야가 사실상의 다윗의 장남이 되었다. 그는 특별한 경우가 발생하지 않는 한 다윗의 왕위를 계승할 것으로 알려졌다.

그러나 왕실에서 오랫동안 다윗왕의 동태를 지켜본 신하들의 견해는 그렇지 않았다. 다윗왕은 평소에 세자 책봉에 관해서는 단 한 번도 내색한 적이 없었다. 뿐만 아니라 아도니야는 다윗왕의 아들 형제들 중에 나이가 제일 많은 조건이 다른 왕자들보다 유리할 뿐 왕위를 계승하기에는 너무 버릇이 없었다. 그럼에도 그는 왕실 분위기와 상관없이 아비아달 제사장과 요압 장군을 앞세워 각 지방을 순회하면서 "내가 장남이고 힘이 세다는 것은 여러분이 다 아는 사실이다. 나는 훌륭한 왕이 될 수 있다"고 간주하고 전국에 왕권을 홍보하기에 열을 올렸다.

그러나 왕실에서 볼 때 아도니야의 왕위 계승 공작은 지나쳤다. 그의 활동은 보기에 따라서는 다윗왕에 대한 도전이었다. 왜냐하면, 아직 다윗왕이 살아 있는 상황에서 왕권을 선점하기 위해 병거(兵車)를 몰고 각 지방의 여러 지파들을 찾아다니며 마치 자기가 왕위를 차지한양 선무공작을 지나치게 하는 것은 아직 살아있는 다윗왕에 대한 반역이었다. 아도니야의 반대세력이 볼 때 그의 선무공작은 다윗왕의 비위를 거스르는 일이었고, 왕실의 친위 세력이 볼 때 아도니야의 공작은 아버지의 눈 밖에 날 수밖에 없었다. 특히 다윗이 경원하는 요압장군과의 합세는 큰 실수였다. 그러나 아도니야는 왕실 분위기를 고려하지 않고 계속 각지를 순회하면서 많은 사람들을 모아 놓고 "아도니야 국왕 만세!"의 구호를 외치도록 선동하는 한편 국왕 대관식에 초청장까지 발부했다. 심지어 엔-로겔(En-Rogel)에서는 스스로 왕위를 선언하는 등 경망한 행동을 서슴지 않았다(왕상 1:5-8).

3. 아도니야와 솔로몬의 왕권 다툼

아도니야가 왕위 계승을 홍보하기 위해 각 지방을 순회할 때 왕실 내에서 다윗왕의 동태를 조심스럽게 주시하는 사람들이 있었다. 그들 중의 한 명이 바로 솔로몬의 어머니 밧세바였다. 밧세바 외에도 나단 예언자와 시위대장 브나야(Benaiah)와 사독제사장이 다윗왕의 태도를 주시했다. 그러던 어느 날 아도니야의 활동을 지켜보던 나단 예언자가 밧세바를 찾아가 말했다.

"학깃의 아들 아도니야가 왕이 되었다는 말을 듣지 못했습니까? 폐하께서는 이 사실을 모르고 있습니다. 당신의 아들 솔로몬의 생명을 구하고 싶으면 내 말대로 하십시오. 당신은 지금 당장 폐하에게 찾아가서 '대왕이시여, 폐하께서는 전에 내 아들 솔로몬을 왕위에 앉히시겠다고 저에게 이미 약속하지 않으셨습니까? 그런데 어째서 아도니야를 왕위에 앉히려 하십니까?' 하고 물어 보십시오. 당신이 그렇게 말하면 나도 들어가서 당신이 한 말을 뒷받침하겠습니다."

밧세바가 나단 예언자의 말대로 다윗왕의 침실을 찾아갔다. 노쇠한 다윗왕은 주야로 수넴 여인 아비삭의 시중을 받고 있었다. 밧세바가 머리를 굽혀 인사한 다음 우회적으로 말했다.

"대왕이시여, 저는 이제 폐하의 곁을 떠나야 합니다. 하지만 그것은 그렇게 중요하지 않습니다."

밧세바가 섭섭한 감정을 내비치자 다윗왕이 "무슨 일이오?" 하고 다그쳤다. 밧세바가 마음을 가다듬어 조용히 대답했다.

"대왕이시여, 폐하께서는 이미 오래전에 이스라엘의 다음 왕위를 솔로몬에게 물려주시겠다고 말씀하시지 않았습니까? 그런데 이미 아도니야가 폐하의 뜻을 거역하고 새 왕이 되었습니다. 그 점을 폐하께서는 왜, 모르는양 내버려두십니까? 아도니야가 지금 소와 양과 살진 짐승을 잡고 왕자들과 아비아달 제사장과 요압 장군을 잔치에 초대하였습니다. 그러나 폐하의 아들 솔로몬은 초대하지 않았습니다. 대왕이시어, 지금 이스라엘 백성들은 누가 왕위를 계승할 것인지, 폐하께서 말씀해 주시기를 기다리고 있습니다. 만일 폐하께서 아무 조치도 취하지 않으시면 나와 내 아들(솔로몬)은 폐하께서 돌아가시는 즉시 죄인 취급을 받게 될 것입니다."

심각한 표정으로 왕실 밖의 상황을 자세히 보고했다.

4. 나단과 밧세바의 계책

다윗왕에게는 여러 명의 아내가 있었지만 그 중 밧세바를 가장 사랑했다. 다윗왕은 밧세바를 사랑하는 것만큼 그의 말을 좋게 받아들였다. 밧세바가 다윗왕 앞에서 후계 문제를 거론하고 있을 때 나단(Nathan) 예언자가 문밖에 찾아왔다. 나단 예언자 역시 오랫동안 다윗왕을 보필해 온 측근 중의 한 명이었다. 밧세바가 자리를 뜬 후 신하들이 다윗왕에게 "나단 예언자가 폐하를 뵈려고 왔다."고 전했다. 다윗왕의 허락으로 왕실에 들어선 나단 예언자가 허리를 굽혀 문안 인사를 한 다음 솔로몬이 왕위를 계승해야 한다고 밧세바와 똑같은 내용을 말했다.[23]

"왕이시여, 폐하께서 아도니야에게 왕위 계승을 허락하셨습니까? 백성들이 지금 아도니야를 이스라엘의 국왕이라고 '아도니야 왕 만세!' 를 외치고 있습니다. 그냥 내버려두면 그가 자동적으로 국왕이 되겠습니다." 하고 서두를 말한 다음 "아도니야가 소와 송아지와 양을 잡아 놓고 제사까지 드렸습니다. 그는 다른 왕자들과 요

---

23) 다윗왕을 둘러싼 경쟁에서 밧세바와 나단의 건의는 사실상 궁중 음모의 일환이었다.

압 사령관과 아비아달(Abiathar)제사장까지 초청해서 잔치를 베풀었습니다. 사람들은 아도니야 앞에서 먹고 마신 다음 '아도니야 임금님 만세'를 외칩니다. 그러나 그는 나와 사독 제사장과 브나야와 솔로몬은 초대하지 않았습니다. 폐하께서 아도니야에게 왕위 계승을 위한 잔치를 허락하셨습니까? 폐하께서는 아직까지 어느 왕자가 왕위를 계승할 것인지 우리에게 아무 말씀도 하시지 않으셨습니다."

나단이 밖에서 벌어지는 심상치 않은 사태를 보고했다. 심각하게 듣고 있던 다윗왕이 자리에서 벌떡 일어났다. 순간 노쇠한 다윗왕의 눈에 광채가 서렸다.

"밧세바를 얼른 들라 하라."

밧세바가 대령하자 다윗왕이 지엄한 어조로 말했다.

"나는 전에 이스라엘의 하나님 앞에서 당신의 아들 솔로몬에게 왕위를 계승시켜 주겠다고 약속한 바 있소. 나를 위험에서 구해주신 살아계신 주님의 이름으로 분명히 말하지만 내가 오늘 그 약속을 이행하겠소."

다윗왕이 솔로몬에게 왕위 계승을 선언하자 밧세바가 허리를 굽혀 "대왕이시여, 오래오래 사소서" 하고 감격의 눈물을 지으며 물러 나왔다(왕상 1:9-32).

5. 다윗이 솔로문의 손을 들어주다

다윗왕은 즉석에서 사독제사장과 나단 예언자와 여호야다 예언자의 아들 브나야(Benaniah)등 3명의 충직한 참모들을 불러들인 다음 전격적으로 솔로몬을 후계자로 지명했다.

"당신들은 내 경호원들과 함께 내 아들 솔로몬을 내 노새에 태워 기혼으로 내려가라. 거기에 가서 사독 제사장과 나단 예언자는 솔로몬에게 기름을 부어 그를 이스라엘의 2대왕으로 세워라. 그리고 그 자리에서 나팔을 불고 '솔로몬 왕 만세!'를 외쳐라. 그런 다음 솔로몬을 다시 이리로 데리고 와서 내 왕좌에 앉히고, 나 대신 이스라엘을 다스리도록 하라."

다윗왕의 명령이 떨어지자 여호야다의 아들 브나야가 감격하여 화답했다.

"정말 좋은 생각이십니다. 하나님께서도 폐하의 말씀을 지지하실 겁니다. 주님께서 폐하와 함께 하셨던 것처럼 솔로몬에게도 함께 하셔서 대왕보다 위대한 이스라엘의 통치자가 되게 하시기를 바랍니다."

브나야는 즉시 사독과 나단과 함께 다윗왕을 치하한 다음 궁중 경호대의 호위를 받으며 솔로몬을 말에 태워 기혼24)으로 내려갔다(왕상 1:33-38).

6. 솔로몬이 다윗의 명령으로 왕위에 오르다

기혼에 도착한 사독 제사장은 성막에서 기름을 가져다가 솔로몬의 머리에 붓고 힘차게 나팔을 불었다. 그러자 긴 나팔 소리가 사방으로 널리 울려 퍼지고, 그 자리에 모인 사람들이 "솔로몬 왕 만세!"를 외쳤다. 마침내 이스라엘의 새 왕을 옹립한 세 사람은 다시 솔로몬과 함께 예루살렘으로 돌아오자 모든 사람들이 피리를 불고 춤을 추는 등 땅이 꺼지도록 큰 소리로 축제를 베풀었다.

한편 다른 곳에 떨어져있던 요압 장군이 나팔 소리를 듣고 "이게 무슨 일이냐? 어째서 성안이 이렇게 소란스러우냐?" 하고 물었다. 요압 장군의 말이 미처 끝맺기도 전에 아비아달 제사장의 아들 요나단이 달려왔다. 곁에 있던 아도니야가 성급하게 물었다.

"어서 오게. 자네는 좋은 사람이니 좋은 소식을 가져 왔겠지?"

아도니야와 요압 장군이 숨을 몰아쉬며 다급하게 묻자 요나단이 난처한 표정으로 대답했다.

"아닙니다. 다윗왕께서 솔로몬을 새 왕을 삼으셨습니다. 이미 폐하께서 궁중 경호병들의 호위 하에 솔로몬을 제사장 사독과 예언자 나단과 여호야다의 아들 브나

---

24) 기혼은 훗날 히스기야왕이 앗시리아 군의 포위를 대비하여 샘물을 실로암으로 끌어들인 곳이다.

야와 함께 기혼으로 보내셨습니다. 그들은 왕이 타는 말에 솔로몬을 태우고 기혼으로 가서 사독과 나단이 솔로몬에게 기름을 부어 새 왕을 삼았습니다. 그런 다음 그들은 다시 예루살렘 도성으로 돌아오자 기쁨에 겨워 온 도성이 축제 분위기에 들떠 있습니다. 지금 들리는 저 요란한 소리는 바로 그 축제의 나팔소리입니다. 솔로몬이 폐하께서 내준 왕좌에 오르자 신하들이 몰려와 '하나님께서 솔로몬을 위대한 통치자가 되시기를 바랍니다.' 하고 한껏 치하했습니다. 그러자 다윗왕께서는 침대에서 몸을 굽혀 이렇게 기도했습니다. '이스라엘의 주 하나님을 찬양합니다. 주님께서 내 아들 중에 하나를 택하셔서 왕위에 앉히시고 내 생전에 그것을 보게 하셨습니다.' 하고 기도했습니다.(왕상 1:39-45)"

요나단이 보고 들은 바를 사실대로 전했다.

7. 영특한 솔로몬의 희망 '지혜'

아도니야 편에서 활동하던 사람들은 요나단의 보고에 너무 놀라 허겁지겁 사방으로 흩어졌다. 아도니야는 너무 기가 막혀 울부짖었다.

"절대로 그럴 수는 없다. 솔로몬이 왕이 되다니."

한 순간에 추락한 아도니야는 솔로몬이 왕위에 오른 것에 크게 반발했다. 그러나 지혜가 뛰어난 솔로몬을 상대로 사태를 뒤엎기엔 역부족이었다. 아도니야는 그 동안 자신이 행한 일을 잘 알았다. 새 왕이 된 솔로몬이 자신을 반역자로 몰아 죽일 것이라고 지레 겁을 먹은 아도니야는 "아마 솔로몬은 아버지가 돌아가실 때까지만 나를 살려줄 것"이라고 전전긍긍했다. 아도니야 뿐만 아니라 다른 형제들도 솔로몬이 두려웠다. 아도니야는 아버지가 죽기 전에 생명을 보전 받기 위해 솔로몬을 찾아가 복수할 것인지? 물어 보았다. 그러자 솔로몬은 이렇게 말했다.

"앞으로 올바르게 살아간다면 머리털하나 건드리지 않겠다. 그러나 만일 다시 악한 짓을 하면 살아남지 못할 것이다."

솔로몬은 형을 안심시킴과 동시에 경고도 잊지 않았다. 솔로몬은 처음부터 형제들의 생명을 보장한다고 약속했는데 그 점이 솔로몬의 남다른 능력이었다. 솔로몬이 나이는 비록 아도니야 보다 어렸지만 그런 점이 다른 왕자들을 능가하는 점이었다. 적어도 솔로몬의 관심사는 복수, 힘, 재산, 따위가 아니라 지혜로운 국왕이 되는 것이 그의 꿈이었다(왕상 1:46-53).

8. 다윗왕의 마지막 유언

한편 다윗왕은 솔로몬에게 왕위를 계승시키고 다음과 같이 당부했다.

"나는 이제 세상 모든 사람이 가는 길을 간다. 너는 사나이답게 힘을 내어라. 네 하나님의 명령을 지켜 그분의 길을 걸으며, 또 모세 법에 기록된 대로 하나님의 규정과 계명, 법규와 증언을 지켜라. 그러면 네가 무엇을 하든지 어디로 가든지 성공할 것이다. 또한 주님께서 나에게 '네 자손들이 제 길을 지켜내 앞에서 마음과 정성을 다하여 성실히 걸으면, 네 자손 가운데에서 이스라엘의 왕좌에 오를 사람이 끊어지지 않을 것이다.'고 하신 약속을 그대로 이루어주실 것이다.

더구나 너는 스루야의 아들 요압이 나에게 한 짓, 곧 이스라엘 군의 두 장수, 넬의 아들 아브넬과 에델의 아들 아마사에게 한 짓을 알고 있다. 요압은 그들을 죽여 그 피를 자기 허리띠와 신발에 묻혔다. 그러니 너는 지혜롭게 처신하여, 백발이 성성한 그들을 평안히 저승으로 내려가지 못하게 하여라. 그러나 길르앗 사람 바실래의 아들들에게는 자애를 베풀어 네 식탁에서 함께 먹게 하여라. 그들은 내가 네 형 압살롬을 피해 달아날 때, 나를 충성스럽게 맞아 주었다. 또 바후림 출신으로 베냐민 사람인 게라의 아들 시므이가 너와 함께 있는데, 그는 내가 마하나임에 간 날, 나를 심하게 저주한 자다. 그렇지만 그가 요르단 강으로 나를 마중 나왔을 때, 나는 주님을 두고 그대를 칼로 죽이지 않겠소.' 하고 맹세하였다. 그러나 너는 지혜로운 사람이니, 그 자도 그냥 두지 마라. 너는 그를 어떻게 처리해야 할지 알 것이다. 백발이 성성한 그자가 피를 흘리며 저승으로 내려가게 해야 한다."25)

다윗은 자기 조상들과 함께 잠들어 다윗 성에 묻혔다(왕상 2:1-12).

9. 솔로몬의 왕권 다지기

솔로몬이 왕위에 오른 후 어느 날이었다. 학깃의 아들이며 왕권 경쟁의 라이벌이었던 아도니야가 솔로몬의 어머니 밧세바를 찾아왔다. 한 때 왕권을 놓고 다툰 사이였지만 일단 왕권이 솔로몬에게 넘어가 후 처음 만난 밧세바가 왕권 다툼을 할 때의 감정을 풀지 않은 기분으로 물었다.

"아도니야, 네가 또 말썽을 일으키려고 왔느냐?"

"아닙니다. 한 가지 부탁할 일이 있어서 왔습니다."

"그게 무슨 일이냐?"

"잘 아시다시피 내가 당연히 왕이 되어야 하고 또 이스라엘의 모든 사람들도 그렇게 생각하고 있었습니다. 그러나 불시에 상황이 바뀌어 동생인 솔로몬이 나를 대신해 왕이 되었으니 이것은 주님의 뜻입니다. 다만 내가 한 가지 부탁이 있습니다. 거절하지 마시고 들어주십시오."

"대체 그게 무엇이냐?"

"저는 수넴 여자 아비삭을 사랑합니다. 솔로몬에게 말씀드려 그 여인을 내 아내로 삼게 해 주십시오. 솔로몬은 거역하지 못할 것입니다."

"좋다. 그것이라면 내가 한 번 말씀드려 보겠다."

아도니야의 부탁을 받은 밧세바가 솔로몬을 찾아갔다. 솔로몬은 어머니를 자기 오른편에 앉히는 등 어머니에 대한 예를 베풀자 밧세바가 기꺼이 아도니야의 요청을 전했다.

---

25) 다윗왕의 유언은 모세의 율법을 지켜야 할 것을 당부한 다음 그가 평생 거느린 요압 장군에 대한 복수심과 망명생활을 할 때 모욕을 가한 시므이와 은혜를 베푼 길르앗 사람들에 대한 선처를 당부했다. 다윗왕은 영웅이었지만 죽음 앞에서는 역시 한낱 인간의 모습을 드러냈다.

"사실 사소한 부탁이 하나 있어 왕을 찾아왔는데 거절하지 마시오."

"어머니, 그것이 무엇입니까? 내가 거절하지 않겠습니다."

"그렇다면 수넴 여자 아비삭을 형 아도니야에게 주어 그의 아내로 삼게 해 주시오."

첫마디에 솔로몬이 놀란 표정으로 반문했다.

"어째서 아비삭을 아도니야에게 주라고 하십니까? 그는 나의 형인데 왕위도 그에게 물려주라고 하시죠. 그리고 제사장 아비아달과 스루야의 아들 요압을 위해서도 부탁하시지 그러세요."

솔로몬이 뜻밖에 과민한 반응을 드러냈다. 다윗왕(아버지)의 첩을 아내로 삼겠다는 아도니야의 요구를 못마땅하게 생각한 솔로몬은 그 사실을 왕권도전으로 받아들였다. 결국 선왕의 동첩(童妾) 아비삭을 달라고 청한 것은 선왕의 소실을 다음왕의 소유가 된다는 시대적 풍습에서 볼 때 아도니야의 요구는 왕위를 노린 행위로 보였던 것이다. 격분한 솔로몬은 주님의 이름으로 맹세한 다음 말했다.

"내가 만일 이런 요구를 하는 아도니야를 그대로 살려 둔다면 하나님께서 나를 쳐 죽이실 겁니다. 약속하신 대로 내 아버지의 왕위와 이 나라를 나에게 주신 살아계신 주님의 이름으로 내가 맹세하지만 아도니야는 오늘 분명히 죽임을 당할 것입니다."

솔로몬은 그 자리에서 여호야다의 아들 브나야에게 아도니야를 죽이라고 명령했다. 왕명을 받은 브나야가 그 길로 가서 아도니야를 칼로 처형했다(왕상 2:13-25).

◆ 동첩(童妾)

수넴 여자 아비삭은 다윗왕이 너무 늙어 기운을 차리지 못하자 젊고 아름다운 여인을 품고 자면 기운을 차릴 것이라고 말년에 동거시킨 여인이었다. 다윗왕은 아비삭과 잠자리에 들었지만 남녀 관계는 없었다고 한다. 그러나 형식상은 아도니야의 계모 격이었다.

10. 요압과 시므이를 처형하다

아도니야를 처형한 솔로몬은 그때부터 왕권을 다지기 시작했다. 우선 아버지의 유언에 초점을 두고 숙청을 시작했다. 첫 숙청 대상에 오른 인물이 왕권을 놓고 경쟁할 때 반대편에 섰던 사람들이었다. 첫째 아도니야 편에 섰던 아비아달 제사장을 불러들였다.

"당신은 당장 고향 아나돗(Anathoth)으로 돌아가시오. 당신이 그 동안 저지른 죄로 보아 마땅히 죽어야 하겠지만 오늘은 죽이지 않겠소. 내 아버지께서 살아계실 때 당신이 주님의 법궤를 맡았던 제사장이었고, 또 내 아버지께서 고난을 받을 때 함께 했기 때문이오."

아비아달을 제사장 자리에서 파면함과 동시에 멀리 추방했다.

한편 요압장군은 아도니야가 처형당했다는 말을 듣고 성막으로 도망가서 제단의 뿔을 잡고 벌벌 떨고 있었다. 요압은 압살롬의 반역에는 가담하지 않았지만 아도니야의 왕위 계승 작전에 동조한 인물이었다. 그 외에도 아브넬과 아마사를 살해한 죄를 용서 받을 수 없었다. 요압 장군이 성막으로 도망갔다는 말을 전해들은 솔로몬이 브나야에게 명령했다.

"너는 당장 가서 요압을 죽여라."

성막에 달려간 브나야가 요압장군을 향해 소리쳤다.

"솔로몬왕의 명령이다. 어서 이리 나오라."

"싫다. 나는 여기서 죽겠다."

성막에서 나오지 않고 버티자 브나야가 솔로몬에게 사실을 보고하자 솔로몬이 말했다.

"너는 그의 말대로 제단 곁에서 그를 죽이고 묻어 버려라. 그러면 죄 없는 사람들을 죽인 요압의 죄에 대하여 나와 내 집안이 책임을 지지 않을 것이다. 그는 자기보다 훌륭한 이스라엘군 사령관 넬(Ner)의 아들 아브넬과 유다군 사령관 예델

(Jether)의 아들 아마사를 내 아버지를 속이고 살해했다. 그러므로 주님께서 요압에게 그 두 사람을 죽인 죄의 대가를 반드시 치르도록 하실 것이다. 요압과 그 자손들은 살인죄에 대한 대가를 대대로 받을 것이지만 그 자손들에게는 주님의 은총이 길이 임할 것이다."

솔로몬의 설명을 듣고 난 브나야가 즉시 성막으로 달려가 요압 장군을 그 자리에서 쳐 죽였다. 솔로몬은 요압 장군을 처형한 다음 브나야를 이스라엘군 사령관에 임명했다. 그리고 아비아달 대신 사독을 제사장으로 임명하는 등 왕권을 친위 세력으로 대체했다(왕상 2:26-35).

11. 반역자들을 차례로 처단하다

솔로몬은 요압을 처형한 다음 아버지의 뜻에 따라 시므이(Shimei)를 불러들여 이렇게 말했다.

"너는 이곳 예루살렘에 집을 짓고 살면서 한 발짝도 성 밖으로 내 딛지 말아라. 네가 만일 성을 떠나 기드론 시내 물을 건너가는 날에는 반드시 죽게 될 것이다. 그렇게 되면 너는 죽어도 할 말이 없을 것이다.

솔로몬이 다짐하자 시므이가 "좋습니다. 그렇게 하겠습니다." 하고 대답했다. 그 후 약속대로 시므이는 예루살렘을 떠나지 않았다. 그러다 3년이 지난 어느 날 시므이의 종 두 명이 가드의 아기스 왕이 있는 곳으로 도망쳤다. 시므이는 자기의 종이 가드로 달아났다는 말을 듣고 말을 타고 아기스왕에게 찾아가서 도망친 종들을 다시 데리고 돌아왔다. 그러자 솔로몬이 시므이가 예루살렘을 떠나 가드에 가서 아기스왕을 만나고 왔다는 말을 듣고 시므이를 불러들여 "왜 약속을 위반했느냐?"고 물었다.

"나는 너에게 주님의 이름으로 맹세하여 예루살렘을 떠나지 말라고 명령하였으며 내 명령을 어기는 날에는 반드시 죽게 될 것이라고 경고 할 때 너도 '좋습니다.

내가 왕의 말씀대로 하겠습니다.' 하고 대답하지 않았느냐? 그런데 어째서 너는 주님 앞에서 맹세한 나의 명령을 지키지 않았느냐? 네가 내 아버지 다윗왕에게 행한 악한 짓을 벌써 잊은 것은 아니겠지? 주님께서는 반드시 너에게 그 대가를 치르도록 하실 것이다. 그러나 나 솔로몬은 축복을 받을 것이며 다윗왕의 왕위는 주님 앞에서 길이 지속될 것이다."

솔로몬은 시므이의 죄를 물은 다음 브나야 사령관에게 그를 처형하라고 명령하였다. 그러자 브나야 사령관이 시므이를 데리고 밖으로 나가 처형했다. 이렇게 해서 솔로몬은 선대에 문제를 일으킨 자들과 솔로몬 자신에게 반기를 든 자들을 모두 숙청함으로써 왕권을 굳혔다(왕상 2:36-46).

◆ 시므이에 대한 앙금

시므이는 바후림에 사는 갑부로 베냐민 지파의 사람들을 1천명이나 사병으로 거느리고 있는 유력한 실력자로 그의 거동에는 항상 신경 쓰지 않을 수 없었다. 시므이의 인물됨이 의심스러웠기 때문에 그의 부하들과 연락을 끊기 위해 예루살렘에서 한 발짝도 성 밖으로 나가지 못하게 금지시켰던 것이다.

12. 솔로몬시대의 서막

다윗왕이 죽고 솔로몬이 등장하여 40년간 전쟁으로 점철된 격동의 시대가 끝나고 명실공이 솔로몬 평화의 시대가 열렸다. 솔로몬은 왕위에 오른 후 이집트와 우호조약을 체결하기 위해 바로 왕의 공주와 결혼하여 이집트와 시돈 관계를 맺었다.

솔로몬은 이집트의 바로왕의 공주를 아내로 맞이해 살림을 차리고, 궁전과 성전을 짓고 성벽을 쌓을 때까지 다윗성에서 살았다. 예루살렘에는 하나님의 성전이 건축되지 않았기 때문에 일단 산 위에 쌓은 여러 제단에서 하나님께 제사를 지냈다.[26] 솔로몬의 정책은 우선 주님을 섬기고 아버지의 교훈을 거울삼아 모든 것을

---

26) 당시 이스라엘에는 신전이 건축되지 않았기 때문에 백성들은 높은 언덕이나 산에 올라가서 제사를 드렸는데 기브온은 그런 제사를 지낸 터(址)의 하나였다. 특히 기브온에는 모세가 만든 성막과

성실히 집행했다. 자기가 왕위에 오른 것은 순전히 하나님의 은총이라고 생각한 솔로몬은 왕권을 계승한 기브온에서 짐승 일천 마리를 잡아 놓고 하나님께 번제를 올렸다. (왕상 3: 1-4)

13. 지혜를 구한 솔로몬

솔로몬 시대에 제일 유명한 산당은 기브온에 있었으므로 솔로몬은 중요한 제사를 드릴 때마다 기브온에서 거행했다. 솔로몬이 다윗왕처럼 하나님을 섬길 것을 다짐하자 하나님께서 크게 기뻐하시고, 그의 꿈속에 나타나 소원을 물으셨다.

"내가 너에게 무엇을 주었으면 좋겠느냐?"

"주님이시여, 주님께서는 주의 종 내 아버지 다윗왕에게 언제나 크신 사랑을 베푸셨습니다. 내 아버지께서 정직하고 진실하게 살면서 주님께 충성하셨으므로 주님께서는 한결같은 은혜를 베푸셔서 오늘날 왕위를 이을 아들을 주셨습니다. 나의 하나님이시어, 이제 주께서 나의 아버지 다윗왕에 이어 저를 왕으로 삼으셨습니다. 그런데 저는 아직 나이가 어립니다. 저는 나라를 이끌어 본 경륜이 없어 어떻게 백성을 다스려야 할지 잘 모릅니다. 저는 왕이 되기 위한 훈련도 제대로 받지 못했습니다. 지금 저에게 가장 필요한 것은 하나님 당신을 이해하는 마음입니다. 제가 이스라엘의 왕으로 선과 악을 구별할 수 있는 지혜를 갖춘다면 훌륭한 왕이 될 것입니다. 그런데 저는 헤아릴 수 없이 많은 당신의 백성들 가운데 한 몸일 뿐입니다. 그러니 저에게 명석한 두뇌를 주시어 당신의 백성을 잘 다스리도록 선과 악을 분별할 수 있는 지혜를 주십시오."

솔로몬이 겸손한 마음으로 지혜를 구하자 하나님은 흡족하셨다. 그 동안 많은 지도자들이 있었지만 모두 장수와 재물과 명예와 아름다움만을 구했는데 반해 솔

번제단을 안치해두었으므로 솔로몬이 결혼한 후 이곳에서 참배하였고, 번제단에 1천개의 제물을 바쳐 제사를 드렸다.

로몬은 부귀영화를 바라지 않을 뿐만 아니라 적을 무찌르기 위한 영웅심도 구하지 않고, 오직 나라를 잘 다스리기 위해 사리의 분별을 가름하기 위한 지혜만을 구한 것이다. 하나님은 지혜를 구한 솔로몬을 기특하게 여기고 응분의 축복을 베풀겠노라고 하셨다.

"너는 오래 살게 해달라거나 부를 얻게 해 달라거나, 아니면 네 원수를 죽여 달라는 요구를 할 수도 있었다. 그러나 너는 자신을 위해서 이런 것을 구하지 않고 다만 내 백성을 바르게 다스릴 지혜를 구하였으니 내가 너의 요구대로 지혜롭고 총명한 마음을 주어 역사상 너와 같은 왕이 없도록 하겠다. 그리고 네가 요구하지 않은 부귀와 명예도 주어 네 평생에 너와 같이 훌륭한 왕이 없도록 하겠다. 만일 네가 네 아버지 다윗왕처럼 나에게 순종하고 내 법과 명령을 지키면 너를 오래 살도록 하겠다."

솔로몬이 눈을 떴을 때 그것은 꿈이었다. 그는 예루살렘으로 돌아와 주님의 법궤 앞에 서서 번제와 화목제를 드린 다음 신하들을 불러 모아 큰 잔치를 베풀었다 (왕상 3:5-15).

◆ 이집트의 공주

당시 솔로몬과의 혼인관계를 맺은 이집트의 바로는 누구였는지? 확실히 판별되지 않았다. 다른 역사적 사료에 의하면 나일 강변에 타니스(Tanis)에 수도를 둔 제21 왕조의 말기의 국왕이었을 것이라고 한다. 이집트와 혼인이 성립됨으로서 솔로몬은 남쪽의 국경을 일단 경계할 우려가 제거되었고, 해외 무역의 길도 열리고, 서쪽에 자리 잡은 블레셋을 철저히 굴복시키고, 가자 지구의 굳건한 성이 공주의 혼인 지참용으로 솔로몬의 수중에 들어왔던 것이다.

---

14. 솔로몬의 개혁정책

한편 솔로몬은 왕위에 오른 후 다윗왕으로부터 넘겨받은 왕권을 중앙집권체제로 강화시켰다. 그리하여 집권기간 중에 물질적으로 큰 번영을 이룩했다. 국방을 위해 1천4백 대의 전차와 1만2천 명의 기마병과 4천 필의 말을 확보함으로써 나라를 적의 공격으로부터 방어하기에 충분할 만큼 대비했다. 다윗왕 시대까지는 전차가 없었다. 그러나 솔로몬은 전차 부대와 대규모의 방위군을 거느리는 나라를 만들었다.

솔로몬은 상당한 군사력을 확보함으로써 국가의 위상을 드높였다. 많은 군사력을 상비시킨 솔로몬의 작전은 치밀했다. 일부 병력은 예루살렘의 왕궁을 지키고, 나머지는 여러 도성에 분산 배치했다. 그 동안 12지파가 할거하던 지역적 경계를 철폐하고 유다를 제외한 전국을 열두 지역으로 나눈 다음 예루살렘을 중심으로 강력한 중앙 집권 체제를 구축했다. 그리하여 12지역으로 하여금 일 년에 한 달씩 성전과 중앙 정부를 위해 봉사하도록 했다.

그 외에 각국에서 잡아온 외국인 포로들을 대규모 건축 공사장에 투입시켰다. 나중에는 이스라엘 백성들까지 공사장에 동원해서 예루살렘을 요새화하고, 에시온-게벨(Ezion-Geber)을 큰 항구 도시로 개발하여 광업과 교역의 중심지로 만들어 세계 여러 나라의 문물이 모두 이 항구를 통하여 각국과 교류를 증진하도록 교두보를 만들었다. 솔로몬은 또한 건축과 상업 활동을 통하여 역사에 남을 업적을 이룩했다. 다윗왕은 그의 성격처럼 백성을 동(動)적으로 다스렸는데 반해 솔로몬은 정(靜)적으로 다스렸다.

머리가 좋고 성품이 영특한 솔로몬은 왕위에 오른 즉시 지난날 다윗왕의 목숨을 노린 음모자들을 모두 색출해 엄하게 다스렸다. 반역자는 가차 없이 엄벌에 처하고, 충직한 신하들에게는 충성심에 걸맞은 예우를 베풀었다. 왕실 주변의 불순세력을 모두 처단한 다음 국제적으로 기선을 잡기 위해 외국의 여러 왕들과 우호동맹을 체결했다. 우선 강력한 이집트와 우호관계를 유지하기 위해 바로왕의 공주와 결혼하여 이집트 왕실과 사돈 관계를 맺은 것을 필두로 이웃 나라들과 우호조약을 맺은 다음 교역을 통해 교분을 증진했다. 그 외에도 모든 변방과 우호조약을 맺고 군사적으로 협력관계를 유지했다. 그 중에 두로(Tyre)의 히람(Hiram)왕과는 각별히 우정관계를 유지했다. 내부적으로 국방을 보다 튼튼히 하기 위해 다윗왕으로부터 물려받은 막대한 자금으로 예루살렘의 성벽을 보다 튼튼히 축조하고, 각 지방 마다 창고를 건설해 군사용 식량을 저장하는 한편 백성들은 율법을 기반으로 엄히 다스렸다.

> ◈ 솔로몬 시대의 군비
>
> 후대에 알려진 바에 의하면 솔로몬 시대의 군부대가 주둔했던 므깃도(Megiddo)에서 450개의 마구간이 새로 발견되었다. 그러나 므깃도는 많은 병거 주둔지 가운데 하나였을 뿐이다.

15. 솔로몬의 지혜와 영명한 재판

한번은 솔로몬의 지혜를 가름할 수 있는 색다른 사건이 벌어졌다. 어느 날 나이가 비슷한 두 여인(창기)이 갓난아기 한 명을 바구니에 담아 들고 국왕 앞에 나와 자신들의 문제를 해결해 달라고 청원했다. 두 여인이 아기 하나를 데려다 놓고, 서로 자기의 아이라고 다투었다. 솔로몬이 사정을 확인하기 위해 두 여인에게 차례로 물었다.

"너희가 바라는 것이 무엇이냐?"

"예, 바로 저 여자가 제 아이를 훔쳐 갔습니다."

한 여자가 자기의 입장을 주장하자 다른 여자가 반박하고 나섰다.

"왕이시여, 절대로 그게 아닙니다. 우리는 한 집에 살고 있습니다. 그런데 공교롭게도 우리는 같은 시기에 임신했습니다. 그래서 내가 아기를 낳은 지 삼일 후에 저 여인도 아기를 낳았습니다. 그때 집안에는 아무도 없고 우리 둘만 있었습니다. 양쪽 집의 두 아이가 모두 사내 아이였습니다. 그런데 어느 날 밤 저 여자가 잠에 취해 자기 아기를 덮쳐 숨이 막혀 죽었습니다. 그러자 저 여자가 새벽에 몰래 제 침실에 들어와 저의 아기를 훔쳐 갔습니다. 그리고 죽은 자기의 아기를 살짝 내

방에 갖다 놓았습니다. 다음날 아침에 잠에서 깨어나 아기에게 젖을 먹이려던 저는 깜짝 놀랐습니다. 아기가 죽어 있었기 때문입니다. 그런데 아기를 자세히 살펴 보니 제 아기가 아니었습니다. 분명히 저 여인의 아기였습니다. 그러나 안타깝게도 이 사건을 목격한 증인이 없습니다. 그래서 저의 진실을 증명할 방법이 없습니다. 하지만 살아있는 저는 제 아이를 꼭 되돌려 받아야합니다"(왕상 3:16-22).

16. 아기를 두 쪽으로 나누어라

한 여인이 자기 입장을 토로하자 듣고 있던 다른 여인이 다시 반격에 나섰다.

"아닙니다. 저 여인은 지금 거짓말을 하고 있습니다. 죽은 아기 곁에 잠든 여자는 바로 저 여자입니다. 저는 절대로 저 여자의 방에 들어간 적이 없습니다. 살아있는 이 아기가 제 아기입니다. 저는 제 아기를 결코 포기할 수 없습니다."

양편의 주장을 조용히 귀담아 듣고 난 솔로몬이 말했다.

"잘 들었다. 살아있는 아기는 서로 자기 아기이고, 죽은 아기는 서로 자기의 아기가 아니라는 구나.

두 여인의 주장을 듣고 난 솔로몬은 어떻게 해야 아기의 진짜 어머니를 가려낼 지 깊은 생각에 잠겼다. 솔로몬이 하나님께 지혜를 구하자 문뜩 기발한 생각이 떠올랐다. 여인들 스스로 진실을 고백하도록 충격을 가하는 방법을 쓰기로 마음먹고 큰 소리로 말했다.

"잘 들어라 나는 공정하게 판결하겠다. 너희들은 아기 하나를 놓고 서로 자기 아들이라고 주장하니 누가 진실인지 통 알 수가 없구나. 그러니 아기를 반씩 공정하게 나눠 가져라." 하고 큰 소리로 외쳤다.

"여봐라 경비병! 저 두 여인은 아기 없이는 살 수 없다니 바구니에 담겨 있는 아기를 칼로 잘라 반씩 똑같이 나누어 주어라."

솔로몬의 명령이 떨어지자 무장 경비병이 아기에게 달려들었다. 그 순간 한 여인이 새파랗게 질려 발을 동동 구르며 애걸했다.

"왕이시여! 제발 그만 두세요. 아기를 가르지 말고 저 여자에게 돌려주십시오. 죽여서 나누는 것보다 저 여자와 함께 살도록 하십시오."

그러나 다른 한 여자는 냉담했다.

"왕이시여! 안됩니다. 그럴 수는 없습니다. 폐하의 말씀대로 가르십시오."

이 때 두 여인의 태도를 지켜보고 있던 사람들의 표정이 돌처럼 굳어졌다. 이미 누가 아기의 진짜 어머니인가를 여인들 스스로 고백한 것이었다. 아기를 살려 달라고 울부짖는 여인의 모성애보다 더 확실한 증거가 필요치 않았다. 자리에서 벌떡 일어난 솔로몬이 근엄한 얼굴로 벽력같이 소리쳤다.

"잘 들어라, 아기를 살려달라고 애걸하는 저 여인에게 주어라. 그녀가 아기의 진짜 어미이다."

솔로몬의 판결이 내려지자 장내는 물을 뿌린 듯이 숙연했다. 이 사건이 있은 후 영특한 솔로몬에 대한 소문이 이스라엘 전역에 널리 알려졌다. 다윗왕 시대에는 전쟁을 치르기에 주눅이 들었던 백성들이 솔로몬 시대에는 현명한 왕을 맞이했다고 기뻐했다(왕상 3:23-28).

17. 솔로몬의 평화 정책과 전성시대

솔로몬은 나라를 현명하게 다스렸다. 우선 다윗왕 시대의 끊임없이 계속되었던 전쟁을 지양하고 평화의 시대를 열었다. 특히 국가의 중추신경 격인 행정을 각 지방 단위로 분담시켜 능률적으로 통치했다. 궁내에는 제사장과 서기관과 역사 기록관과 군사령관과 궁중의 행정을 관장하는 장관과 제사장 겸 국왕의 개인 자문관과 궁내대신을 두었다. 그 외에 노동자를 항상 대기시켜 놓고, 예루살렘의 미관을 효율적으로 처리했다. 그 외에도 계속 불어나는 인구증가를 제대로 관리하여 국력을 신장시켰다.

솔로몬의 전성시대에는 전차를 끄는 말의 외양간이 4만 채에, 기마병이 1만2천 명이었다. 솔로몬이 지배하는 이스라엘의 영역은 유프라테스 강에서 블레셋의 거주지 가자를 거쳐 이집트의 국경에 이르기까지 변방의 모든 국왕들이 솔로몬왕에게 조공을 바쳤다.

하나님은 평화를 추구하는 솔로몬에게 해변의 모래알처럼 풍부한 지혜와 바다처럼 넓은 이해력을 베풀어 주셨다. 마침내 이스라엘을 막강한 국가로 등장시킨 솔로몬은 이스라엘 역사상 하나님의 축복을 가장 많이 누리는 국왕이 되었다. 솔로몬의 지혜는 동방의 어느 현자보다도 뛰어났다. 당시 지혜를 자랑하는 이집트의 현자들도 솔로몬의 지혜 앞에 머리를 숙였다.

솔로몬의 지혜로 빚어낸 명언은 하늘의 별처럼 무궁했다. 솔로몬의 명언은 광야의 백양나무에서 성벽에 달라붙은 이끼에 이르기까지 하늘 아래 언급하지 않은 것이 없었다. 대지의 초목에서 들짐승, 날짐승, 물고기 등 세상에 존재하는 것 어느 것 하나 솔로몬의 지혜와 관련되지 않는 것이 없었다(왕상 4:1-28).

18. 솔로몬과 금언들

다윗왕을 닮은 솔로몬은 예능 면에도 재주가 뛰어났다. 특히 문장력이 뛰어난 솔로몬은 시(詩)를 통해 하나님을 찬미하고, 백성들의 마음을 읊을 만큼 뛰어난 시상으로 많은 시를 지었다. 물론 훗날 다른 사람들이 기록한 작품에도 굳이 솔로몬의 이름을 빌어 발표한 점을 보면 그가 얼마나 뛰어난 문재(文才)이었는가? 를 알 수 있다. 솔로몬의 이름을 빈 시 중에는 백성을 의롭게 이끌기 위한 인생론(전도서)을 비롯해 지혜의 귀감이 되는 명언(잠언)들이 무려 3천수(首)나 전해 오고 있다. 솔로몬의 이름으로 발표한 글 중에는 인생의 슬픔을 노래한 애가도 천수의 시가로 전해 와서 오늘날 우리의 심금을 울리는 명시로 알려졌다.

역사가들은 솔로몬의 이름으로 전해오는 문장을 가리켜 초기 이스라엘 문학과

후기 이스라엘의 지혜 문학으로 나눌 만큼 솔로몬의 문화정책은 학술적으로 많은 영향을 미쳤다. 그리하여 현대 학문의 뿌리가 되었다. 솔로몬의 영감이 넘치는 문장 중에 특히 돋보이는 작품은 시편과 아가서, 전도서, 잠언이 성서에 편집되어 오늘 날 길이 읽혀지고 있다. 그 많은 시중에 영감이 넘치는 대표적인 시를 소개하면 다음과 같다(왕상 4:29-34).

19. 솔로몬의 명시

미움은 싸움을 불러일으키고
사랑은 모든 허물을 감싸준다.
어진 자는 보잘것없는 가축의 생명도 돌보지만
악한 사람의 마음은 잔인하다.
어리석은 자는 자기만 잘났다고 생각하고
지혜로운 자는 남의 충고에 귀 기울인다.
다정한 말 한마디가 화를 진정시키고
거친 말은 화를 부른다.
흥분은 파멸을 초래하고
교만은 죽음을 부른다.
함부로 화를 내지 않는 사람은 용사보다 낫고
제 마음을 다스리는 사람은 성을 탈취하는 것보다 낫다.
정신만 살아 있다면 병도 고치지만
정신이 죽은 사람은 희망도 없다.
아이들이 앞으로 좋은 일을 할지 나쁜 일을 할지는
지금 하는 행실을 보아 알 수 있다.
명예는 많은 재산보다 소중하고
존경받는 것은 금은보다 낫다.

20. 솔로몬과 예루살렘 성전

이스라엘 백성이 이집트를 떠난 지 280년 되는 기원전 967년 그러니까 다윗왕이 죽은 지 4년째 되는 해에 이스라엘은 비로소 전쟁의 위협에서 벗어나 태평성대를 맞이했다. 오랜만에 평화를 맞이한 솔로몬은 선대의 숙원 사업이었던 성전을 건축하기 위해 결단을 내렸다.

다윗왕의 소원은 성전 건축이었다. 그는 성전을 건축하여 법궤를 모시고, 이어 각국에서 거둬들인 전리품을 보관하는 것이 소원이었다. 그 소원을 이루기 위해 성전을 지으려고 터를 마련하고 설계까지 했지만 하나님은 끝내 그의 뜻을 허락하지 않았다. 성전을 지으려고 할 때마다 전쟁이 벌어져 마음 놓고 성전을 건설할 기회가 없었다. 다윗왕의 일생은 한 마디로 전쟁 치르기에 다른 여가가 없었다. 하나님은 다윗왕에게 무한한 능력을 베푸셨지만 성전 건축의 기회만은 허락하지 않았다. 그 대신 다윗왕의 자손이 성전을 이룩할 것이라고 했다(삼하 7:1-7).

그런데 솔로몬이 왕위에 오른 후 전쟁이 멎고, 다윗왕이 전쟁을 통해 끌어 모은 금 은 보화가 창고마다 가득 차 더 바랄 것이 없는 태평성대를 맞이한 솔로몬은 마침내 하나님의 성전건축을 하기로 결단을 내렸다. 솔로몬은 일찍이 다윗왕이 예루살렘 북쪽에 마련해 놓은 성전 터에 다윗왕이 만든 설계대로 성전 건축을 시작했다. 성전의 규모는 별로 크지 않았지만 모양이 아름답고 규격이 고상해서 품위를 갖춘 걸작이었다. 물론 건축에 쓰이는 재료는 모두 견고한 고급 자재들이었다. 목재는 향긋한 냄새가 풍기는 히말라야 산 백양목(Cedar Wood)에다, 수정같이 투명한 대리석과 금, 은, 보석으로 최고급 자재만을 사용했다.

그러나 성전을 건축하는 데는 많은 어려움이 따랐다. 우선 건축 자재를 모두 해외에서 들여와야 했다. 고급 백양목은 레바논(Legation)지방에 있었는데, 솔로몬은 그 백양목을 이용하기 위해 레바논 왕의 친구를 통해 히람 왕에게 외교적으로 손을 썼다(왕상 5:1-2).

21. 솔로몬의 외교 수단과 당시의 외교문서

한편 평소 다윗왕과 친분이 두터운 두로(Tyre)의 히람(Hiram)왕은 솔로몬이 이스라엘의 새로운 국왕이 되었다는 말을 듣고 축하 사절단을 보냈다. 두로의 사절단을 맞은 솔로몬은 히람 왕에게 다음과 같이 친서를 보냈다.

"당신도 아시겠지만 나의 아버지는 계속되는 전쟁과 사방의 적들이 수시로 도전을 가해 오기 때문에 성전을 건축하지 못했습니다. 그래서 아버님은 주님께서 이스라엘의 모든 원수들을 물리칠 때까지 기다리셨습니다. 그러나 이제는 나의 하나님 주님께서 평화를 이룩해 주셔서 대적도 없고, 재난을 당할 위험도 없습니다. 주님께서는 내 아버지에게 '내가 너를 이어 왕이 되게 할 네 아들이 나를 위하여 성전을 건축할 것이다.'라고 말씀하셨습니다. 그래서 이제 내가 나의 주 하나님의 성전을 건축하려고 하는데 당신은 레바논의 백양목을 베어 주실 수 있겠습니까? 당신의 종들에게 명령만 내리시면 내 종들을 보내 그들과 함께 일하도록 하겠습니다. 물론 당신의 종들이 일한 대가는 내가 충분히 지불하겠습니다. 당신도 아시겠지만 우리나라에는 시돈 사람들처럼 벌목을 잘하는 사람이 없습니다."

솔로몬이 보낸 친서를 받은 두로의 히람왕은 솔로몬의 요구를 기쁘게 받아들였다.

"주님께서 다윗왕에게 이처럼 지혜로운 아들을 주셔서 이스라엘의 수많은 백성을 다스리게 하셨으니 내가 주님을 찬양하지 않으랴."

히람왕은 다윗의 왕가를 높이 치하하고 솔로몬왕에게 답신을 보냈다(왕상 5:3-10).

"당신의 전갈을 잘 받았습니다. 당신이 요구하는 대로 내가 백양목과 잣나무를 보내겠습니다. 내 종들이 이 목재들을 레바논에서 지중해로 운반하여 거기서 뗏목으로 엮어 당신이 지정하는 해안까지 운송하겠습니다. 당신은 이것을 받으시고 내

소원대로 내 왕궁에 식량을 공급해 주십시오."

> ◈ 레바논의 삼나무
>
> 레바논 삼림(森林)의 삼나무는 당시 이집트에 수출하는 매우 귀중한 수출 품목이었다. 솔로몬 성전의 벽이나 천정 들보의 건재(建材)는 모두 레바논 삼나무가 사용되었다.

22. 다윗왕의 유업, 예루살렘 성전 공사

　솔로몬의 요청을 승낙한 히람왕은 솔로몬이 원하는 백양목과 잣나무를 벌목해서 지중해의 연안을 통해 이스라엘에 보내는 한편 솔로몬으로 하여금 백양목을 자르는 일꾼들이 이용할 식량을 제공해 줄 것을 요구했다. 솔로몬은 히람왕의 요구대로 밀 2만 섬과 맑고 깨끗한 기름 20섬을 함(Seal)에 담아 보냈다.

　한편 솔로몬은 다윗왕처럼 이스라엘 땅에 사는 이방 사람들을 사역에 투입시키기 위해 그 숫자를 조사했다. 그 동안 이스라엘 백성은 농사와 목축에만 종사했기 때문에 건축에는 경험도 기술도 없었다. 기술자들을 외국에서 불러들이기 전에 국내에 거주하는 이방인들을 동원하기 위해 숫자를 조사한 결과 15만 3,600명이었다. 솔로몬은 그들 중에 7만 명을 사역에·종사시키고 8만 명은 돌을 다듬는 석수로 부리고, 나머지 3천6백 명은 작업반장을 시켰다.

　이 때 동원된 국내의 이방인들은 주로 여호수아가 가나안을 점령할 때 살려둔 아모리, 헷, 브리스, 히위, 여부스의 후손들이었다. 그들은 모두 강제 노동에 동원되었고, 이스라엘 백성은 병사와 지휘관 또는 전차부대와 기병대장으로 등용해서 건축공사를 진행시켰다. 외교수단이 뛰어난 솔로몬은 수천 명의 히람 사람들을 마치 손발처럼 부렸다. 목재는 히람왕이 벌목을 해서 지중해연안으로 옮긴 다음 뗏목으로 엮어 해안선을 따라 떠내려 보내면 반대편 해안에서는 이스라엘 사람들이 건져 올리는 해운 방법으로 반입했다. 그러나 성전부지로 선정된 주변에서는 망치나 도끼 등 소리 나는 장비는 사용할 수 없었기 때문에 약간 떨어진 곳에서 작업을 진행했다. 매일 수만 명의 기능공들이 돌을 자르고 다듬는 일에 투입되었고, 수천 명의 감독들이 숙련공의 작업을 지휘했다. 성전공사가 한창일 때 주님께서 솔로몬을 격려하셨다.

"네가 만일 내 명령에 순종하고 나의 모든 법과 규정을 지키면 내가 너의 아버지 다윗왕에게 약속한 것을 이행할 것이다. 그리고 내가 이스라엘 백성들과 함께 할 것이며 너희들을 버리지 않을 것이다."

주님의 격려에 힘입은 솔로몬은 일꾼들을 가일층 독려해서 공사를 시작한지 7년만에 성전을 준공했는데 그 시기는 하나님께서 예고하신 바로 그 시점이었다(왕상 5:11-18; 6:1-36).

23. 성전을 봉헌(奉獻)하다

성전을 완성한 솔로몬은 제일 먼저 법궤를 성전 안에 마련된 지성소로 옮겼다. 그리고 선대의 다윗왕이 각처에서 긁어모은 금, 은, 도자기, 보석, 촛대 등 귀중품을 모두 성전으로 옮긴 다음, 소 2만 2천 마리와 양 12만 마리를 잡아 대 축제를 열었다. 성전 봉헌식은 7일간 계속되었다. 그런데 마침 초막절이라 14일간 계속되었다. 북쪽의 하맛(Hamath)에서 남으로 이집트에 이르기까지, 이스라엘 전역에서 많은 사람들이 봉헌식에 참여했다. 성전 봉헌식을 거행하는 기간 내내 찬란한 구름이 성전을 뒤덮었다. 이스라엘 백성들에게 구름은 하나님이 함께 한다는 증표였다. 솔로몬은 성전 봉헌식에서 정책의 기조를 역설했다.

"이스라엘의 하나님 주님을 찬양합니다. 주님께서 내 아버지에게 하신 약속을 지키셨는데 그 내용은 이런 것이었습니다. 하나님께서는 내 아버지에게 이렇게 말씀하셨습니다. '네가 나를 위해 성전을 건축하겠다는 뜻은 좋으나 너는 그것을 건축하지 못할 것이며 네가 낳을 네 아들이 내 성전을 건축할 것이다.' 하셨는데 이제 주님께서는 약속을 지키셨습니다. 나는 약속하신 대로 내 아버지에 이어 이스라엘의 왕이 되었고 이스라엘의 주 하나님의 성전을 건축하였으며 또 주님께서 우리 조상들을 이집트에서 인도해 내실 때 그들과 맺은 계약의 돌 판을 넣은 법궤를 모시기 위해 성전에 지성소를 마련하였습니다."

솔로몬은 하나님의 뜻으로 성전이 이루어졌음을 밝혔다(왕상 6:37-38).

24. 예루살렘 성전의 규모

예루살렘 성전의 위치는 모리아산[27]이었는데, 그 위치는 하나님께서 다윗왕에게 내정한 곳이었다. 솔로몬왕 4년에 시작된 성전의 규모는 높이가 3층이었다. 지붕은 순금으로 덮었고, 내부의 벽과 천장은 두꺼운 백송 나무판을 사용했다. 바다은 두꺼운 전나무 합판을 깔았고, 내부의 벽은 백송 나무에다 호리병과 꽃무늬를 고상하게 조각한 나무 자재로 장식했고, 돌은 일체 사용하지 않았다. 제단의 벽과 천장은 종려나무 꽃을 조각한 다음 순금으로 입혔다. 벽과 방, 그리고 현관은 적당한 규모의 공간이었는데 우아하면서도 아름다운 무늬를 보기 좋게 수놓았다. 성전에서 가장 중요한 공간은 지성소인데 그 곳은 단 한 개의 창문도 없이 밀폐되었고, 어떤 경우에도 함부로 접근할 수 없었다. 그곳에는 십계명이 새겨진 석판과 아론의 지팡이와 만나를 담은 항아리를 법궤에 담아 보관했다. 지성소의 입구는 순금으로 만든 쇠사슬이 서로 엇갈리게 설치되었고, 법궤를 보관한 내부는 금으로 장식한 상징물이 가득 했다.

제단 위는 솔로몬이 직접 고안한 천둥(天童)형의 두 개의 커다란 천사가 지키고 서있었는데, 그 천둥의 크기는 약 2~3미터에 두 개의 날개가 달린 사자 형상으로 네 개의 발로 의지했다. 천사의 내용물은 올리브 나무였다. 올리브 나무로 조각을 빚은 다음 그 위에 황금을 입혔다. 천사는 한쪽 날개를 앞으로 하고 다른 한

---

[27] 솔로몬이 건설한 성전의 위치는 아브라함이 이삭을 제물로 바치기 위해 제단을 쌓은 모리아 산의 정상이다.

쪽 날개는 뒤로 젖힌 채 서로 마주보고 우뚝 서 있었다. 단단한 금으로 만든 날개가 머리 위로 높이 올라가 천장에 닿을 듯 치솟았고, 그 날개 아래에 법궤를 보관했다.

성전에는 제단을 비롯한 각종 기구들이 설치되었다. 그 외에도 여러 가지 필요한 비품들이 골고루 갖추어 있었고 성전 안에는 다윗왕이 하나님께 바친 전리품을 모두 보관했다(왕상 6:1-38).

> ◈ 사제직
>
> '사제'의 직분은 처음부터 있었던 것은 아니고 세월이 흐르면서 점차 형성되다가 솔로몬 전 전성기 때에 중앙 성소가 예루살렘으로 확정되면서 부각되기 시작했다고 본다. 이스라엘에서는 사제직이 세습되었으며 이들은 토라를 가르칠 뿐만 아니라 제사 집전, 성전 보존 및 성전에 속한 재산을 관리하는 이을 하였다. 특히 사제는 하나님과 인간을 중재하는 역할을 하므로 거룩함, 즉 정결을 유지해야했다. 이를 위해서 레위기 8-10장에서 언급하는 여러 가지 규정이 요구되었다.

25. 솔로몬의 봉헌기도

역사적인 성전을 준공한 솔로몬은 법궤를 성전 중앙에 있는 지성소로 옮기고, 각 지파의 장로들을 제단 앞에 소집한 다음 손을 하늘을 향해 높이 치켜들고 기도했다.

"이스라엘의 하나님이시어! 천하에 주님과 같은 신은 없습니다. 주님 온전한 마음으로 주님께 순종하고, 주님의 뜻대로 살려고 애쓰는 모든 사람들에게 주님의 언약을 지키시고 사랑을 베푸시는 신이십니다. 주님께서 내 아버지에게 약속을 지키셔서 오늘과 같이 주님의 모든 말씀을 이행하셨습니다.

이스라엘의 하나님이시어, 가장 높은 하늘도 주님을 모실 곳이 못되는데 하물며 내가 건축한 이 성전에 어떻게 주를 모실 수 있겠습니까? 나의 하나님이시어, 오늘 주님 앞에서 부르짖는 이 종의 기도를 들으시고 나의 요구를 들어주소서. 이제

> ◈ 레위인
>
> 레위인들은 하나님께 특별히 선택을 받은 지파(민 3:11-13)로서 성소에서 아론과 그의 아들들이 제사를 지내는 일을 도왔고, 진지 이동 시 성막을 옮기며, 성소에서 사용하는 거룩한 기구와 물품을 옮기는 일 등을 맡았다(민 18:2-7). 레위지파는 특별히 사제직을 세습되었으며 약속된 땅도 분배받지 못했음으로 이스라엘 백성은 자신들의 소득에서 10분의 1을 레위인들에게 주어야 했고, 레위인들도 이렇게 받은 몫 중에서 10분의 1을 하나님께 제물로 드려야 했다(민 18:21-28).

이 성전을 밤낮으로 지켜보소서. 이곳은 주님께서 경배를 받으시겠다고 말씀하신 곳입니다. 제가 이 성전을 향해 부르짖을 때 주님은 내 기도를 들어주소서. 또 주님의 백성이 이곳을 향해 부르짖을 때에도 주님께서는 하늘에서 들으시고 그들의 죄를 용서해 주소서. 만일 어떤 사람이 남을 해친 죄로 고발되어 이 성전 제단 앞에 끌려 나와서 그렇게 하지 않았다고 맹세하면 주님께서는 하늘에서 들으시고 옳고 그른 것을 판단하셔서 그가 행한 대로 갚아주소서.

죄를 짓지 않은 사람은 하나도 없습니다. 만일 주님의 백성이 범죄 하므로 주님께서 분노하셔서 그들을 외국 땅에 포로로 잡혀가게 하실 때 그들이 자기들의 잘못을 깨닫고 주님을 향하여 '우리가 범죄' 하였습니다. 우리가 악을 행하였습니다.' 하고 부르짖으며 그들이 진심으로 주님께 돌아와 회개하고 주님께서 그들의 조상들에게 주신 이 땅과 주님께서 택하신 이 성과 내가 주님의 이름을 위해 건축한 이 성전을 향하여 기도하면 주님께서는 하늘에서 들으시고 그들에게 자비를 베푸소서. 그들은 주님께서 용광로와 같은 이집트에서 직접 인도해 내신 주님의 백성들입니다.

주님이시여! 이 땅과 주의 백성이 주님께 부르짖는 기도를 들어주소서. 주님께서 우리 조상들을 통하여 말씀하신 대로 주님께서는 온 세상에서 특별히 이스라엘 민족을 택하셔서 주님의 백성으로 삼으셨습니다. 약속하신 대로 이 백성에게 안식을 주신 주님을 찬양합니다. 주님께서는 주님의 종 모세를 통하여 하신 말씀을 하나도 남김없이 다 이루셨습니다."

솔로몬의 간구를 들으신 하나님께서는 이렇게 응답하셨다(왕상 8:22-56).

26. 솔로몬에게 다시 나타나신 하나님의 성별(聖別)

"나는 네가 나에게 하는 기도를 다 듣고 네가 지은 이 성전을 거룩하게 성별(聖別)하였다. 이곳은 내가 영원히 경배를 받을 곳이므로 내 마음과 눈이 항상 이 성전에 머물러 있을 것이다. 만일 네가 너의 아버지 다윗왕처럼 내 앞에서 정직하고 진실하게 살며 나의 모든 법과 명령을 지키면 내가 너의 아버지 다윗왕에게 '이스라엘의 왕위에 오른 사람이 네 집안에서 끊어지지 않게 하겠다.'하고 말한 그 약속을 내가 지킬 것이다. 그러나 만일 너와 네 자손이 나를 떠나 다른 신을 섬기고, 내 법과 명령을 지키지 않으면 나는 이스라엘 백성을 내가 그들에게 준 이 땅에서 제거할 것이며, 내 이름을 위하여 내가 거룩하게 한 이 성전마저도 버릴 것이다.

그러면 이스라엘은 온 세상 모든 사람들에게 웃음거리와 조소의 대상이 될 것이다. 그때 이 성전은 완전히 폐허가 될 것이며, 지나가는 사람들이 이것을 보고 놀라며 '어째서 주님이 이 땅과 성전을 이렇게 하셨을까?' 하고 물으면 그제야 그들이 자기들의 조상을 이집트에서 인도해 낸 그들의 하나님을 버리고 다른 신을 섬기므로 주님께서 그들에게 재앙을 내리셨기 때문이 아닌가! 하고 서로 대답할 것이다"(왕상 9:1-9).

◆ 솔로몬 성전의 번제단(燔祭壇)

에스겔서 43장 13-17절에 의하면(대하 4:1), 번제단의 높이는 4.5m이고 기단(基壇)은 가로 세로 9m이었다고 한다. 세 개의 층(層) 제일 위층은 5.5 평방미터의 평면이고, 여기가 번제의 화상(火床)으로 사용되었다. 네 귀퉁이에 높이는 45cm의 제단의 뿔이 박혀 있었다.

27. 솔로몬의 업적과 교만

성전을 완성한 솔로몬은 예루살렘을 보다 국제적인 도시로 발전시켰다. 각국의 왕들이 언제나 드나들 수 있도록 문호를 개방하고, 각국의 문물이 자유로 교류하는 등 세계 문화의 중심지로 만들었다. 그러나 예루살렘이 국제적인 도시로 발전했지만 그 이면에는 여러 가지 문제들이 뒤따랐다. 우선 성전을 이룩하는데 희생한 백성들의 공로는 인정받지 못한 반면 솔로몬은 자신의 능력을 과신했다. 성전을 이룩한 솔로몬은 마침내 자만에 빠졌다.

성전을 이룩한 공로로 하나님께서 축복을 베풀 것이라고 생각하고 성전보다 훨씬 더 규모가 거대한 자신의 '궁전'을 세우기 시작했다. 솔로몬 궁전은 엄청난 규모였다.[28] 성전은 7년만에 완공했는데 비해 궁전은 무려 13년이나 걸리는 대규모였다. 솔로몬은 주님의 성전과 밀로궁을 건설한데 이어 예루살렘과 하솔(Hazor)과 므깃도(Megiddo)와 게셀(Gezer)[29]을 새로 건설하기 위해 많은 사역 인부들을 강제로 동원해서 왕실 양곡을 저장해 두는 성과 병거와 군마를 위한 창고를 건축하였다. 그 외에도 솔로몬은 예루살렘과 레바논을 비롯하여 전국에 자기가 필요로 하는 것은 모두 세웠다(왕상 9:10-19).

28. 솔로몬의 전성시대

솔로몬의 재산은 엄청났다. 전국 각처에 12명의 대리자를 상주시키고 1만 2천명의 기사들이 상인들과 무역하는 사람들과 지방장관들로부터 세금을 거두어 들였다. 아라비아를 비롯해 변방의 왕들로부터 조공을 받았고 그 외에도 해마다 변방으로부터 많은 금을 거둬들였다. 무역업을 경영하는 사람들은 세금 대신 외국에서

---

28) 벽이나 축대 안에 흙을 채워 건축물의 지반을 다져 건물을 짓는 공법이다.
29) 이 때 재건한 게셀지방은 본래 이집트의 바로왕이 침입하여 가나안 사람들을 죽이고 빼앗은 곳이다. 그런데 바로왕의 딸을 솔로몬에게 시집보내면서 그 땅을 사위인 솔로몬에게 준 것을 재건한 것이다.

들여온 물품을 바쳤다. 솔로몬은 전국 각처에서 거둬들인 산물을 창고에 보관했다가 왕실 유지비와 건물 짓는데 사용했다. 예루살렘 도성 안에서는 수천 명의 인부들이 매일 쓸고 닦는 일에 종사했다. 솔로몬 왕실에서 하루 사용하는 식량은 밀가루 30부대, 살찐 소 10마리, 목장 소 20마리, 양 1백 마리와 수사슴과 살찐 봉황새(鳳) 등이었다.

솔로몬의 통치영역은 광대했다. 유프라테스 강에서 블레셋의 땅을 거쳐 이집트의 국경에 이르기까지 넓은 지역을 한 눈으로 지배했다. 변방에서는 해마다 많은 조공을 바치고 깍듯이 섬겼다. 그 외에도 이웃나라의 왕들이 솔로몬의 감추어진 설명을 들으려고 방문할 때마다 금, 은, 갑옷, 투구를 비롯하여 이름다운 옷감과 향료를 바쳤다. 마침내 이스라엘은 세계에서 가장 잘사는 나라가 되었고, 수도 예루살렘은 지상에서 제일 찬란한 도성이 되었다(왕상 10:14-29).

◆ **솔로몬의 전성기의 흔적 므깃도의 마구간**

솔로몬에 의해 새로 건설되거나 확장된 전차(戰車) 기지들과 기병(騎兵)의 기지들(왕상 9:19) 중에서 므깃도는 제일급 기지였다. 솔로몬은 개인적으로 말을 매우 좋아했을 뿐만 아니라 그의 군대의 전력의 타격력(打擊力)의 일환으로 강력한 기병대를 조직했다.

영국의 고고학자들이 므깃도에서 거대한 규모의 마구간이 자리 잡고 있었던 기지를 발굴했는데 그 규모가 무려 450 필의 말이 사육된 마사(馬舍)가 발견되었다. 이들 말구유의 잔해(殘骸)와 수도시설의 일부도 발견되었다. 발굴은 솔로몬이 말을 좋아했고, 말을 길리기아에서 사들였다는 성서 말씀을 뒷받침하고 있다. 솔로몬은 길리기아에서 말을 사들여 이집트에다 비싼 값에 되팔았다는 말씀과 부합된다.

수레는 이집트의 미쓰라임으로부터 은 6백 세겔(약 30만원)을 지불하고 운반해 왔고, 말은 150세겔로 사들였다고 한다. 이렇게 솔로몬의 손을 거쳐 히트족과 아람족의 모든 국왕들에게 수출했던 것으로 알려졌다(왕상 10:28-29).

29. 솔로몬 궁전의 규모와 재정난

해상무역에 관심을 가진 솔로몬은 아카바 만의 엘랏(Elath) 부근에 있는 에시온

-게벨(Ezion-Geber)에서 많은 배를 건조했다. 두로의 히람왕은 경험이 많은 선원들을 파송해 솔로몬의 시종들과 함께 상선을 축조해서 운영했다. 솔로몬이 지은 궁전은 장엄했다. 백양목과 대리석으로 세운 궁전에는 세계 최고의 사치품으로 장식했다. 왕좌는 상아로 만들어 금을 씌웠고, 왕좌에 오르는 계단에는 큰 사자가 2마리씩 6개의 계단에 12마리가 서있었고, 왕좌는 세계 어느 나라에서도 찾아 볼 수 없이 호사스러웠다. 궁전에서 사용하는 집기는 모두 금으로 만들었고 해외에서 진기한 토산품을 보는 대로 끌어 모아 지상 최고의 궁전을 장식했다.

부귀영화에 도취된 솔로몬은 매일 먹고 마시는 집기도 모두 금으로 만들어 사용하는 등 사치의 극치를 이루었다. 그리하여 이스라엘의 경제는 마침내 솔로몬의 사치로 기울기 시작했다. 과도한 군사비 지출과 엄청난 궁전 건축비로 경제 사정은 파산지경으로 빠져들었다. 다윗왕이 전쟁을 통해 거둬들인 전리품을 모두 비축했는데, 솔로몬은 그 많은 비축물을 낭비하기에 여념이 없었다. 과분한 국방비와 건축비 지출이 팽창하면서 국가의 재정이 바닥나자 결국 백성들에게 보다 더 많은 세금을 부과하기 시작했다. 마침내 재정이 바닥난 이스라엘은 국제적으로 채무를 변제해야 할 채무국이 되었다. 두로의 히람왕에게는 갚지 못하는 채무 대신 갈릴리 지방의 20개 도성을 양도하는 등 자만과 교만에 찬 솔로몬의 전성시대는 마침내 급전직하로 기울기 시작했다(왕상 9:20-28).

30. 시바 여왕과 솔로몬

솔로몬에 대한 소문이 절정에 이르렀을 때 에티오피아의 시바(Sheba)여왕이 예루살렘의 발전상과 솔로몬의 지혜를 직접 체험하기 위해 금 은 보석을 낙타에 싣고 찾아왔다. 시바여왕 역시 부와 지혜를 겸비한 당대의 여걸이었다. 그는 많은 예물 공세로 솔로몬의 환심을 산 다음 까다로운 질문으로 솔로몬의 높은 지혜의 콧대를 꺾으려 했다.

예루살렘에 도착한 시바 여왕은 솔로몬에게 평소 마음속에 품고 있던 의문을 하나하나 질문했다. 그러나 솔로몬은 시바 여왕의 질문 공세에 조금도 막힘이 없었다. 시바 여왕은 더 이상 문제를 제기할 수 없을 만큼 완전히 기가 꺾여 할 말을 잊었다. 솔로몬은 자연의 신비를 비롯해 과학, 종교, 문학, 역사, 철학 등 어떤 면에도 막힘이 없었다. 하늘 아래 솔로몬처럼 지혜가 뛰어난 사람이 없다고 생각한 시바여왕은 마침내 의심을 접고 경의를 표했다. 끝으로 솔로몬의 궁전을 살펴본 시바 여왕은 또 한 번 놀랐다. 장엄하면서도 거대한 규모와 심오한 예술성에 완전히 말을 잊었다. 금은보화로 장식한 왕좌를 비롯해 날렵한 궁중 마차와 식탁에 차려진 진수성찬에 그저 감탄할 뿐이었다. 한판 단단히 겨루려고 했던 시바 여왕은 애초의 속셈을 접고 그저 경의를 표하기에 급급했다. 궁전에는 예복을 단정하게 차려입은 시종들의 바른 예절과 순금으로 만든 집기들과 정성들여 차려온 음식 솜씨 등 어느 것 하나 흠잡을 때 없는 짜임새에 완전히 압도당했다. 솔로몬의 지혜와 장엄한 궁전의 찬란한 문물에 기가 꺾인 시바여왕은 소감을 이렇게 고백했다.

"내가 듣던 대로 귀하의 위대한 업적과 지혜는 사실이었습니다. 나는 이곳에 와서 직접 확인하기 전에는 믿을 수 없었습니다. 그러나 내가 눈으로 직접 확인한 귀하의 지혜에 나는 아직 절반도 미치지 못한 것을 솔직히 고백합니다. 귀하의 지혜를 의지하는 백성들은 행복하겠습니다. 귀하의 신, 하나님은 이스라엘을 사랑하심으로 귀하의 영특한 능력을 인정하시어 왕위에 앉히시고 정의를 구현하셨습니다."

입에 침이 마르도록 치하한 시바 여왕은 예루살렘을 예방한 기념으로 금 120달란트와 많은 향료와 보석을 선물로 바쳤다. 그러자 솔로몬 역시 시바 여왕이 가지고 싶어 하는 것은 모두 주었고,30) 떠날 때는 그가 바친 예물보다 훨씬 더 많은

---

30) "솔로몬왕은 그의 손에 걸맞게 시바 여왕에게 선물을 주었을 뿐만 아니라, 여왕이 가지고 싶어

예물을 선물했다(왕상 10:1-13).

31. 권력과 사치, 탐욕과 방종의 화신이 가져온 저주

그러나 솔로몬의 그칠 줄 모르는 탐욕과 방종은 마침내 하나님의 율법을 어기기 시작했다. 사치와 그칠 줄 모르는 요사한 웃음과 화려한 율동 속에 솔로몬의 통치 기반은 마침내 기울기 시작했다. 자만에 빠진 솔로몬은 누구의 충고도 들으려 하지 않았다. 하늘 아래 자신의 지혜를 따를 사람이 없다고 생각한 솔로몬은 돌이킬 수 없는 자만에 도취되었다. 결국 솔로몬은 외부의 적이 아니라 솔로몬 자신의 방종으로 인해 저물기 시작했다. 솔로몬에 대한 백성들의 원성이 들끓었지만 이미 마음에 때가 묻은 솔로몬의 귀와 눈으로는 현실을 바로 보지 못했다. 백성들의 원성과 하나님의 경고를 깨닫지 못한 솔로몬의 지혜는 마침내 패망의 요인이 되었다.

사치와 방종과 오만에 찬 솔로몬은 좀처럼 남의 충고를 받아들이지 않았다. 예언자들의 귀에 거슬리는 충고를 용납하지 않았다. 백성들의 고충 따위는 안중에도 없이 일 년 내내 외국의 원수들을 불러들여 연회를 베풀고, 떠날 때는 많은 선물을 안겨 줌으로써 자신의 통치 능력을 과시하기에 급급했다. 게다가 솔로몬은 호색가였다. 그는 궁 안에 수천 개의 화려한 신방을 만들고, 욕실의 내부를 금 은 보석으로 장식한 다음 세계 각국의 여인들을 후궁으로 맞아들였다. 처음에는 이집트의 바로왕의 공주를 왕비로 맞아들였다.

그러나 방종에 빠져 포악한 왕으로 전락한 솔로몬은 모압 족을 비롯해 암몬족, 에돔족, 시돈족, 헷족, 등 이교도들의 여인들을 마구 후궁으로 끌어들였다. 각국의 여인들로 구성된 7백 명의 왕비에다 3백 명의 후궁을 거느리고 매일 주지육림(酒池

하는 것을 청하는 대로 다 주었다. 여왕은 신하들을 거느리고 자기 나라로 돌아갔다."(왕상 10:13)는 말은 시바 여왕이 자신의 몸에 솔로몬의 씨(임신)도 받아갔다는 말이다.

(山林)에 빠져 세월 가는 줄 몰랐다. 결국 율법에 어긋난 솔로몬 왕조는 결국 뿌리에서부터 아삭아삭 내려앉았다(왕상 11: 1-9).

32. 하나님을 저버린 솔로몬에 대한 하나님의 심판

하나님은 마침내 율법을 저버린 솔로몬을 버리셨다. 솔로몬은 나이가 들면서 외국에서 끌어들인 후궁들의 꼬임에 빠져 이방 잡신을 가까이 하기 시작했다. 시돈의 여신 아스다롯(Ashtoreth)과 암몬의 밀곰 신(Milcom) 등 여러 잡신을 섬겼다. 이스라엘의 주 하나님을 저버리고 모압의 더러운 그모스(Chemosh)신과 암몬의 몰렉을 위해 예루살렘 동쪽 감람산에 산당까지 설치하고, 외국에서 데려온 후궁들은 각자 자기 친정에서 믿는 신에게 분향하고 제사드릴 수 있는 신전까지 사방에 건축했다. 그리하여 예루살렘 성도는 마침내 이방 잡신들이 들끓었다. 솔로몬이 추악하게 타락하자 하나님께서 직접 이방 잡신을 섬기지 말 것을 경고하셨지만 솔로몬은 우이독경이었다. 마침내 하나님은 분노에 찬 경고를 하셨다.

"너는 나와 맺은 계약을 어기고 내 명령을 지키지 않았다. 내가 반드시 나라를 네게서 빼앗아 네 신하에게 주겠다. 그러나 네 아버지 다윗왕을 생각해서 네 생전에는 그렇게 하지 않고 네 아들에게서 나라를 빼앗을 것이다. 나는 당장 나라를 다 빼앗지 않고, 나의 종 다윗왕과 내가 택한 예루살렘을 위해 한 지파를 그에게 주어 다스리게 하겠다."

하나님의 경고는 준엄했지만 이미 사탄에 사로잡힌 솔로몬은 아랑곳하지 않았다. 추악한 솔로몬의 실태를 지켜보신 하나님은 두 차례에 걸쳐 경고하셨지만 역시 듣지 않았다. 그는 날이 갈수록 하나님을 멀리하고, 이방 잡신을 섬기고, 금과 은으로 만든 잔으로 술을 마시고, 세계 제일의 소모품만을 사용하는 등 사치와 방종의 길을 돌이키지 않았다(왕상 11:10-13).

> ◆ 솔로몬시대의 실상
>
> 사울왕가의 정식 혈통이 아닌 단지 사위에 불과했던 다윗이 왕위에 올랐을 때 그에게는 반대하는 세력과의 통합을 통해 국왕의 정통성에 대한 정치적 명분을 확보해야하는 과제가 뒤따랐다. 다윗은 결혼정책을 통해 반대 세력을 잠식시키고 왕실의 정통성을 확보하려고 했다. 그러나 여러 명의 왕비들 사이의 갈등은 결국 왕자의 난으로 들어났고, 결국 다윗의 후계자 자리는 예루살렘에서 가장 기반이 튼튼한 세력을 누리는 밧세바의 아들 솔로몬에게 돌아갔던 것이다. 그러나 이러한 왕위 계승은 솔로몬의 가장 강력한 경쟁자였던 아도니야와의 유혈경쟁을 통해 획득하였다(왕상 1-2장 참고).
>
> 솔로몬은 등극하면서부터 이미 무력충돌과 철권통치를 행사하던 솔로몬은 독재노선을 지속하였고, 특별히 왕실의 영화부귀를 증대시키기 위해서 야심찬 경제관련 프로젝트를 실행했는데 지나치게 불균형상태의 경제구조는 솔로몬의 신하들과 백성들의 불만을 사게 되었다. 그 결과 그가 죽은 후 이스라엘은 남부 유다와 북부이스라엘로 분열되고 말았다.

33. 땅에 타락한 국시(國是)와 바닥난 재정

한편 성전과 궁궐 짓기에 진이 빠진 백성들의 불만이 심화되면서 솔로몬의 신망은 땅에 떨어졌다. 그러나 연락에 도취된 솔로몬은 여전히 세계 각국의 왕들을 초청해 연회를 베푼 다음, 그들이 돌아 갈 때에는 값진 기념품을 두둑이 선물하기에 급급했다. 성대한 대접을 받고 돌아가는 방문객들은 솔로몬에게 경외(敬畏)를 표했지만 방문객을 영접하기에 지친 백성들은 등골이 빠질 지경이었다. 날이 갈수록 백성들의 원성이 높아가면서 이스라엘은 평화와 번영의 시대가 끝나고 솔로몬에 대한 적이 사방에서 들고일어나 고통의 시대가 다가오기 시작했다(왕상 11:14-16).

34. 준동(蠢動)하기 시작한 대적들

솔로몬에 대한 백성들의 원성이 들끓자 사방에서 불만세력이 등장했다. 주로 선대(다윗왕)에 억울하게 합병된 변방의 부족들이 들고 일어났는데 그 대표적인 인물이 에돔의 왕족 하닷(Hadad)이었다. 하나님께서 눈 밖에 난 솔로몬을 응징하기 위해 에돔의 왕족 하닷으로 하여금 솔로몬의 대적이 되는 길을 터 주셨다. 오래 전 선대의 다윗왕이 에돔을 정복했을 때 다윗왕의 총사령관이었던 요압이 전사한 부하들의 시체를 묻기 위해 에돔에 찾아간 적이 있었다. 그 때 요압은 부하들과 함께 에돔에 6개월 동안 머물면서 그곳에 살아남아 있는 남자들을 모조리 죽였다. 그런데 그 때 살아남은 어린아이였던 하닷 왕자는 아버지의 신하들과 함께 이집트로 도망쳤다.

그들 일행은 미디안을 출발하여 바란 광야를 거쳐 가면서 그곳에서 몇 사람을 더 데리고 이집트의 바로 왕을 찾아갔다. 바로 왕은 하닷 왕자에게 집과 먹을 양식과 약간의 토지를 내주었다. 바로왕의 총애를 받은 하닷이 장성하자 바로왕은 자기 처제와 결혼을 주선했다. 하닷은 이집트의 왕비 다브네스(Tahpenes)의 여동생을 아내를 삼았다. 그 후 하닷의 아내가 그누밧(Genubath)이라는 아들을 낳았는데 그는 바로의 왕궁에서 다른 왕자들과 어울려 자랐다.

어느 덧 세월이 흘러 이스라엘의 맹주 다윗왕이 죽고 그의 군사령관이었던 요압마저 솔로몬에 의해 죽었다는 말을 전해들은 하닷이 바로 왕에게 찾아가 자기를 고국으로 돌아가게 해달라고 부탁했다.

그러자 바로왕이 물었다.

"나와 함께 있는 것이 불편하냐? 네가 무엇이 부족해서 갑자기 네 고국으로 돌아가려고 하느냐?"

하닷이 대답했다.

"아닙니다. 아무것도 부족한 것은 없습니다. 다만 고국으로 돌아가고 싶습니다."

결국 이집트의 후원을 얻어 귀국한 하닷은 솔로몬의 대적이 되었다. 그 외에 다윗왕시대에 성전에서 찬양대로 봉사했던 헤만의 아들 엘리아다(Eliada)의 아들 르손(Rezon)이 솔로몬의 대적이 되었는데 그것도 우연이 아니라 하나님께서 대적이 되

◈ 솔로몬의 공과(功過)

　솔로몬에 대한 기록(왕상 1-11장)은 솔로몬의 부와 명예를 가져다 준 그의 지혜보다 전제 군주로서 누린 온갖 영화의 행적을 더 강조했다. 하나님의 사랑을 받던 솔로몬이 무엇 때문에 주님의 진노를 사게 되었는지? 돌이켜 보면 첫째 솔로몬은 하나님으로부터 부여받은 지혜와 분별력을 이용하여 백성들을 현명하게 보살피는 선정에 힘을 기울이지 않고, 하나님께서 덤으로 베풀어주신 부와 권력과 영화와 명예에만 집착했기 때문이었다. 특히 솔로몬의 낭비를 들 수 있다. 솔로몬 궁정의 하루식사 양이 밀가루 5천 리터, 밀 1만 리터, 집에서 기른 살진 소 10마리, 목장소 20마리, 양 100마리, 그 밖에 사슴, 영양, 닭 등이 소요되었다. 무역과 상업만으로 충당할 수 없는 지출을 충당키 위해 백성들에게 무거운 세금을 부과하는데서 솔로몬의 왕정은 기울기 시작했던 것이다. 그 외에도 막강한 군사력을 유지하는데 필요한 재정과 물품을 조달하기에 힘겨웠다. 솔로몬은 평상시에도 병마 1,400마리에 기마 12,000마리를 보리와 밀집으로 사육했다.

　그 다음 두 번째 문제는 엄청난 규모의 건축 사업을 무리하게 추진한 것이다. 성전과 왕궁과 부인들의 별궁을 화려하게 건축하기 위해 디로의 히람왕으로부터 좋은 목재와 건축기술을 얻어내기 위한 대가로 갈릴리의 성읍 20개를 넘겨줌으로써 백성들의 원성을 샀다. 그리고 산에서 떠낸 돌을 운반하기 위해 수많은 양민들을 강제 노역에 동원했다. 거기다 솔로몬의 편파적인 세금부과와 강제 노역을 들 수 있다. 솔로몬은 자기 부족인 유다지파에는 세금을 징수하지 않았고, 강제 노역에도 제외한 것이 밝혀짐으로서 북쪽의 10지파가 등을 돌리게 되었다.

　세 번째는 호색이다. 솔로몬은 수많은 외국의 여인들을 왕후와 후궁으로 끌어들였다. 무려 700명의 왕후와 300명의 후궁으로 하여금 매일 연회를 즐기면서 나라의 기강이 무너졌다. 외국의 여인들과 정략적으로 결혼하여 정치적 안정과 무역을 성공 시킬 수 있었지만 거기에는 그만한 대가를 지불해야 했다. 외국에서 여인들만 끌어들인 것이 아니라, 그들의 이방 신까지 왕궁에 끌어들여 수도 예루살렘을 우상 숭배의 도가니의 결과를 초래했다. 특히 나이가 들어 판단력이 흐려진 솔로몬은 이방 여인들이 섬기는 이방의 각종 신당을 짓고 곳곳에 그들과 더불어 이방의 신을 섬기는 추악한 왕으로 전락하였다. 다만 솔로몬의 중요한 업적은 성약이 담긴 법궤를 시온 산에 옮기고, 그곳에 신전을 지음으로서 시온을 주님 신앙의 핵심지로 부각시킨 점이다. 결국 솔로몬은 하나님을 잘 섬기지 않으면 멸망한다는 교훈을 남겼다.

게 하셨기 때문이었다. 르손은 자기 주인 소바(Zobah)의 하닷에셀 왕에게서 도망쳐 나온 자였다. 그는 지난날 다윗왕이 소바군을 쳐 죽일 때에 르손은 사람들을 모아 무법자들의 두목이 되었다. 그 후에 다마스커스로 도망가서 살다가 그곳의 왕이 되었다. 이와 같이 시리아(다마스커스)의 왕이 된 르손이 또한 솔로몬이 살아있는 동안 하닷과 더불어 이스라엘을 상대하는 대적이 되었다(왕상 11:14-16).

창세기 기독교 역사이야기
성서 속에 흐르는 하나님의 섭리 ②

| 판권
본사 | 값 15,000원 |

2011년 6월 20일 인쇄
2011년 6월 25일 발행

편저자 / 남홍진
발행인 / 안영동
발행처 / 출판사 동양서적
      주소: 경기도 용인시 기흥구 청덕동 554-5
      전화: (031) 282-4767~6
      FAX: (031) 282-4768
등록번호 - 제6-11호
등록일자 - 1976년 9월 6일
홈페이지 - www.orientbooks.co.kr

ISBN 97889-7262-179-9 04230